重庆工商大学：基于"双一流"战略的会计学协同创新团队建设央地共建项目资助

财务战略研究

唐俐 等著

中国财经出版传媒集团
经济科学出版社
Economic Science Press

图书在版编目（CIP）数据

财务战略研究 / 唐俐等著 . —北京：经济科学出版社，2021.5

ISBN 978-7-5218-2518-3

Ⅰ.①财⋯ Ⅱ.①唐⋯ Ⅲ.①公司－财务管理 Ⅳ.①F276.6

中国版本图书馆 CIP 数据核字（2021）第 078813 号

责任编辑：侯晓霞
责任校对：齐 杰
责任印制：范 艳 张佳裕

财务战略研究

唐 俐 等著

经济科学出版社出版、发行 新华书店经销
社址：北京市海淀区阜成路甲 28 号 邮编：100142
教材分社电话：010-88191345 发行部电话：010-88191522
网址：www.esp.com.cn
电子邮件：houxiaoxia@esp.com.cn
天猫网店：经济科学出版社旗舰店
网址：http://jjkxcbs.tmall.com
北京密兴印刷有限公司印装
710×1000 16 开 15.25 印张 250000 字
2021 年 11 月第 1 版 2021 年 11 月第 1 次印刷
ISBN 978-7-5218-2518-3 定价：58.00 元
(图书出现印装问题，本社负责调换。电话：010-88191510)
(版权所有 侵权必究 打击盗版 举报热线：010-88191661
QQ：2242791300 营销中心电话：010-88191537
电子邮箱：dbts@esp.com.cn)

前　言

随着移动互联网、物联网、云计算、智能技术等快速发展，全球数据量出现爆炸式增长。在此背景下，企业面对大数据时代将会接受新的挑战。为了在竞争中求生存，企业必须制定战略。战略错误会导致企业的亏损，严重者会导致企业的倒闭。现实中，缺乏战略意识或者即便有战略思想但是战略定位不准确导致企业失败的案例还有很多。所以，研究企业战略尤其是财务战略有重要的现实意义。

后新冠肺炎疫情时代，中国正构建以国内大循环为主体、国内国际双循环相互促进的新发展格局。企业生产经营受到国内国际环境的影响，其发展面临很多错综复杂的问题和挑战。这些问题直接或者间接表现为财务问题。从财务战略高度认识和充分把握并有效解决这些问题对确保我国企业健康长远发展具有重要意义。

全书共分八章。第一章财务战略导论。本章在界定企业战略和财务战略概念的基础上，阐述了财务战略的特征和目标，提出了财务战略的分类，探讨了财务战略的意义。第二章财务战略分析。本章介绍了财务战略的内外部环境以及主要的分析方法，期望能对企业的财务战略制定起到一定借鉴作用。第三章融资战略。本章从融资战略的基本内容、影响因素入手，结合与资本结构之间的关系，探讨了企业的融资战略制定流程，并引入实际案例进行论证。第四章投资战略。本章在阐述投资战略概述的基础上，结合企业生命周期，分析处于不同阶段的企业如何结合自身特点选择投资战略。然后分别从企业对内投资和对外投资的角度研究了研发投资战略和对外直接投资战略。第五章营运资金战略。本章分析了营运资金战略的特征及内、外部影响因素，阐述了营运资金持有战略的分类及相关风险与收益的关系，探讨了现金和存货营运资金经营战略。第六章股利战略。本章主要从股利决策与企业战略的关系出发，引入了股利战略的含义、特点、方案等，阐述了股利战略的影响因素，论述了股利战略在实际中的应用，并对处于高速发展中的上市公司进行了股利战略环境分析。第七章财务战略与财务风险。本章在界定财务风险概念的基础上对企业在制定、选择、实施融资战略、投资战略、股利战略的过程中可能会面临的融资风险、投资风险、股利分配风险进行识别和评估，并提出了一些应对策略。第八章竞争力与财务发展战略。该章将财务发展战略与企业竞争力相结合，介绍了竞争力的影响因素及提升路径，分析了财务战略与企业竞争力的关系，提出了该如何制定财务发展战略以提升企业竞争优势。

本书由重庆工商大学唐俐教授对全书的体系、大纲及内容进行总体设计，由唐俐教授及所指导的会计硕士研究生共同完成。具体撰写分工如下：第一章由唐俐撰写，第二章由郭凤鸣撰写，第三章由高栗撰写，第四章由李俊仪撰写，第五章由唐梦撰写，第六章由郭晗撰写，第七章由王影撰写，第八章由余娇撰写。第二章至第八章初稿完成后，由唐俐进行指导、修改、补充和完善，并对全书进行统纂定稿。在本书的撰写过程中参考了大量国内外相关文献，颇多启发和借鉴，在此谨向有关作者表示由衷的感谢。感谢重庆工商大学会计学院的经费支持。

由于笔者水平和能力有限，书中某些观点可能不成熟甚至错误，恳请读者批评指正。

唐　俐

2021年4月于重庆

目　录

第一章　财务战略导论 … 1
第一节　企业战略与财务战略 … 1
第二节　财务战略分类 … 4
第三节　财务战略的意义 … 6

第二章　财务战略分析 … 7
第一节　企业外部环境分析 … 7
第二节　企业内部环境分析 … 14
第三节　SWOT 分析 … 22

第三章　融资战略 … 35
第一节　融资战略与资本结构 … 35
第二节　融资战略的影响因素 … 43
第三节　融资战略的制定 … 53

第四章　投资战略 … 63
第一节　投资战略概述 … 63
第二节　企业生命周期与投资战略 … 73
第三节　对内投资战略——研发投资战略 … 93
第四节　对外投资战略——海外投资战略 … 96

第五章　营运资金战略 …… 108

- 第一节　营运资金战略概述 …… 108
- 第二节　营运资金持有战略 …… 114
- 第三节　营运资金融资战略 …… 119
- 第四节　营运资金经营战略 …… 130

第六章　股利战略 …… 141

- 第一节　股利战略概述 …… 141
- 第二节　股利战略的影响因素 …… 152
- 第三节　股利战略的应用 …… 157
- 第四节　股利战略环境分析 …… 163

第七章　财务战略与财务风险 …… 167

- 第一节　企业财务风险的含义、特点及其分类 …… 167
- 第二节　融资战略与融资风险 …… 169
- 第三节　投资战略与投资风险 …… 177
- 第四节　股利战略与股利分配风险 …… 190

第八章　竞争力与财务发展战略 …… 196

- 第一节　企业竞争力的影响因素 …… 196
- 第二节　企业提升竞争力的途径 …… 201
- 第三节　企业核心竞争力与财务战略的关系 …… 211
- 第四节　企业制定财务发展战略的建议 …… 225

参考文献 …… 230

第一章

财务战略导论

第一节 企业战略与财务战略

一、企业战略

(一) 战略的含义

"战略"这个词成为当今企业界广泛使用的词。"战略"一词最早起源于军事方面的概念,基本解释就是作战的谋略。在中国,"战略"一词历史久远,起源于兵法。"战"指战争,"略"指"谋略"。在《左传》《史记》均使用过"战略"一词。春秋时期孙武的《孙子兵法》被认为是中国最早对战略进行全局筹划的著作。《辞海》对"战略"的解释为"战略指战争全局的筹划和指导。"

随着社会的发展和进步,"战略"一词逐步被社会、经济、政治等各个领域引用,出现了战争战略、经济战略、社会发展战略、政治战略、科技战略、环境战略、企业战略、财务战略等分类。

(二) 企业战略的含义

企业是依法设立的以营利为目的、从事商品生产经营和服务活动的独立核算经济组织。企业是股东的企业,企业的使命是为股东和资本实现盈利。在实现盈利的过程中企业可能受到内外各种因素的影响和威胁。很多不确定的风险可能导致企业利润减少,甚至出现亏损,最终破产倒闭。实现企业盈利的前提是识别风险和控制风险。企业为了实现盈利，必须制定企业战略。

企业战略是为实现企业价值，依据本身资源和企业内外环境，对企业未来发展必须遵循的总体思路、基本方向的动态谋划。

企业战略具有多元性和层次性特征。从战略的层次性分析，企业战略体系可以分为企业总体战略（公司层战略）、经营战略（事业部战略）和职能战略（职能层战略）三个层次。

企业总体战略是指导全局的方略，是公司最高层次的战略。它所关注的主要问题是总的行动纲领，是企业配置内外资源、协调各项经营业务的谋略。

经营战略即事业部战略，又称竞争战略，它处于战略结构中第二层次。事业部战略是企业战略体系的核心，是这个企业获得可持续发展的关键，为职能战略提供支撑和基础。主要解决如何在一个具体的、可识别的市场上建立可持续竞争优势的问题。其主要涉及的决策问题是应开发哪些产品、产品的市场定位、如何合理配置业务单元资源以及如何取得超过竞争对手的竞争优势。

职能战略（职能层战略）是职能部门具体的谋略，是为了贯彻、实施和支持总体战略与经营战略而在公司或业务单元特定职能领域制定的战略，涉及研究开发、供产销、财务会计和人力资源等各个职能部门。职能战略包括生产战略、采购战略、销售战略、研究与开发战略、财务战略等。

企业总体战略、经营战略和职能战略构成了一个企业的战略层次，如图 1-1 所示。

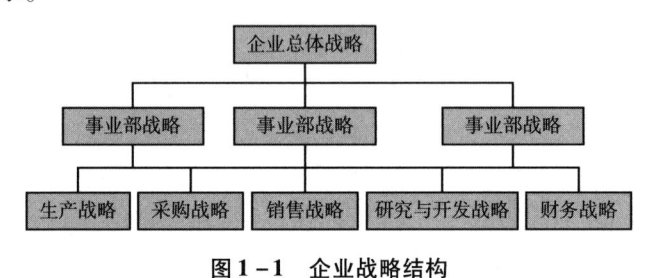

图 1-1 企业战略结构

二、财务战略

（一）财务战略的含义

如图 1-1 所示，财务战略属于企业战略体系的一个分支，在职能战略中具有重要作用。财务战略是指为实现企业总体战略，统筹企业现金流，以价值管理为基础，以企业价值最大化为目的，以实现企业财务资源的优化配置为衡量标准所采取的全局性、长期性与创造性的谋划。财务战略是企业总体战略的重要组成部分，财务战略服从于企业总体战略，企业战略需要财务战略来支撑。企业财务战略的目标是确保企业资金均衡有效流动，控制财务风险，最终实现企业总体战略。

(二) 财务战略特征

1. 全局性。财务战略是从财务活动（筹资、投资、营运和收益分配活动）角度对企业总体发展战略所作的描述，是企业未来财务活动的行动纲领和蓝图，对企业未来长期财务规划起着全局性的指导作用。

2. 长期性。制定财务战略并非为解决企业的眼前问题，而是为了谋求企业未来的长远发展。因此，财务战略具有长期性。

3. 导向性。财务战略规定了企业未来较长时期内财务活动的发展方向、目标以及实现目标的基本途径和策略，为企业财务预算提供方向性指引。

4. 风险性。企业的使命是为股东和资本实现盈利，实现盈利的前提是控制风险，控制风险的前提是识别风险。任何企业的财务战略都伴随着风险。财务战略风险的大小，主要取决于财务战略决策者的知识、经验和判断能力。科学合理的财务战略一旦实现，会给整个企业带来勃勃生机和活力，使企业得到迅速发展；反之，则会给企业造成重大损失，使企业陷入财务困境甚至破产。

5. 动态性。战略是依据企业内外环境的情况制定的，环境的变化必然引起战略的变化。一般来说，当理财环境变化较小时，一切财务活动必须按原来财务战略行事，体现财务战略对财务活动的指导性；当理财环境发生重大变化且影响企业全局时，企业战略应做适当调整，财务战略也应作对应调整，以适应环境变化。

(三) 财务战略的目标

企业财务战略的目标与财务目标是同质的。财务战略的目标是指按照企业总体战略的要求，综合运用各种理财手段及财务资源，降低融资成本，保证投资决策正确性，灵活调配资金，合理税收筹划，减少税负总额，规避汇率风险，控制运营成本，确保企业资金均衡有效流动，实现企业所有者目标与投资者目标最佳平衡，以及企业价值最大化。

第二节 财务战略分类

财务战略可以按照不同的标志分类。对财务战略分类,可以加深我们对财务战略内涵的理解。

一、基于财务管理职能的分类

财务战略基于财务管理职能可以分为:融资战略、投资战略、营运资金战略及股利战略。

1. 融资战略。融资战略是指企业依据自身所处的内、外环境情况,以保证企业战略发展及长期竞争力所需资金为目标,对企业未来一段时期内的资金筹措目标、结构、渠道和方式等进行的系统谋划。

2. 投资战略。投资战略是涉及企业长期、重大投资方向的战略性谋划。

3. 营运资金战略。营运资金战略是立足于企业实情,考虑各方面影响因素,从营运资金的持有、融资、经营三方面入手,结合企业发展目标,筹备、制定企业营运资金的长期管理和使用策略。

4. 股利战略。股利战略是企业管理者为了实现企业价值最大化、股东财富最大化的目标,而对企业股利分配进行全局性、长期性的指导与谋划。

二、基于与公司战略的匹配性分类

财务战略是公司战略的主要组成部分,是公司战略的重要支撑。财务战略的制定应该考虑与公司战略的匹配性。按与公司战略的匹配性分类,本书把财务战略分为:扩张型财务战略、稳定型财务战略、防御型财务战略以及收缩型财务战略。

1. 扩张型财务战略。扩张型财务战略与扩张型公司战略相匹配。扩张型公司战略是指企业扩大经营规模,以促进企业不断发展壮大的一种战略。企业扩张的方式分为两种:内涵式和外延式。内涵式扩张是企业依赖自我积累,公司净利润的再投入实现的扩张;外延式扩张主要是通过新建项目实施的扩张。不管用哪种扩张方式都应该与扩张型财务战略相匹配。扩张型财务战略主要表现为资金上支持企业的扩张，一般表现为迅速扩大投资规模和筹资规模，全部或大部分保留利润，大量筹措外部资本。扩张型财务战略一般存在高负债、少分配的特征。

2. 稳定型财务战略。稳定型财务战略与稳定型公司战略相匹配。稳定型公司战略是指企业遵循原来的战略目标，保持一贯的发展速度，不改变基本的产品经营范围，以安全经营为宗旨，不冒较大风险的一种战略。稳定型财务战略表现为追求财务稳健，采用长期稳定的投资规模，控制负债比率，注重资金安全，保留部分利润，正确处理积累与发展的关系，强调风险与报酬的平衡。

3. 防御型财务战略。防御型财务战略与防御型公司战略相匹配。防御型公司战略是企业看到市场可能给自己带来威胁时，采取一些巩固现有市场的一种保护战略。防御型财务战略一般表现为巩固企业的现有市场，采取现有投资规模和投资收益水平，调整资本结构水平，下调现有资产负债率，维持现行的股利政策。

4. 收缩型财务战略。收缩型财务战略与收缩型公司战略相匹配。收缩型公司战略是指企业在战略经营领域和原有规模水平上作出收缩和撤退的一种经营战略。采取收缩型战略的企业一般出于三种动机：第一种是外界环境变化包括经济衰退，产业进入衰退期，对企业产品或服务的需求大量减少；第二种是风险增加，经营失误造成企业竞争地位下降、经营状况恶化、亏损严重，产业进入衰退期；第三种既不是经济衰退，也不是经营失误，而是为了谋求更好的发展机会，使有限资源得到更合理的匹配而采取的收缩。收缩型财务战略一般表现为配合收缩，缩小现有投资规模、分发大量股利、减少对外筹资、剥离资产、出售资产等。

三、基于企业生命周期不同阶段的财务战略

企业生命周期一般分为初创期、成长期、繁荣期及衰退期四个阶段，不同阶段有不同特征。初创期经营风险非常高、财务风险非常低；成长期经营风险高、财务风险低；繁荣期经营风险中等、财务风险中等；衰退期经营风险低、财务风险高。基于四个阶段的划分，财务战略相应分为：初创期财务

战略、成长期财务战略、繁荣期财务战略及衰退期财务战略。

本书主要章节基于财务管理职能分类,增加了财务风险与财务战略及竞争力与财务发展战略。

第三节 财务战略的意义

面对挑战和机遇,企业要做出远景规划。企业战略是企业远景规划的具体体现。远景目标对企业有巨大的导向性作用。制定财务战略对企业发展有重要的意义。

一、制定财务战略有利于企业战略更好地实现

企业战略是总体战略,需要经营战略和职能战略的支撑。企业战略明确了企业的总体发展方向,为企业财务管理提供了具体的行为准则,将财务战略的范围限定在一个合理框架内,对实现企业战略目标是一个有利条件。

二、制定财务战略有利于企业长期可持续发展

制定财务战略,要分析企业内外理财环境、国际国内错综复杂的形势,找到战略关键点,股东达成共识点,保持客观、理性、专业、建设性的态度,认真观看多个选项,比较、衡量利弊,充分利用企业有限的各种资源,保证企业可持续发展。

三、制定财务战略有利于支持企业其他职能战略

财务战略属于职能战略之一,但是与其他职能战略有所区别。生产战略、采购战略、销售战略、研究与开发战略的制定,必须要有资金的支持,如果战略所需资金得不到保证,战略得不到有效的执行,财务战略就是不成功的战略,甚至会破坏企业总体战略的实现。这时,财务战略就必须修改。

第二章

财务战略分析

财务战略是在企业总体战略的指导下，为增强企业财务竞争优势、实现企业财务资源的优化配置，在分析企业内外部环境的基础上，对企业资金流动采取的一种战略性的管理方针。把握环境现状以及未来发展趋势，明确企业自身的优势、劣势，外部面临的机遇、威胁，是企业制定财务战略时需要面对的首要问题。

第一节 企业外部环境分析

企业外部环境主要包括宏观环境和行业环境。通过分析企业面临的外部环境，可以更加明确自身面临的机会与威胁，从而决定企业是否需要根据外部环境的变化对财务战略进行相应调整。对企业外部环境的未来变化做出正确的预见，是财务战略获得成功的前提。

一、宏观环境分析

宏观环境分析的主要目的是确定宏观环境中影响行业和企业的关键因素，预测这些关键因素未来的变化，以及这些变化将会给企业带来的机遇与威胁。宏观环境分析一般采用 PEST 分析模型，如图 2-1 所示。本节以青岛啤酒股份有限公司（以下简称青岛啤酒）为例，分析企业面临的宏观外部环境。

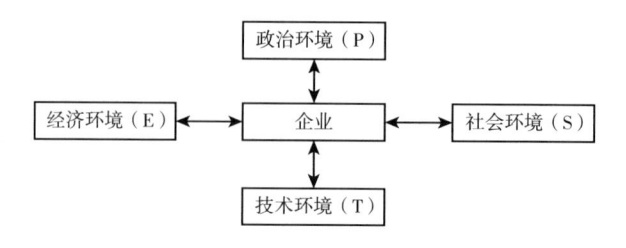

图 2-1 PEST 分析模型

政治环境包括制约和影响企业发展的政治因素、法律法规及法律环境等。国家的法律政策是企业赖以生存和发展的土壤，从根本上决定了企业的发展空间。一项新法律政策的出台会对企业的未来发展方向产生重大影响，因此企业要想在新的政治环境下良性发展就必须时刻关注法规变化，及时对企业财务战略进行相应调整。就啤酒行业而言，《中华人民共和国安全生产法》《中华人民共和国环境保护法》等法律法规的出台，对啤酒企业生产、销售等环节提出了更高的要求。《中华人民共和国能源法》的颁布实施对啤酒企业的生产过程提出了严格规定，使得啤酒企业更加注重节能减排与环境保护，用节能环保的新技术、新设备逐渐取代高耗能的落后设备。

经济环境包括经济结构、经济发展水平、利率和人均可支配收入等。根据国家统计局发布的数据显示，我国 2019 年 GDP 增长 6.1%，创历史最低水平。在经济增速放缓及消费结构变化的背景下，啤酒消费的增速呈下降趋势。近年来，随着西部大开发战略的持续推进，中西部地区在经济建设中取得了不错的成绩。在承接东部地区产业转移的过程中，中西部地区经济呈现高速增长的趋势，相对增长潜力较大。据表 2-1 显示，2019 年，贵州、云南、西藏占据 GDP 增速榜前三位，增速分别达 8.3%、8.1%、8.1%，江西、安徽和湖北在内的中部省份增速也达 7.5% 以上。在 2019 年 GDP 增速位列前十的省份中，中西部省份占据了 9 个，可见与发展较为成熟的东部地区相比，中西部地区 GDP 增速较高、市场发展潜力较大。因此，青岛啤酒在制定财务战略时要结合各地区独有的习俗文化、饮酒习惯和 GDP 增长的具体实际，确定相关投资建厂或兼并战略。在东部地区市场发展较为成熟的情况下，注重对中西部地区潜在市场的开发，寻找新的利润增长点，扩大市场份额。由此可见，经济环境的变化将直接影响企业的市场份额，进而影响企业财务战略的选择。

表 2-1　　　　　　　　2019 年 GDP 增速前十名省份

省份	地区	GDP（亿元）	GDP 增速（%）	排名
贵州	西部	16769.34	8.3	1
云南	西部	23223.75	8.1	2
西藏	西部	1697.82	8.1	3
江西	中部	24757.50	8.0	4
福建	东部	42395.00	7.6	5
湖南	中部	39752.12	7.6	6
四川	西部	46615.82	7.5	7
湖北	中部	45828.31	7.5	8
安徽	中部	37114.00	7.5	9
河南	中部	54259.20	7.0	10

资料来源：中国政府网 2019 年中国经济年报，www.gov.cn/。

社会环境包括生活方式、消费习惯、文化传统等。如何在现阶段的社会环境中继续生存并进一步发展，是企业制定财务战略时不可忽视的重要问题。近年来，我国老龄化进程逐渐加快，2010~2019 年，60 岁及以上老年人口比重从 13.3% 增长至 18.1%，老龄化水平逐步增加；16~59 岁人口比重自 70.07% 下降至 64%，"人口红利"减弱。青壮年人口比重的降低会带来劳动力的相对短缺与劳动力价格的提升，将会加大青岛啤酒的人工成本压力。此外，作为啤酒主要消费者的青壮年人口比重的下降，将会导致啤酒消费人口的减少，对青岛啤酒销量造成一定冲击。此外，随着啤酒生产的多元化、个性化、定制化消费逐渐成为主流，加速推进了青岛啤酒的产品多样化。具体表现在，啤酒品种不仅局限于单一的淡色啤酒，而是衍生出了纯生、黑啤、干啤、果啤等多个新品种。新产品、新包装的出现，在原材料采购、市场推广等多个方面产生影响，青岛啤酒在制定财务战略时也应考虑该问题。

技术环境包括技术发展水平、技术研发投入、技术开发应用速度等。技术的进步与革新对提高企业生产效率和企业转型都具有重要影响，同时也对企业资金的流转方向起着引导作用。资金问题是企业财务战略制定时的重要影响因素。信息技术的快速发展带来了经营模式的变革，电子商务成为啤酒企业拓宽销售渠道、抢占市场份额的新方式。青岛啤酒开创的"青岛啤酒快购"App，极大地促进了消费者购物的便利性。此外，行业新技术的推广也对啤酒企业的发展起到了推动作用，如青岛啤酒、燕京啤酒等企业，先后启动技术含量高、环保效益显著的项目，对啤酒行业的清洁生产发展及循环经济起到了带动作用。青岛啤酒自2009年起开始使用新型强制循环麦汁煮沸系统，糖浆添加方式的改变，减轻了制冷站的压力，每吨糖浆可节约2.8度电，可节省加热每吨糖浆的蒸汽使用量0.15吨，每吨糖浆合计可节省约44.9元；2011年推广使用超高浓酿造和缩短酒龄工艺，不仅实现了青岛啤酒的节能降成，而且还进一步提升了资源利用效率。可见，新技术、新工艺的应用，有利于推动啤酒企业的良性循环和可持续发展。

二、行业环境分析

行业环境分析的目的在于分析行业的盈利能力与盈利潜力。影响行业盈利能力的因素有许多，归纳起来主要分为两大类：一是行业竞争程度；二是市场议价能力。对行业环境进行分析是企业财务战略形成的重要前提。

（一）行业竞争程度分析

一个行业内竞争程度的强弱主要受三方面的影响：一是现有企业间的竞争；二是新进入企业的竞争威胁；三是替代产品或服务的威胁。对行业竞争程度进行分析，可以帮助企业在制定财务战略时，针对竞争对手做出具有针对性的决策，有利于保持企业的可持续发展和长期盈利能力。

1. 现有企业间的竞争程度分析。同行业现有企业间竞争程度的强弱影响着行业的盈利水平。通常竞争程度越高，盈利水平越低，二者呈反向变动关系。较低的盈利水平将会促使企业进行财务战略调整，毕竟企业制定财务战略最重要的目的在于提升企业盈利能力，获得更高的利润回报。行业现有企业间的竞争程度分析主要从影响企业间竞争的因素入手，通常包括行业增长速度分析、行业集中程度分析、差异程度分析及规模经济分析四部分内容。

2. 新进入企业的竞争威胁分析。当行业平均利润率高于社会平均利润率，即行业取得超额利润时，行业必然面临新企业进入的威胁。当一个行业有新企业进入时，市场竞争将会加剧，面对新企业进入带来的竞争威胁，如何能维持现有市场份额并进一步扩大，是企业财务战略需要解决的问题之一。影响新企业加入的因素有许多，主要因素有先进入优势、销售网与关系网因素、法律障碍因素等。

3. 替代产品或服务的威胁分析。替代产品或服务对行业竞争程度有着重要影响。当行业内替代产品或服务较多时，将会加剧市场竞争；反之，则竞争程度较弱。消费者在选择替代产品或服务时，通常考虑产品或服务的效用和价格。如果替代效用相同或相似，那么价格竞争就会更加激烈。企业在制定财务战略时，可通过多元化投资降低替代品带来的威胁，通过差异化产品与定制化服务获得更高市场份额。

（二）市场议价能力分析

企业与供应商和购买者之间的议价能力影响着企业是否需要调整当前的财务战略。如果供应商或购买者的议价能力较弱，意味着企业在成本、销量等方面占据优势，则企业当前的财务战略能够带来利润回报；如果供应商或购买者的议价能力较强，则挤压了企业的利润空间，企业就需要对财务战略进行相应调整，降低供应商或购买者议价能力强带来的不利影响。

1. 企业与供应商的议价能力分析。影响企业与供应商议价能力的因素主要包括供应商的数量、供应商对企业的重要程度以及单个供应商的供应量等。

2. 企业与购买者的议价能力分析。影响企业与购买者议价能力的因素有很多，如替代成本、产品差异、客户数量等。将这些因素归纳起来主要体现在两个方面：价格敏感程度的影响和相对议价能力的影响。

迈克尔·波特（Michael Porter）将上述分析框架概括为"波特五力模型"（见图 2-2），分为同行业现有竞争者的竞争能力、潜在竞争者进入的能力威胁、替代品的替代能力、上游供应商的议价能力以及下游购买者的议价能力五个方面。通常从这五个方面对企业所处的行业环境进行分析。

（三）案例分析

以青岛啤酒为例，运用图 2-2"波特五力模型"对啤酒行业环境进行详细分析。

1. 同行业现有竞争者的竞争能力。现有企业间的竞争主要表现在两个方面：第一方面表现为外资品牌与国内品牌之间的竞争。近年来，百威英博、喜力等外资啤酒企业通过资本并购与整合，扩大企业在中国的市场份额。例如，2012 年 7 月，百威英博以 201 亿美元收购墨西哥黑啤 50% 的股权；2012 年 11 月，全球第三大啤酒生产商喜力公司以 45.5 亿美元收购新加坡亚太酿

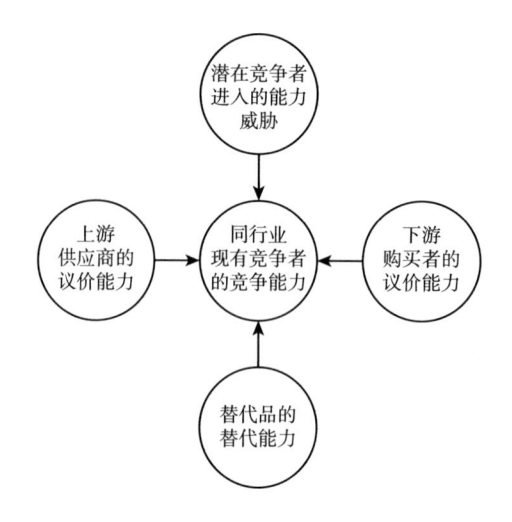

图 2-2　波特五力模型

资料来源：迈克尔·波特. 竞争优势［M］. 北京：中信出版集团，2014.

酒集团约 40% 的股权。① 外资啤酒企业的并购整合对中国啤酒行业产生了较大冲击。第二方面表现在现有国内啤酒企业巨头之间的争夺。我国啤酒企业梯队分化明显，处于梯队顶端的华润雪花、青岛啤酒、燕京啤酒三巨头占据中国啤酒销量的半壁江山，市场占有率超过七成；第二梯队涵盖了重庆啤酒、金星啤酒、珠江啤酒、金威啤酒等；第三梯队则是大量的区域型小企业。处在国内啤酒市场第一梯队的青岛啤酒，在具备品牌优势的情况下，面对外资啤酒企业的竞争威胁，可通过扩张型财务战略保持自身在国内市场份额方面的优势地位。

2. 潜在竞争者进入的能力威胁。随着人均可支配收入的提高和消费者生活品质的提升，一种以手工自酿为特色的啤酒作坊开始在我国发达城市兴起。其生产方式主要分为两种：一种是店内自酿，消费者可以参与啤酒酿造的整个过程，提升了消费者的参与感，更容易获得高收入人群的价值认同；另一种是微型啤酒厂生产配送。该种形式虽然无法做到大批量生产，但因其在新鲜度、口感多样性等方面具有一定优势，颇受消费者青睐。该类啤酒销售地点主要是酒吧、KTV 等娱乐休闲场所，消费者对该类手工精酿啤酒的认可度越来越高。这类手工啤酒作坊，迎合了消费者需求的多样化，得到了消费者

---

① 人民网—财经，www.finance.people.com。

推崇，将会对青岛啤酒的销量造成一定冲击。面对潜在进入者的威胁，青岛啤酒在制定财务战略时可通过多元化投资丰富产品种类，同时可考虑收购物流企业完善配送服务以保持啤酒的新鲜口感。

3. 上游供应商的议价能力。从啤酒原材料的供应来看，大麦作为啤酒生产的主要原材料之一，在啤酒的生产成本中占比约为30%。青岛啤酒的主要生产原料大麦高度依赖澳大利亚、加拿大等国家，虽然中国啤酒企业已经开始进行大麦基地的建设，但仍存在着成本偏高、规模小、品质低等弱点，无法满足青岛啤酒的日常生产需求。近年来澳大利亚、加拿大等国家自然灾害频发，导致大麦价格不断上涨，上游供应商的议价能力增强，给青岛啤酒造成巨大的成本压力。此外，啤酒行业处在啤酒产业链的下游，从上游环节来看，包括啤酒花、酵母等辅料，啤酒瓶、易拉罐等包装材料，以及运输和能源等方面，这些成本的变化，也会对青岛啤酒造成较大影响。根据表2-2所示，2019年青岛啤酒材料采购主要为酿酒原材料和包装材料，分别占总采购金额的32.83%和66.37%。其中，青岛啤酒酿酒原材料主要依靠进口，耗用酿酒原材料43.01亿元，进口金额为38.32亿元，进口金额占比高达89.10%，青岛啤酒酿酒原材料高度依赖进口使得上游供应商议价能力较强，在上游供应商议价能力较强的情况下，青岛啤酒在制定财务战略时，应考虑加强与供应商之间的合作，扩大优秀供应商队伍，优化供应商结构，进而降低成本。

表2-2　　　　　2017～2019年青岛啤酒材料采购情况

项目	2017年 金额（亿元）	2017年 占当期总采购额比重（%）	2017年 进口金额（亿元）	2018年 金额（亿元）	2018年 占当期总采购额比重（%）	2018年 进口金额（亿元）	2019年 金额（亿元）	2019年 占当期总采购额比重（%）	2019年 进口金额（亿元）
酿酒原材料	38.30	33.90	33.51	38.60	31.60	33.92	43.01	32.83	38.32
包装材料	73.39	64.96	—	82.37	67.44	—	86.94	66.37	—
能源	1.29	1.14	—	1.18	0.96	—	1.05	0.80	—
合计	112.98	100	33.51	122.15	100	33.92	131	100	38.32

资料来源：根据青岛啤酒2017～2019年年报整理。

4. 下游购买者的议价能力。随着科技的迅速发展及电子商务的兴起，对啤酒企业传统的销售方式造成了强烈冲击，购买者的消费渠道越来越多样。从下游经销商来看，经销商控制终端的能力逐步增强。随着线上销量的提升，线下连锁超市等大卖场要求啤酒企业进行产品直供，以实现最低进价。从终端消费者来看，随着生活水平的提高，消费者自主购买性逐渐增强，购买需求更加个性化、多元化。面对下游购买者的需求，青岛啤酒在制定财务战略时可选择多元化投资，以多样化、差异化的产品与服务吸引更多的消费群体。

5. 替代品的替代能力。啤酒的主要替代品包括白酒、红酒及果啤等酒精类饮料。据统计，20~29岁年龄段的青年消费群体更加青睐果啤和预调酒。2013年起啤酒消费总量开始下滑，2016年国内啤酒销量同比下降4.2%，进口啤酒与预调酒发展迅速，呈现爆发式增长，迅速抢占了北、上、广、深等高消费城市的中高端市场份额，受到尝鲜消费人群的追捧。替代品的替代能力将会直接影响企业销量，对企业经营业绩造成不利影响。因此，替代品的替代能力是企业在制定财务战略时需要重点关注的因素之一。

第二节 企业内部环境分析

内部环境主要是指企业所拥有的资源以及进行资源整合后获得的经营能力。企业内部环境分析的主要目的是明确企业在资源和能力方面的优劣势，并在此基础上培育企业核心竞争力，获取竞争优势。内部环境对企业构建核心竞争力具有决定性的作用，是保证财务战略得以顺利实施的前提。

一、资源与能力分析

企业资源是指贯穿于生产经营、产品推广、售后服务等各个环节的一切物质与非物质要素的总和。企业资源分为有形资源、无形资源两大类，主要包括人力资源、生产资源、品牌资源和文化资源等。资源分析的目的在于明确企业拥有的资源对未来财务战略目标制定和实施的影响。企业能力是指企业配置资源并发挥其生产和竞争作用的能力，是企业各种资源有机组合的结果，主要由研发能力、生产管理能力、财务能力和组织管理能力等构成。

企业内部拥有的资源与能力是决定一个企业能否取得竞争优势的关键，是企业财务战略得以顺利实施的重要因素。下面以青岛啤酒为例，从四个方面对企业进行资源与能力的分析。

（一）人力资源与能力分析

青岛啤酒构建起"总部—区域营销公司—子公司"三个层次的人力资源管理体系。青岛啤酒始终坚信员工是企业发展的基础，未来的竞争是人才的竞争。青岛啤酒将人力资源视为企业竞争的重要资源，通过建立具有发展性的薪酬激励制度留住企业所需的高端人才，2008年建立起啤酒行业内第一所企业大学——青岛啤酒公司管理学院，通过培养专业人才为企业发展注入源源不断的动力。此外，公司组织创办制酿、包装、质量分析等多所技能学校和培训基地，提升职工的专业能力和协同水平。青岛啤酒还会定期制定利润分享计划，进而调动员工的工作积极性。以上措施使得企业人力资源得到有效开发，为青岛啤酒的财务战略规划与实施提供了有力的人力资源保障。

（二）生产资源与能力分析

在生产资源扩张方面，青岛啤酒发展迅猛，产能利用率高达83%，超出啤酒行业内规模企业75%的平均产能利用水平。2010年，启动的青岛啤酒二厂新增30万千升扩建及配套物流项目已经竣工，工厂总产能已达80万千升。之后，青岛啤酒又在原先产能空白的江西九江和河南洛阳分别启动了新建啤酒厂项目，规模均达到年产啤酒20万千升。此外，2012年6月，青岛啤酒年产20万吨麦芽生产基地落户山东平度，自产麦芽不仅降低了原材料成本价格，更持续满足了生产的需要。[①] 企业通过发酵周期的缩短和设备利用率的提高来提升产能，并提升企业的扩张能力，为企业扩张型财务战略的实施提供了保障。

（三）品牌资源与能力分析

在2000年的行业并购高峰期，青岛啤酒收购了大量的地方品牌，旗下共有150多个子品牌，多数品牌知名度不高，管理较混乱，不利于提高青岛啤酒品牌知名度和竞争力。随后，青岛啤酒对旗下子品牌进行整合，形成以青岛啤酒为主线品牌，崂山啤酒为全国二线品牌以及汉斯、银麦等区域品牌为

---

① 根据青岛啤酒2010年、2012年和2013年年报整理。

辅的品牌战略。在品牌建设上，青岛啤酒致力于持续提升品牌的年轻化、时尚化与国际化内涵。2018年，青岛啤酒借助上海合作组织青岛峰会的召开以及俄罗斯世界杯足球赛的举办，持续开展青岛啤酒全球品牌推广活动。成为北京2022年冬奥会和冬季残奥会官方赞助商，这进一步加快了青岛啤酒品牌的国际化步伐。2019年，青岛啤酒以1792.85亿元的品牌价值继续保持中国啤酒行业品牌价值第一位，优质的品牌形象有利于企业扩张型战略的实施。

（四）研发资源与能力分析

1994年，青岛啤酒建立中国啤酒行业首家啤酒研究机构——青岛啤酒科研开发中心，是国内啤酒行业首家国家级企业技术中心。2010年建立"啤酒生物发酵工程"国家重点实验室，成为生物发酵领域唯一的国家重点实验室。青岛啤酒的研发能力始终居于中国啤酒行业领先地位，取得了一系列研发成果，拥有多项核心技术，包括高效低耗技术、超高浓酿造技术、快速发酵技术、低能耗煮沸技术等，大幅降低了生产成本，提高了产能。表2-3列示了同属啤酒行业第一梯队的青岛啤酒与燕京啤酒在研发投入与营业收入两方面的对比情况。青岛啤酒年营业收入2019年达279.84亿元，是燕京啤酒的2倍多，但青岛啤酒的研发投入并不高，近3年维持在0.2亿元左右；而燕京啤酒的研发投入2019年达2.01亿元，远远高于青岛啤酒。虽然青岛啤酒的年营业收入远高于燕京啤酒，且拥有多项核心技术，但在燕京啤酒高额的研发投入下，可能会面临研发能力被赶超的风险，进而对市场份额造成不利影响。因此，青岛啤酒在财务战略制定时应选择加大研发投入以维持企业研发能力在行业中的领先地位。

表2-3　　　　　2017~2019年青岛啤酒与燕京啤酒的研发投入概况

公司名称	科目	2017年 金额（亿元）	2017年 同比增减（%）	2018年 金额（亿元）	2018年 同比增减（%）	2019年 金额（亿元）	2019年 同比增减（%）
青岛啤酒	研发投入	0.19	30.14	0.20	5.26	0.21	5.00
	营业收入	262.77	0.66	265.75	1.13	279.84	5.30
燕京啤酒	研发投入	2.52	-15.65	1.41	-44.05	2.01	42.55
	营业收入	111.96	-3.26	113.44	1.32	114.68	1.09

资料来源：根据青岛啤酒和燕京啤酒2017~2019年年报整理。

二、价值链分析

企业所有的互不相同但又相互关联的生产经营活动，构成了创造价值的一个动态过程，即价值链。价值链分析将企业活动进行分解，以确定企业的竞争优势。企业要想提升竞争优势，需要从创造价值和降低成本两方面入手，而这两点也正是财务战略制定时需要重点考虑的因素。如图 2-3 所示，价值链将企业的生产经营活动分为基本活动和支持活动两大类。

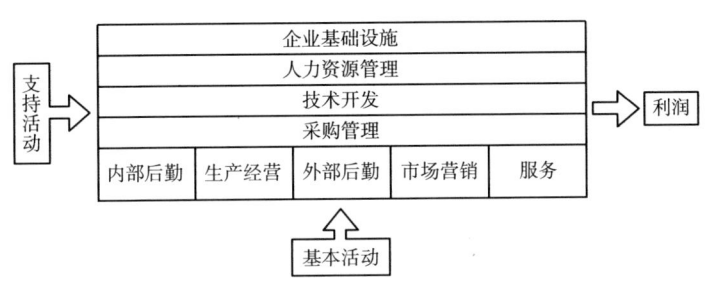

图 2-3　企业通用价值链模型

基本活动，又称主体活动，是指生产经营的实质性活动，与商品实体的加工流转直接有关，是企业的基本增值活动。它包括内部后勤、生产经营、外部后勤、市场营销及服务五大类。支持活动，又称辅助活动，是指用以支持基本活动而且企业内部之间又相互支持的活动。它包括企业基础设施、人力资源管理、技术开发及采购管理四类主要辅助活动。

（一）基于外部价值链视角的财务战略

基于外部价值链视角的财务战略由价值链上的核心企业发起，以进行资源的合理分配。企业处在价值链的不同生命周期阶段，应采取适合该生命周期的财务战略，将市场作用发挥到最大。

在价值链初创期，企业的核心竞争力尚未形成，在此阶段核心企业为了获取回报，必须投入大量成本以建立价值链；在价值链的完善期，企业的核心竞争力初步形成，在此阶段企业应确定价值链下游销售商，扩大价值链产品的目标市场份额，该时期企业可以采取扩张型财务战略，扩大投资范围；在价值链的稳定阶段，企业之间已形成良好的运营模式，核心产品的市场份额也趋于稳定，企业在此阶段应采取多元化战略，开发新产品或开拓新市场，为企业发展注入新的活力；在价值链更新阶段，即处在企业生命周期中的衰退期，那么企业的核心产品将失去市场竞争力，价值链中各项活动的增值效益逐渐减弱，企业需要尽快将资源从现有市场中撤出，投入发展势头较好的其他行业，以此寻找新的核心竞争力，在更新期间应采用防御性财务战略。

（二）基于内部价值链视角的财务战略

基于内部价值链视角的财务战略是在企业组织范围内，为降低成本、提升企业核心竞争力、创造价值而制定的财务战略。在融资时，应建立良好的资本结构，合理分配资本要素，从而实现企业价值最大化；在投资时，资源应集中在核心环节，而对内部价值链进行分析有助于企业确定具有核心竞争力的环节，剔除劣势和次要环节。

基于价值链视角的财务战略，需要同时管理企业内部和外部价值链的主体，以及价值链的活动及关系网。价值链除涵盖原料采购、产品设计、生产和销售等环节外，向上涵盖供应商，向下涵盖购买者以及它们之间的活动，横向涵盖行业内的同类企业。因此，企业在制定财务战略时，需要以全价值链条为基础，协调信息流、资金流以及客户流，使企业的内部价值链和外部价值链实现联动，产生更大的价值。

三、业务组合分析

（一）基本概念

业务组合分析主要运用波士顿矩阵模型进行分析。波士顿矩阵是由美国波士顿咨询公司（BCG）于1960年提出的一种投资组合分析方法。波士顿矩阵包括市场引力与企业实力两个基本因素。市场引力以市场增长率为主要增长指标；企业实力通过市场占有率体现。

波士顿矩阵把企业生产经营的全部产品或业务组合作为一个整体进行分析，分析企业相关经营业务之间现金流量的平衡问题。通过该方法，企业可以找到内部资源的产生单位和最佳使用单位，这将对企业财务战略的制定起到重要的指导作用。

（二）基本原理

如图2-4所示，波士顿矩阵纵轴表示市场增长率，是指企业所在产业某项业务前后两年市场销售额增长的百分比。这一增长率表示每项经营业务所在市场的相对吸引力。通常用10%的平均增长率作为增长高、低界限。横轴表示企业在产业中的相对市场占有率，是指以企业某项业务的市场份额与这个市场上最大的竞争对手的市场份额之比，这一市场占有率反映企业在市场上的竞争地位。相对市场占有率的分界线为1.0，在该点本企业的某项业务与该业务市场上最大竞争对手市场份额相等。

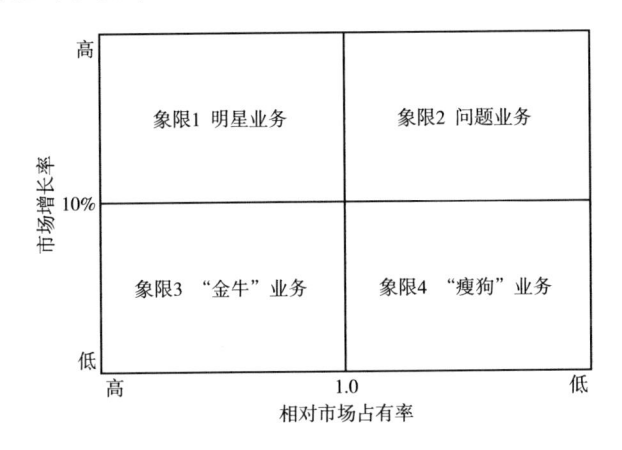

图2-4 波士顿矩阵图

资料来源：马丁·里维斯.战略的本质：复杂商业环境中的最优竞争战略[M].北京：中信出版集团，2016.

（三）业务分类

1. 高增长—强竞争地位的明星业务。该象限的明星业务的增长和获利前景较好，但需要大量的资金支持。明星业务适宜采用的财务战略：增加投资，积极扩大业务规模，以长远利益为目标，提高市场占有率，加强竞争地位。

2. 高增长—低竞争地位的问题业务。该象限的问题业务处于最差的现金流状态，因此，企业需要进行分析、研究是否值得投资等问题。对问题业务应采取选择性投资战略。首先选择该象限中经过改进可能会转变为明星业务的产品进行重点投资，提高市场占有率；对其他将来有希望成为明星业务的产品则在一段时期内采取扶持的对策；对于没有发展前途或无利可图的业务应采取放弃战略。

3. 低增长—强竞争地位的"金牛"业务。该象限的"金牛"业务能为企业提供大量资金，用以支持其他业务的发展。应维持现有战略，当"金牛"业务处境不佳时，可采用收割战略，即以投入资源达到短期收益最大化。

4. 低增长—弱竞争地位的"瘦狗"业务。该象限的"瘦狗"业务处于饱和的市场当中，竞争激烈，可获利润很低，不能成为企业资金的来源。对该类产品应采用撤退战略：首先应减少批量，逐渐撤退，对那些还能自我维持的业务，应缩小经营范围，加强内部管理；而对那些市场增长率和企业相对市场占有率均极低的业务则应立即淘汰。其次是将剩余资源向其他产品转移。最后进行产品整顿。

（四）案例分析

成立于1837年的美国宝洁公司是世界上最大的日用消费品公司之一。1987年，宝洁公司进军中国市场，在短时间内就发展成为中国日化市场的第一品牌，宝洁公司旗下共有飘柔、潘婷、海飞丝、沙宣、润妍、伊卡璐六大洗发水品牌。下面对这六大品牌进行波士顿矩阵分析。

沙宣作为宝洁的明星产品，定位于沙龙造型，售价比一般洗发产品略高。如表2-4所示，2019年沙宣品牌的中国品牌力指数为346.9，位列中国市场洗发水品牌的第六位，拥有较高的市场渗透率和占有率，品牌认可度较高，优势明显，且拥有稳定的客户群，该类产品很可能成为企业的"金牛"产品，因而在财务战略制定时需要加大投资以支持其迅速发展。

表2-4　　　　　　2019年洗发水中国品牌力指数前十名

品牌名称	中国品牌力指数	排名
海飞丝	571.0	1
飘柔	438.8	2
潘婷	408.7	3
清扬	388.7	4
力士	366.6	5
沙宣	346.9	6
夏士莲	289.1	7
拉芳	270.2	8

续表

品牌名称	中国品牌力指数	排名
欧莱雅	260.6	9
舒蕾	259.1	10

资料来源：中华人民共和国工业和信息化部中国企业品牌研究中心，www.miit.gov.cn/。

宝洁的"金牛"业务包括飘柔、潘婷、海飞丝三大品牌，市场增长率较低，相对市场占有率相对较高。2019年海飞丝、飘柔、潘婷分别位列中国洗发水品牌力指数榜的前三位。此外，2019年这三大洗发水品牌的全球市场占有率接近20%。其中，海飞丝凭借9.47%的市场占有率位列中国洗护市场首位。可见，飘柔、潘婷、海飞丝三大品牌已进入发展成熟期，可为企业提供充足的资金，在财务战略制定时应维持现有市场份额，成为支持其他产品尤其是明星产品投资的后盾。

伊卡璐是宝洁公司的问题业务，伊卡璐是宝洁为击败联合利华、德国汉高、日本花王等品牌，斥巨资从百时美施贵宝公司购买的品牌，品牌定位主要为染发。然而，该业务的广告营销一直以外国金发美女为主，消费者的接受度较低。对该产品定位为问题业务，主要是由于伊卡璐发展时间较短、市场占有率较低、产生的现金流较少。但该产品的市场增长率较高，有发展成为明星业务的潜力。在制定财务战略时，宝洁公司可通过将客户定位转变为追求生活品质的女性或者在广告营销方面选择本土化的代言人等举措，促使伊卡璐向明星业务乃至"金牛"业务转变。

润妍是宝洁公司的"瘦狗"业务，销售增长率低，相对市场占有率低，对该业务，在财务战略制定时应采取撤退战略。企业首先应当减少批量、逐步撤退，市场增长率和相对市场占有率均极低的产品立即淘汰；然后进行资源整合，将剩余资源向其他产品转移；最后整顿产品系列，将润妍与其他业务合并，统一管理，以减少成本支出。

四、局限

波士顿矩阵事实上暗含了一个假设：企业的市场份额与投资回报是成正比的。但在有些情况下这种假设可能不成立。波士顿矩阵过于简单。首先，它仅用市场增长率和相对占有率两个单一指标进行分析，不能全面反映该企业的经营状况；其次，两个坐标划分标准过于简单；最后，在实践中，企业要确定各业务的市场增长率和相对市场占有率是比较困难的。

第三节 SWOT 分析

一、模型介绍

SWOT 分析模型，又称态势分析法，是一种常用的战略规划工具。该模型在内外部竞争环境与竞争条件的基础上，将与研究对象密切相关的主要内部优势与劣势、外部的机会和威胁等，通过调查列举出来，并依照矩阵形式排列，然后用系统分析的思想，把各种因素相互匹配起来加以分析，从而根据分析结果为企业制定合适的财务战略，帮助企业保持良性发展。表 2-5 以科大讯飞股份有限公司（以下简称科大讯飞）为例，运用 SWOT 分析模型列示企业的优势、劣势、机会与威胁。

表 2-5　　　　　　　　　科大讯飞 SWOT 分析模型

	优势（Strength）	劣势（Weakness）
	1. 具有国际领先的核心技术； 2. 中文语音行业处于市场领先地位，占据国内 60% 以上的市场份额； 3. 人才队伍雄厚，其研究和开发团队在中文语音产业界规模最大、水平最高	1. 多语言处理能力不足； 2. 过度依赖政府补贴
机会（Opportunities） 1. 国家出台政策大力扶持； 2. 语音核心技术飞速发展	SO 1. 在国家资金支持下，加大核心技术研发力度； 2. 充分发挥国家政策优势，吸引更多优秀人才	WO 1. 利用国家政策，树立优质品牌形象； 2. 加大资金投入，推动企业技术发展
威胁（Threats） 1. 知识产权保护力度缺乏； 2. 中美贸易摩擦	ST 1. 发挥领先技术优势，打造企业核心竞争力； 2. 加大研发投入，增强知识产权保护力度	WT 1. 扩大中文语音市场的市场份额，保持领先地位； 2. 增加外部资金引入，降低政府补贴依赖程度

资料来源：根据科大讯飞 2019 年年报整理。

（一）机会与威胁分析

随着经济、科技等诸多方面的迅速发展，国内外经济形势错综复杂，企业所处的环境更加开放和动荡。内外部环境的变化对企业战略目标的制定及战略计划的实施都将产生重大影响，企业需要根据内外部环境的变化对财务战略实施计划及时做出调整，因此，机会与威胁分析对于企业财务战略来说十分重要。

环境发展趋势分为环境机会和环境威胁两大类。环境机会即对企业行为富有吸引力的领域，在这一领域中，该企业将拥有更多的竞争优势。环境威胁则是指环境中不利的发展趋势所形成的挑战，如果不采取及时、正确的战略行为，这种不利趋势将削弱企业的竞争能力，使企业在激烈的市场竞争中处于不利地位。根据表2-5所示，近年来，我国政府高度重视人工智能的技术进步与产业发展，2019年，"人工智能"已连续3年被写入政府工作报告。中央全面深化改革委员会第七次会议指出要促进人工智能与实体经济的深度融合。在国家大力扶持下，科大讯飞将迎来推动人工智能产业发展的有利环境机会。中美贸易摩擦则是科大讯飞面临的外部威胁，2019年10月8日，美国商务部宣布科大讯飞被列入"实体清单"。这对企业国际化战略的实施造成一定阻碍。科大讯飞面临着国家大力扶持带来的机遇，也面临着中美贸易摩擦带来的威胁。在机会与威胁分析的基础上，有利于企业选择适合自身发展的财务战略，对企业的长久发展具有重要意义。

（二）优势与劣势分析

识别环境中有吸引力的机会并不意味着就拥有在机会中成功所必需的竞争能力。在内外部环境不断变化的情况下，企业需要定期审视自身的优势与劣势，依据分析结果制定或调整企业的财务战略。

竞争优势是一个企业有别于其竞争对手且优于竞争对手的地方。它可以是核心技术、品牌形象、市场份额、支撑服务等。相对于优势而言，劣势是企业较为薄弱的环节。虽然竞争优势实际上是指一个企业与其竞争对手相比有较强的综合优势，但是明确企业究竟在哪一个方面具有优势更有意义，因为只有这样，才可以扬长避短、以实击虚。科大讯飞致力于人工智能核心技术研究，且人工智能核心技术水平始终位于国际前列。

如表2-6所示,科大讯飞在研发方面,投入逐年增加,研发人员数量在2018年达6902人,其研发人员数量占比近三年均超过60%;2019年研发投入金额21.43亿元,同比增长20.87%。高额的研发投入为企业在技术创新和产品研发等领域提供了有力支撑,能够帮助企业巩固优势,建立起较高的技术壁垒和领先优势,提升核心竞争力。企业拥有的核心竞争优势有利于企业在财务战略制定中选择扩张型财务战略,充分发挥竞争优势,以获得更大的市场份额。

表2-6　　　　　　2017~2019年科大讯飞研发投入情况

项目	2017年 数量	2017年 同比增减(%)	2018年 数量	2018年 同比增减(%)	2019年 数量	2019年 同比增减(%)
研发投入金额(亿元)	11.45	61.50	17.73	54.85	21.43	20.87
研发人员(人)	5739	56.04	6902	20.26	6404	-7.22
研发人员数量占比(%)	66.28	4.36	62.92	-3.36	61.30	-1.62

资料来源:根据科大讯飞2017~2019年年报整理。

二、分析步骤

(一)确定战略目标

进行SWOT分析的第一步是要明确企业的战略目标和战略定位。企业的战略目标是最高指导思想,要以企业战略目标为基础,层层分解,找出企业内部的优势与劣势、外部的机会与威胁。本节以科大讯飞作为目标对象,详细论述该企业进行SWOT分析的具体步骤。科大讯飞是一家主营智能语音和人工智能的技术创新型企业,将推动人工智能产品研发和行业应用落地作为长期战略目标,致力于让机器"能听会说,能理解会思考"。财务战略作为企业在财务领域的职能战略,其制定与实施必须以企业整体战略为基础。

(二)分析外部环境

企业外部环境的变化将对企业内部资源、能力产生影响,进而影响企业财务战略的选择。SWOT分析要求对企业的外部环境进行剖析,常用分析方法为 PEST 分析法。本节以 PEST 分析法为例对科大讯飞进行宏观环境分析。

1. 政治环境。2016 年国家发改委、科技部等共同制定的《"互联网+"人工智能三年行动实施方案》中指出，将重点支持处于全球领先的人工智能骨干企业。2019 年科技部出台《国家新一代人工智能创新发展试验区建设工作指引》指出，建设国家新一代人工智能创新发展试验区，推动人工智能与实体经济的深度融合。国家相关政策的出台，使得以科大讯飞为代表的人工智能企业处在有利的政治环境中，为企业发展提供了更多机会。

2. 经济环境。1996 年，英国学者泰普斯科特正式提出"数字经济"的概念。与发达国家相比，我国数字经济发展起步较晚，1996 年，我国数字经济规模约为2500 亿元，仅占 GDP 的 5%。近年来，在国家的大力支持下，我国数字经济飞速发展，《中国数字经济发展与就业白皮书》指出，2019 年中国数字经济总量达35.8 万亿元，占 GDP 比重为 36.2%，成为仅次于美国的世界第二大数字经济体。如表 2-7 所示，2019 年全球数字经济百强榜前 10 位中，美国占据了 7 位，中国上榜企业数量排名第 2，前 10 位中有 2 家中国企业上榜，百强榜单中共有 14 家企业上榜，仅次于美国。上榜企业均属技术密集型产业，可见数字经济的飞速发展给高新技术企业带来了广阔的发展空间。在此经济背景之下，科大讯飞这种具备核心技术优势的高新技术企业将获得更多的发展机遇。

表 2-7　　　　　2019 福布斯全球数字经济百强榜前十名

公司名称	排名	国家	分类
苹果	1	美国	计算机硬件
微软	2	美国	软件与程序
三星电子	3	韩国	半导体
Alphabet	4	美国	计算机服务
AT&T	5	美国	电信服务
亚马逊	6	美国	互联网和目录零售
Verizon Communications	7	美国	电信服务
中国移动有限公司	8	中国	电信服务
华特迪士尼	9	美国	广播与有线电视
阿里巴巴集团	10	中国	互联网和目录零售

资料来源：福布斯中国，www.forbeschina.com。

3. 社会环境。互联网、大数据、人工智能的飞速发展，推动了智能语音的面世，没有时间与地点的限制，人们可以通过语音交互的方式便捷地共享更多的信息资源和现代化服务。智能语音技术极大地便利了人们的日常生活。

4. 技术环境。2013年，科大讯飞所在的安徽省合肥市建立了国家级语音技术产业基地，"中国声谷"正式落地。如表2-8所示，"中国声谷"产值2019年达800亿元，同比增长23%，且近年来均保持较高的增幅。"中国声谷"给科大讯飞提供了资源共享的平台，其飞速发展给科大讯飞营造了良好的技术环境。当地政府将项目、技术、人才、资金等资源进行合理配置与整合，建设以语音为核心技术的产业集群。截至2019年，入驻企业包括科大讯飞、华米科技、龙芯中科等700余家高新技术企业，在教育、医疗、汽车、家居等多个领域孵化培育了130多款人工智能软硬件产品，产生了良好的高新产业带动力和辐射效应，为科大讯飞的智能语音业务发展提供了良好的技术环境。

表2-8　　　　　　　　2016~2019年中国声谷产值概况

项目	2016年	2017年	2018年	2019年
产值（亿元）	327	500	650	800
同比增减（%）	44.10	52.91	30.00	23.00

资料来源：剑指"双千"，"中国声谷"再出发 [EB/OL]. www.people.com/.

通过运用PEST分析法对科大讯飞的宏观环境进行分析，我们发现高新技术的宏观环境良好，在国家的重点关注下，行业规模和质量都会迅速发展，前景光明。良好的宏观环境有利于科大讯飞制定扩张型财务战略。

(三) 明确企业关键能力和限制

根据企业资源组合情况，明确其潜在资源力量、潜在资源弱点、外部潜在机会以及外部潜在威胁，有利于帮助企业制定具备针对性的财务战略。

1. 潜在资源力量。潜在资源力量，即对企业未来发展有利的方面。例如，明确的战略目标、良好的品牌形象、专利技术、成本优势、创新能力、优质服务等。就科大讯飞而言，包括高水平的研发能力和专利技术。企业建有首批智能语音国家人工智能开放创新平台,以及在认知智能领域的首个国家级重点实验室,累计获得专利1000余件。此外,良好的品牌形象也是科大讯飞拥有的潜在资源,智能语音及人工智能技术的产业化应用具有很高的品牌壁垒和显著的"马太效应"。科大讯飞作为中国人工智能产业先行者和领航者,受到行业客户的充分信任,品牌号召力强劲。

2. 潜在资源弱点。潜在资源弱点,即会对企业未来发展造成一定阻碍的方面。例如,高额成本、高额负债、盈利能力弱、缺乏关键技能、内部组织结构混乱等。科大讯飞的潜在资源弱点体现在过度依赖财政扶持。2015～2019年科大讯飞获得的财政扶持占净利润的比例总体呈上升趋势,2019年,获得财政扶持4.12亿元,占净利润比例连续两年超过50%,可见科大讯飞高度依赖财政扶持,这并不利于企业的良性发展。科大讯飞应当大力发展主营业务,依靠主营业务盈利才是长久之计。

表2-9　　　　　2015～2019年科大讯飞财政扶持情况

项目	2015年	2016年	2017年	2018年	2019年
净利润(亿元)	4.25	4.84	4.35	5.42	8.19
财政扶持(亿元)	1.10	1.28	0.77	2.76	4.12
财政扶持占净利润比例(%)	25.88	26.45	17.70	50.92	50.31

资料来源:根据科大讯飞2015～2019年年报整理。

3. 外部潜在机会。外部潜在机会,指有利于企业生产,能促进企业经济效益的提高,有利于企业摆脱困境等方面的信息、条件、事件等。例如,新市场的扩张、潜在客户、新技术研发通路、战略联盟与并购等。科大讯飞开放平台拥有生态合作伙伴160万家,通过企业间战略合作,资源共享,有利于科大讯飞的快速发展。

4. 外部潜在威胁。外部潜在威胁,即可能对企业市场地位、利润率等产生负面影响的信息、条件、事件等。例如,替代品的降价、强势竞争者的进入、消费者购买需求的下降、商业周期的影响、相关贸易政策的不利影响等。中美贸易摩擦对科大讯飞的国际化步伐造成一定负面影响,对企业国外市场的扩张造成威胁。科大讯飞于2018年开启国际化业务,经营惨淡,破局艰难。2019年科大讯飞国外地区营业收入为0.83亿元,仅占总营业收入的

0.82%。可见中美贸易摩擦是企业发展的外部威胁，对企业国外市场的扩张产生负面影响。

（四）利用SWOT分析模型评价

将识别出的优势与劣势分成两组填入SWOT模型中，一组与行业中潜在的机会相关，另一组与行业中潜在的威胁相关。利用模型对企业优势、劣势、机会、威胁进行分析评价。

（五）结果定位

将企业优势、劣势、机会、威胁的整合分析评价在SWOT分析图上定位，如图2-5所示，明确企业当前应当执行的战略类型。通过对科大讯飞外部宏观环境分析，列示企业优势、劣势、机会、威胁，可见企业在外部宏观环境良好，且自身拥有核心竞争优势的情况下，应选择扩张型财务战略以扩大市场份额，提高市场竞争力。

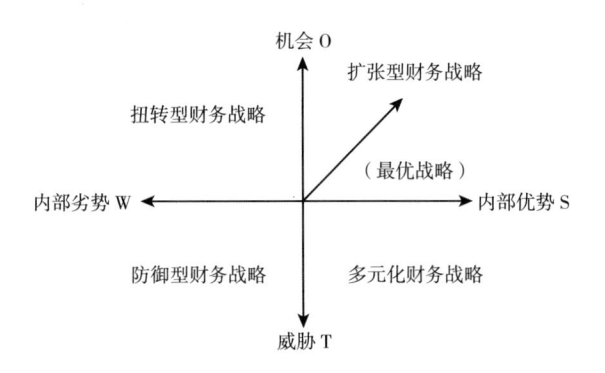

图2-5 SWOT分析图

（六）战略分析

通过对企业内外部环境的分析，明确自身优势、劣势，分析评价企业最优财务战略，对企业目前的财务战略目标、财务战略定位进行全局的战略分析，根据自身实际经营情况进行调整，以适应企业的未来发展方向。科大讯飞掌握着国际领先的人工智能核心技术，在行业内优势明显。目前，科大讯飞正处在生命周期中的成长期，价值创造型资金短缺，适宜采用扩张型财务战略。该时期发展速度加快，生产经营投资和市场开拓费用逐步增加，资金需求量也会大幅增加。处在成长期的企业需要大量资金来保持企业的持续发展，科大讯飞在制定财务战略时应考虑通过多种途径获得发展资源，企业的快速发展已经为其进行外部筹资创造了条件，外源筹资此时是获取发展资源的最佳选择。在投资方面，科大讯飞应该不断拓展产品市场，重视技术研发，不断保持并强化自身的优势，培养核心竞争能力，进一步扩大公司的规模。在内部留存上，此时应选用高比例留存、低分配的股利分配方式。

三、类型组合

（一）扩张型财务战略

扩张型财务战略（SO）是一种发展企业内部优势与利用外部机会的战略，是一种理想的战略模式。当企业内部具有一定的独有优势，外部环境又能为发挥这种优势提供有利机会时，可以采取该种战略。在扩张性财务战略下，为了能够抢占更多的市场份额，企业在从外部筹集资金到内部利润留存等方面都需要采取积极的措施，以满足企业在快速扩张的过程中对大量资金的需求。为了快速扩张，企业通常会将大部分利润留存，使内部有充足的资金积累，同时为了弥补内部资金积累可能无法满足公司急速扩张的需求，还要充分利用负债进行大规模融资。该种做法不仅能为企业带来积极的财务杠杆效应，而且还可以保证净资产收益率和每股收益不会被稀释。此外，企业的快速扩张可能会导致其资产收益率在长时间内维持在一个相对较低的水平，造成企业业绩不佳的现象，此时应当让投资者了解企业所处阶段，并让投资者对企业未来发展充满信心，这样也会为企业筹集更多的资金，加速企业的扩张进程。

当企业所处的政治、经济等背景乐观并对企业发展有利时，企业一般而言会进行一定程度的扩张活动。在此过程中，企业就会采用扩张型财务战略。通过上文分析，科大讯飞即采用此战略。

（二）扭转型财务战略

扭转型财务战略（WO）是利用外部机会来弥补内部弱点，使企业改变劣势而获取优势的战略。该战略适用于存在外部机会，但由于企业存在一些内部弱点而妨碍其利用机会的情况，此时可采取措施先克服这些弱点。以坚瑞沃能股份有限公司（以下简称坚瑞沃能）为例，坚瑞沃能于2016年并购沃特玛进入新能源汽车领域，主要通过股权质押、短债长投进行融资，虽然可以快速获得流动资金，但也面临着极大的风险。此外，坚瑞沃能一直采用激进的股权投资模式，先后于2014年收购达明科技和2016年收购深圳市沃特玛电池有限公司，需要大量资金维持运营。而坚瑞沃能的收入绝大部分来自应收账款，没有产生实质性现金流入，回流速度慢，导致短期借款难以偿还。扩张型财务战略给公司带来了巨大的负面效应，其资产负债率在2017年高达86%，远高于行业平均水平41%。较高的资产负债率使得企业陷入财务危机，面临资金链断裂的风险。在这种情况下，坚瑞沃能应将其扩张型财务战略向扭转型财务战略转变，把握外部机会，解决应收账款难以回款的问题，通过调整财务战略产生实质性现金流，否则企业的未来将一片渺茫。

（三）多元化财务战略

多元化财务战略（ST）是指企业利用自身优势，回避或减轻外部威胁所造成的影响。在此战略下，企业的目标并不是一味地追求资产规模的快速增加，而是经营效益的稳步提升、企业未来的可持续发展，以及企业经营风险的降低。因此企业会将工作重心放在优化现有资源配置和提高现有资源使用效率方面，并挖掘新的价值创造能力，使企业综合实力得到提升。同时注重内部资金积累，以此作为企业规模扩张的资金来源。以万科企业股份有限公司（以下简称万科）为例，通过银行贷款、公司债券、增发股票等多渠道进行筹资以满足企业扩张需求。如表2-10所示，万科近3年物业服务业务营业收入保持在一个较高的增长率，均高于其主营业务房地产业务增幅，2019年万科物业服务实现127亿元的营收，连续十年蝉联"中国物业服务百强企业综合实力TOP1"。此外，其租赁住宅业务2019年新增开业5.6万间，平均出租率达90%；其物流仓储方面，以"万纬物流"为服务平台，服务客户超过850家。除主营房地产业务外，万科通过商业地产租售并举、物流仓储、提供物业服务等多元化投资，提高企业营业收入，为处于增长"瓶颈"期的利润提供了新动力。

表 2-10　　　　　　2017~2019 年万科营业收入分业务情况

业务类别	2017 年 金额（亿元）	2017 年 同比增减（%）	2018 年 金额（亿元）	2018 年 同比增减（%）	2019 年 金额（亿元）	2019 年 同比增减（%）
房地产业务	2330.13	-0.48	2846.21	22.15	3526.54	23.90
物业服务	71.27	67.28	97.96	32.95	127.00	29.65
其他	27.57	32.78	32.62	29.66	25.40	-22.14
合计	2428.97	1.01	2976.79	22.55	3678.94	23.59

资料来源：根据万科 2017~2019 年年报整理。

（四）防御型财务战略

防御型财务战略（WT）是一种旨在减少内部弱点，回避外部环境威胁的防御性战术。当企业存在内忧外患时，往往面临着生存危机。在此情况下，企业不得不采取应急手段来进行自我保护，从而得以维持生存并适机寻求新的发展空间。企业在实施防御型财务战略时，会相应地减少外部集资和投资活动，以降低财务费用的支出。同时会在一定程度上削减分部或精简机构设置，以此盘活存量资产减少成本支出，集中一切人力物力于企业的主营业务，以增强主营业务的市场竞争力，争取更多的盈利机会。以康师傅控股有限公司（以下简称康师傅）为例，在国内经济增速放缓、食品市场面临结构调整、外国品牌涌入等外部环境下，市场竞争愈发激烈。随着健康、营养成为人们消费的首要关注点，方便面的市场需求呈下滑趋势。此外，产品创新力度不足、原材料价格上涨、销售量的下降，进一步降低了方便面食品行业的整体盈利能力，方便面食品行业面临着"内忧外患"的处境。综合看来，康师傅已经处于衰退期。为了实现在衰退期的稳健转型，康师傅的财务战略呈现出防御收缩的特征。

四、局限性

（一）隐含假定

SWOT 分析对战略决策需要的信息做了两个区分：内外区分，即关于企业自身的信息和关于企业所处环境的信息；利害区分，即对企业有利的内部优势（S）、外部机会（O）和对企业有害的内部劣势（W）、外部威胁（T）。虽然这种分类大大明晰和简化了企业制定财务战略时需要掌握的信息，然而这也是 SWOT 的缺陷——内外区分和利害区分的假定。在 SWOT 分析中通常认为，机会和威胁只存在于外部环境中，优势与劣势只存在于内部环境中，然而事实上这种看法有失偏颇，机会与威胁也可能存在企业内部。1995 年 2 月 27 日，英国商业银行巴林银行倒闭的消息震惊全球金融市场，造成全球股票市场的剧烈动荡，纽约道·琼斯指数下降了 29 个百分点。巴林银行作为英国的老牌贵族银行，拥有长达 233 年的发展历史，而搞垮它的竟然是银行内部的一位管理人员——尼克·里森。里森作为巴林新加坡分行的负责人，在未经授权的情况下，以银行名义认购了总价 70 亿美元的日本股票指数期货，并以买空的做法在日本期货市场买进了价值高达 200 亿美元的短期利率债券。然而 1995 年的日本关西大地震使得股市暴跌，里森所持头寸遭受重创，巴林走向灭亡。在该案例中，里森不恰当地运用期货"杠杆效应"，以赌徒心理进行投机，巴林银行的倒闭属于内部管理人员导致，与外部竞争环境无关。

事实上，企业的发展机会往往存在于企业内部，企业内部剩余资源是企业发展的重要机会。更为重要的是，很多时候企业内外难以分割，企业的能力往往嵌套在相互依赖的网络中，这个网络中的相互依赖既存在于企业内部，也体现在企业与环境之间。比如广东格兰仕集团有限公司（以下简称格兰仕）可以通过对产能的充分利用而实现价格优势。为实现低成本，格兰仕通过和 OEM 客户签订生产线免费转移合约，创造性地实现了零成本的产能扩张。1997 年，格兰仕和法国一家家电进口企业 Fillony 签订协议，Fillony 将其生产线免费转移至格兰仕，格兰仕以成本低价向 Fillony 提供产品。作为协议的一部分，格兰仕有权在满足 Fillony 生产的情况下，利用该生产线过剩的产能生产自己的产品。该策略一方面使得西方发达国家以较低的价格获得产品，同时减少了生产管理方面的成本。此外，格兰仕获得了免费的额外产能，通过扩大生产，提高生产效率，以降低产品价格，获取更大的市场份额。1996 年，格兰仕微波炉的国内市场占有率仅为 20%；到 2002 年，其市场份额高达 70%。可以看出格兰仕通过利用内部剩余生产资源以扩大产能这种多元化财务战略的成功之处。

另外，也有很多企业因为产能过剩陷入危机，这从另一个方面表明企业内外联系的紧密性。以济钢集团为例，济钢集团始建于1958年，曾是全国最大的中厚板生产基地，截至2017年，累计生产钢产量约1.55亿吨。改革开放以来，我国钢铁行业发展迅猛，然而国内钢铁产能增速始终高于国内市场需求的增速，钢铁企业纷纷将目光转向国外市场。2008年的全球金融危机使得海外钢铁市场暴跌，国内钢铁企业在国外无利可图，过高的产能促使国内钢铁价格不断下跌。据国家统计局数据统计，2014年全国重点钢铁企业每吨钢利润仅为0.84元，钢铁企业利润降到历史低点。2017年7月9日，济钢在济南的钢铁产线全线停产，成为我国首家全面关停钢铁主业的千万吨级城市钢铁企业。

即使是分析环境，也要受企业内部因素的影响，内外分析整合才可以展现更完整的战略图景。因此，SWOT分析将优势与劣势区分开来，割裂了企业内部情况的连续统一，机会与威胁的区分则不能反映同一事件的利害关联，以此形成的财务战略有可能不符合企业实际。企业外部环境的变化可能会导致企业优势的转变，这也表明了企业内外联系的紧密性。换句话说，内外环境的分割只是分析的便利，而不是企业的实际。

（二）静态分析

SWOT分析通常是在某一时点对企业内外进行扫描，然后进行优势、劣势、威胁和机会的分析，从而形成四种内外匹配的战略。即SO战略，依靠内部优势，利用外部机会；ST战略，利用内部优势，回避外部威胁；WO战略，利用外部机会，克服内部弱点；WT战略，减少内部弱点，回避外部威胁。尽管有些学者对每项匹配的具体解释会有所不同，但是在当下对企业的优势、劣势、机会和威胁的静态分析，很难确保还没有实际发生的内外匹配一定会实现。企业的优势是否强到足以把握机会、对抗威胁；企业的劣势是否弱到错失良机、不堪威胁。在企业外部环境稳定时期，对企业的战略制定有一定的指导作用，但是在企业外部环境动荡时期，产业结构模糊，企业的资源和能力不再有效，SWOT的静态分析和内外匹配很难有实际意义。

（三）缺乏客观的测量标准

对一个企业的优劣势以及其所面临的机会与威胁的判断是一个复杂的测

量问题。然而，SWOT分析对优势与劣势，机会与威胁都缺乏一个明晰的衡量标准。研究表明，对优势与劣势的评价标准有历史、竞争和计划三个标准，企业更多地采用历史标准和竞争标准来衡量自身的优势，而劣势常常采用计划标准。虽然企业采用的测量步骤类似，但并没有形成统一的标准。

楞次（Lenz，1980）提出战略能力的概念，描述了战略能力的三个维度，即创造价值的知识和技术基础、一般管理技术、生成及获得资源的能力。用可能妨碍财务战略目标实现的因素作为评价财务战略能力的标准，使得财务战略能力的分析框架在很大程度上规避了SWOT分析模型的内外和利害区分假定，企业因此而形成的财务战略就具有动态含义。如何更好地摆脱SWOT分析的局限，代之一种内外整合、综合分析、动态学习的简明分析框架，有待战略学者进一步思考和探索。

第三章

融资战略

第一节 融资战略与资本结构

一、融资战略概述

资金对于一个企业不仅是创立之时的重大需求,而且是后续的发展与生存中的有力支撑点。只有足够的资金加持,企业才能进行各种生产要素的有机结合,开展生产经营活动并以此获得经济效益。但是仅凭企业自身运作经营获取的资金远远不足以维持其发展,因此企业需要寻求外部的资金助力。那么从哪里进行融资?融资数目需要多少?哪种融资方式性价比最高?这些都是企业融资路上需要考虑的问题,这些因素又与融资战略密不可分。

企业融资战略是指企业依据自身所处的内、外部环境情况,以保证企业战略发展及长期竞争力所需资金为目标,对企业未来一段时期内的资金筹措目标、结构、渠道和方式等进行的系统规划。融资战略是面向企业未来的一种长期、系统的构想,旨在帮助企业更好地适应未来环境和企业战略的要求。

(一)融资战略的目标

俗话说,"好的目标是成功的一半"。融资战略目标对于融资战略的实施也具有同样的意义,制定融资战略的首要任务就是明确融资战略的目标。

融资作为企业财务管理活动的一个环节，理论上融资战略应与"企业价值最大化"的财务管理目标保持一致，获取足够的资金是融资活动生成的最终结果。因此，形成企业资金保障力也是融资战略的目标。最后根据企业资金运作的目的，以及融资战略建立在多样化的内、外部环境下，融资战略的目标在表现根本目标的同时又有不同的表现形式，从满足企业生存、发展及稳定三大活动所需资金出发，具体有以下四种目标。

1. 解决企业生存资金需要的目标。对企业来说，正常的运营是其保证生存的首要任务，更是扩张发展的基础。企业的获利需经过采购、研发、生产、销售等层层环节，实现筹集资金、有效使用资金、取得收益到再生产发展的有效循环，大量的资金是企业经营活动的基本前提。同时，由于企业收回的资金形态不一定是现金形式，资金的投入和收回时间很难实现完全一致，就更需要企业不断地对外融资以补充大量生产运营所需资金。另外，在企业漫长的生命周期运行中，众多内、外部环境的不断变化，使得企业不可能一帆风顺。面临经济不景气、经营不利、资金周转不灵等情况时，是否拥有足够资金的能力是企业渡过难关的关键。因此，为满足企业所需的基本物质条件、维持企业正常生产运营活动以及应付暂时性资金困难而进行的融资活动是融资战略的一项基本目标。

2. 满足企业发展资本需求的目标。企业在保证正常运营获利之后，就会进入板块扩张、业务增量及规模扩大等高速发展的阶段。与运营一样，企业因发展扩张而形成的诸多活动都需要资金的支持。快速足量的资金相当于给企业装上"腾飞的翅膀"；反之，资金的不到位会导致企业失去发展的大好良机，成为发展的最大"瓶颈"，企业在不断前进的经济大环境中消失。因此，不管是为了更好地适应未来的市场，还是为了在众多竞争者中拼得一席之地，企业都得制定目光长远、速度与数量同驱的融资战略，保证企业发展路上的资金需求是融资战略的目标之一。

3. 调整企业资本结构的目标。融资战略的目标虽然本质上是满足企业的资金需求，但是合理优秀的融资战略还应该重视资金的质量。不同的融资方式会为企业带来不同属性的资金，而每种资金都需企业付出相应的代价。如负债会加重企业的偿债压力，股权资本会稀释企业的所有权，一味地进行融资数量的扩大，而不重视它们带来的成本代价的话，企业很容易出现财务危机。再加上经济大环境、企业运行状况、内部管理机制及企业的财务目标等多种内外不定因素的存在，不同种类资本的融资成本和融资风险也会出现波动，影响企业财务的稳定性。资本结构作为企业融资的结果，可以从企业的财务稳定状况、融资风险大小、权益资本净利润、企业负债资本成本等方面体现企业资本的良好状况。具有一定弹性的资本结构，还可适时应对可能产生变化的外界环境及财务状况，使得企业的融资战略具有始终保持合理的可能性。并且，具有弹性的资本结构有利于财务杠杆效应的扩大，降低企业的财务风险。另外，当企业面临转型或扩张时，具有弹性的资金结构也可以实现对生产经营资本规模的调整。因此，企业可通过各种融资方式的合理搭配，保持资本结构的弹性，以此为目标的融资战略更利于企业财务的稳定。

4. 提高融资竞争能力目标。企业的融资竞争能力是保证其在发展路上资金稳定、资本成本低、经营风险小的强有力指标。该目标具体体现在以下两个方面：一是形成市场竞争者目标。庞大的市场给企业带来的机会和竞争是相同的，面对融资竞争者，合理的融资战略有助于企业抢先占据资本市场上的竞争者地位。二是提升企业市场信誉目标。资本市场中的资金供给者选择目标企业时，往往会对其历史交易进行观察，评估出该企业的市场信誉值。融资战略作为一项长期筹资计划，更需要将市场信誉考虑在内，以帮助企业形成优秀的信誉值为目标，可以提高资金供应者对自身企业投资的可能性。

（二）融资战略的内容

融资战略活动的行进过程可将融资战略的内容大致分为以下五个方面。

1. 融资目的。融资战略目的也可称作融资战略目标，是指在一定时期内为企业筹措到足够数量的资金。其规定了企业融资战略的基本目标与基本方向，使得融资战略的预期成果具体化。作为资金筹措活动的行动指南和努力方向，融资战略目的是融资战略的重要组成内容之一。不仅如此，企业也可根据融资战略目的来检验制定、实施的融资战略是否合理。

2. 融资来源。企业可以从很多渠道获得资金，不同来源的资金不仅对企业有一定的限制要求，也会在企业内部形成不同的资金结构。企业资金结构是指在企业融资总额中，各种来源的资金所占比例，资金结构与企业的发展具有密切的相互作用关系。所以在制定融资战略中，资金来源是一个基本考虑因素。

3. 融资方式。融资方式是指企业筹集资金采用的具体形式。融资方式的数量越多，企业面临的融资机会也越多。按照资金与企业的所属关系，融资方式分为内部融资与外部融资两大类。顾名思义，内部融资方式主要指从企业内部自身积攒资金的做法，如留存收益；外部融资方式则是指从与企业无关的组织或机构获取资金的做法。根据资金的属性长期筹资又被分为债务性筹资和权益性筹资两类。前者是指企业依法取得并依约运用、到期还本付息的方式，主要包括银行借款、应付债券、应付票据、应付账款以及融资租赁等；后者则是企业从外部投资者获取资金，主要有吸收投资和发行股票两种方式。通常两者具有一定的比例关系，合理设定该比例也是企业融资战略的一个核心考虑因素。

4. 融资时机。融资战略不是按部就班执行那么简单，想要融资战略实施效果良好，需要注意其实行的时机。合适的时点下实施融资战略，不仅执行过程中简单、顺利、成本低，而且也会更容易吸引优质的投资公司；相反，逆天时的融资，困难、烦琐、成本高，往往处处碰壁。融资时机会受到金融市场环境、行业状况以及企业发展周期三个因素的影响。融资时机对企业来说更像是一个"投机"的窗口，把握住最佳融资时机有助于企业开展顺利的融资进程。

5. 融资成本。俗话说"商场如战场"，每个经济个体都不是慈善家，没有付出就有回报的事情几乎不可能。融资活动作为企业财务活动中的一项程序，实行过程的前提是资金。融资方式、融资规模、融资时机以及融资渠道的不同，都会产生不一样的融资成本。融资成本的高低可以作为企业衡量融资决策是否执行、融资规模大小的一项参考指标。另外，了解融资成本也有助于企业制定合理的融资战略。

（三）融资战略的类型

从资本结构的角度出发，围绕资金的来源与使用，融资战略分为以下三种基本形态。

1. 平稳型融资战略。平稳型融资战略一般是指企业的负债结构与公司资产的寿命周期相对应的战略。该种战略的主要特点为：将企业资产结构运用在资金使用上，将不同的资金、资本进行期限和数额的对应，以增强企业按时还款的可能性。如图3-1所示，流动资产按照期限，分为由季节性或者临时性原因产生的波动性流动资产（临时性流动资产）和满足公司长期稳定发展的永久性流动资产。在平稳型融资战略下，前者占用的流动资产所需资金全部由短期融资承担，而后者则需长期融资提供资金。另外，长期融资还需为固定资产提供强劲的资金保障力。

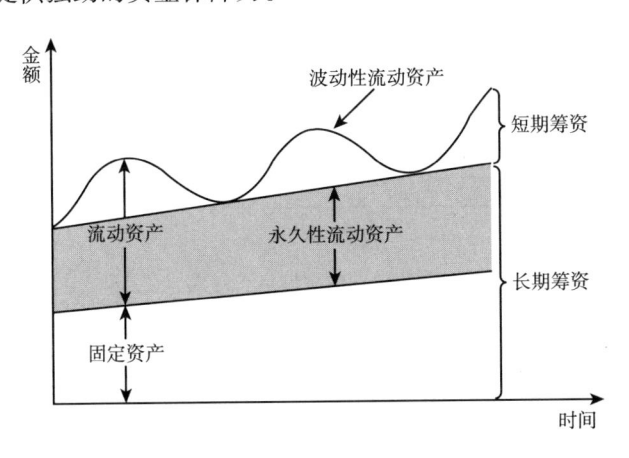

图 3 – 1　平稳型融资战略

资料来源：黎精明，兰飞，石友荣. 财务战略管理 [M]. 北京：经济管理出版社，2017.

这是一种风险介于保守型和积极型之间的战略。它将短期融资的利用率发挥到极致，一旦企业不存在波动性流动资产，流动负债等短期资本也相应减至为零。但实际操作中，现金流动和各类资金的使用寿命都存在很大的变动性，这就导致资产与负债不能实现完美配合。如果公司未取得预期的临时性收入，便会发生难以偿还短期借款的情况。因此，平稳型融资战略是一种理想型筹资模式，在实践中很难实现。

2. 保守型融资战略。保守型融资战略一般是指企业较小限度地使用短期融资资金，较多利用长期融资资金进行运营建设投资的轻负债模式的战略，如图 3 – 2 所示。波动性流动资产被分为两部分，短期融资只为虚线上的部分提供资金，而虚线下的部分与永久性资产（永久性流动资产和固定资产）一样，都被划分为长期融资的承担内容。

在该种战略下，长期融资的资金承担力度要远远大于短期融资。流动负债等短期融资的减少可使企业保留较多的营运资金，在降低偿还债务风险的同时，也减少了蒙受短期利率变动损失的风险。但长期负债、权益资金以及金融信贷等长期融资方式产生的融资成本较高，属于股东的预期收益需要负

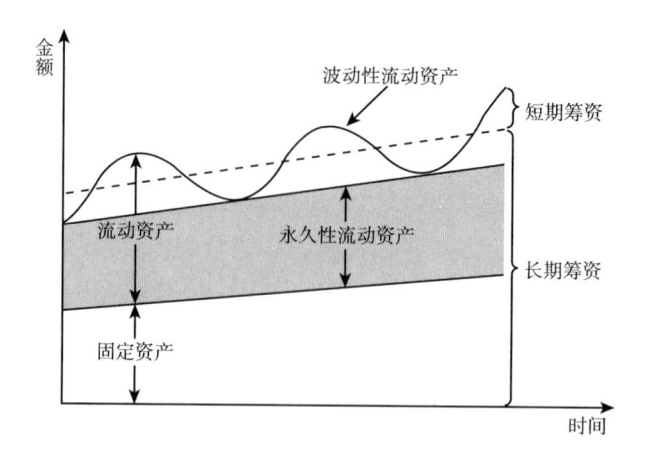

图 3-2　保守型融资战略

资料来源：黎精明，兰飞，石友荣. 财务战略管理 [M]. 北京：经济管理出版社，2017.

担长期融资的资本成本。一般来说，保守型融资战略的主要目的是规避风险，多适用于长期资金充足、蓄力等待合适投资机会的公司。

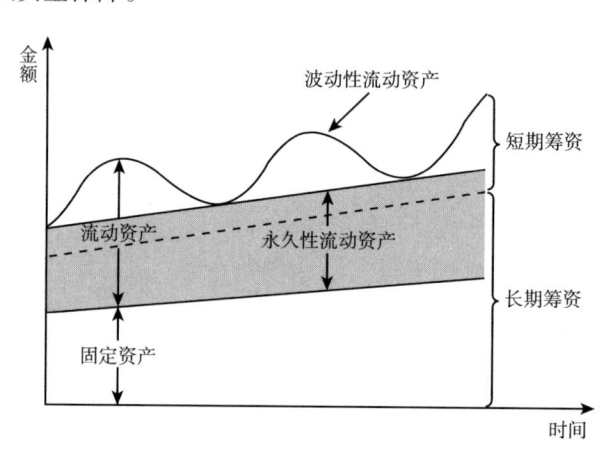

3. 积极型融资战略。积极型融资战略正好与保守型融资战略相反。它的短期融资资金利用占比开始增大，达到三者中最高的比例，如图 3-3 所示。短期融资和长期融资都包含两部分，前者需要承担全部的波动性流动资产和虚线上的永久性流动资产的资金需求量，后者则为固定资产和剩下的永久性流动资产提供资金保障。

图 3-3　积极型融资战略

资料来源：黎精明，兰飞，石友荣. 财务战略管理 [M]. 北京：经济管理出版社，2017.

在三种战略中，该战略下的短期融资资金利用率最高，主要被迫切需要扩张发展的企业所采用。短期负债获取较易、使用成本较低以及额外的财务杠杆效益等特点有助于企业把握转瞬即逝的发展时机，实现大跨步成长。但因为流动负债与永久性流动资产的使用期限不匹配，所以企业需要不断重新举债融资以满足永久性资产的资金需要，无形中增加了企业资金供给的波动性、融资难度和偿债风险。因此，积极型融资战略是一种高风险、高收益的资本筹集模式，适用的企业应该是位于成长中后期或者成熟期的企业。

二、资本结构的概述

（一）资本结构的定义

经济学将资本结构定义为企业各种资本的价值构成及其比例关系，是企业不同时期运用各种方式筹集不同来源资金的资金组合。资本结构有广义和狭义之分，广义的资本结构是指企业全部资本的构成及其比例关系，狭义的资本结构则主要针对企业各种长期资本。

（二）资本结构的分类

企业的资本结构通常以资本具有的权属性和时期性作为分类依据，具体分为：资本的权属结构和资本的期限结构两大类。前者将资本分为股权资本和债务资本，其中，股权资本包括外部投入资金和企业内部留存资金，债务资本又可细分为有息负债和无息负债；后者则是指长期资本与短期资本的价值构成及其比例关系。

三、资本结构与融资战略的关系

同样作为财务管理的一项重要内容，资本结构和融资战略具有相生相契的关系。资本结构是企业内部各种形式的资本综合占比情况，而企业的资金组合情况均来源于融资战略的实施，因此从企业的角度看，资本结构就是企业一定时期实行融资战略所产生的结果，企业的资本结构亦可称为融资结构。以珠海格力电器股份有限公司（以下简称格力电器）为例，2015~2019年的资本结构情况如表3-1所示。

表3-1　　　　　　　2015~2019年格力电器资本结构情况

项目	2019年	2018年	2017年	2016年	2015年
资产负债比率（％）	60.40	63.10	68.91	69.87	69.96
股东权益比率（％）	39.60	36.90	31.09	30.13	30.04
应付票据及账款（亿元）	669.40	498.20	443.20	386.70	322.20
短期借款（亿元）	159.40	220.68	186.46	107.01	62.77
长期借款（亿元）	0.47	—	—	—	—
实收资本（股本）（亿元）	60.16	60.16	60.16	60.16	60.16
流动负债比率（％）	99.21	99.47	99.57	99.55	99.55

资料来源：根据格力电器2015~2019年年报整理。

格力电器的资本结构主要表现为负债为主、权益为辅，其融资战略也相应表现为重负债轻权益的积极型融资战略。由表3-1可知，格力电器2015~2019年的资产负债比率连续5年都高于60％，2015年时高达69.96％。由股东权益比率和资产负债比率可知，格力电器连续5年的债务资本与股权资本平均比重约为2∶1。单就这一比重来看，格力电器连续5年的融资方式倾向于债务性筹资。再由企业应付票据、账款、长短期借款与实收资本的情况可知，企业的应收票据及账款远远高于借款与直接吸收投资者所获的资金，2015年的应付项目最高，约是短期借款与实收资本的5倍，与格力电器资产负债率显示的筹集资金更多来源于债务的结论保持一致。进一步拆分格力电器的负债情况可知，其流动负债比率连续5年均高达99％，表明企业的负债资本以短期资本为主。结合上述分析可知，格力电器采用的是偏好流动负债、短债长用的积极型融资战略。因此，资本结构与企业采用的融资方式以及渠道息息相关，通过资本结构指标的分析就可以大致了解企业的融资状况。融资战略包括的融资渠道、融资顺序以及融资比例等内容，同样是资本结构优化调整需要考虑的重要条件。企业也可通过调整以上具体内容，实现快速有效的资本结构优化。

另外，资本结构在很大程度上影响着企业的资本控制力，决定着企业的偿债能力、再融资能力及盈利能力，不仅是反映企业财务状况的一项重要指标，也是贯穿融资战略各因素的一条主线。早在20世纪末，融资方式、资本结构及企业价值的相关性就备受争议。进入21世纪后，优序融资理论是最有效的资本结构理论观点更是层出不穷。至今越来越多的学者在研究融资战略与企业盈利能力的关系时，选择从资本结构的角度进行分析。因此，企业的融资战略应该加入对资本结构这一因素的综合考量。

第二节　融资战略的影响因素

参考国内外与融资战略理论有关的文献综述可知，最早的融资战略理论可追溯到1980年，最有代表性的是CAMP模型和MM理论。两者是数学研究方法对企业融资外部环境的分析而得出的融资战略理论，这一分析依据也符合企业总的财务战略制定依据。1980年后，学术界在分析研究企业环境时，加入内部环境这一因素，结合着企业资金的运作完善了MM理论，从企业的整体融资环境角度分析思考。此后，我国学者吴钦春提出了企业生命周期是影响企业融资战略的一项重要因素，企业要根据融资战略周期来制定相应的融资战略。

综上所述，本章认为融资战略的影响因素大致包含外部融资环境、企业生命周期、融资规模、融资时机及融资成本五大方面。

一、外部融资环境

企业的外部融资环境中，最具影响力的当属宏观经济环境和企业行业特征两大方面。

（一）宏观经济环境

作为微观经济个体赖以生存的大环境，宏观经济环境具备一定的周期性，主要分为繁荣、衰退、萧条和复苏四个阶段。不同阶段的宏观经济环境，会给企业发展带来变动，可能是机遇也可能是灾难。面对变化起伏的宏观经济环境，企业需要合理且有弹性的融资战略维持企业资金保障力。因此，企业融资战略的选择与制定可与宏观经济周期相配合，主要有以下4种匹配模式。

1. 积极型的融资战略可用于经济复苏阶段。宏观经济的波动就像声波一样具有低谷与高峰，而经济复苏可简单定义为经济从低谷到高峰的运动过程。不管是经济增长率、就业机会、市场需求还是投资比率都在持续增长，此时企业应该选择能够快速筹集资金的融资方式，尽量扩大融资规模。积极型的融资战略有利于企业把握住复苏阶段的发展机会，实现企业利润的顺利爬升。

2. 先积极型后平稳型的融资战略适用于经济繁荣阶段。宏观经济在安然度过复苏阶段后，市场经济实力得到一定的充实与扩建，逐渐进入经济繁荣阶段。此阶段下的国民收入水平明显高于其他阶段，市场明显的阶段特征变化为生产速度、投资倾向、就业形势、企业收益及商品需求都得以迅速增长，公众对未来经济持有乐观态度。此时市场的金融资金量充足，企业面临形势大好的融资和发展环境。积极型的融资战略是最快速最有效促使企业向企业价值最大化的顶点冲刺的助推力。伴随着复苏阶段后经济增长速度的持续提高，金融市场的投资倾向、企业的产量、市场需求、就业机会、居民收入和消费水平在不断提高的状态后开始趋向平稳缓慢的增长。就企业来说，一旦达到行业收益的最顶端位置，接下来的融资战略就应该放缓脚步，逐渐调整为平稳型的融资战略，以便减少不必要的融资成本浪费。

3. 保守型的融资战略适用于经济衰退阶段。经济衰退阶段也称作经济危机，主要指企业从顶端走向低谷的滑动过程。该阶段下的社会，开始出现经济活力普遍性下降、失业率上升、投资者的投资倾向及企业收益逐减等现象。受此次新冠肺炎疫情影响，全球经济受到很大冲击。国家统计局数据显示，我国2020第一季度的GDP、社会消费品零售额分别同比下降6.80%和19.00%，全国居民人均可支配收入在扣除价格因素后也下降了3.90%。为应对此次突发公共卫生事件，我国政府推出延迟复工、限制出行及交通管制等防疫措施，以上措施对企业的正常运作造成了很大的负面影响，尤其是中小型企业。工信部副部长辛国斌曾表示[①]：受疫情影响，规模以上工业增加值同比下降13.50%，实现利润同比下降38.30%，企业亏损面达36.40%。中小企业、劳动密集型行业受冲击影响较大，无法正常经营、员工工资、场

---

① 工信部：我国工业经济正在稳步恢复［N］. 光明日报, 2020-03-31.

地房租、存货堆积及账款延迟等压力都加重了企业的融资形势。此时企业整体融资战略应该遵循保守型融资战略思想，减弱企业债务资本、充分利用已有的长期资本，致力于排除开工阻碍、关注政府扶持政策、供应链上下游资金协调等融资成本少的融资方式。另外，严密的内部控制也可提高企业在经济衰退期时的抗压能力，帮助企业减少非必要支出，充分保障资金的使用效率。

4. 保守型的融资战略适用于经济萧条阶段。经济学中，主要以两个指标来判断经济萧条，即宏观市场经济的连续衰退期超过3年，或者实际国民生产总值（GDP）负增长超过10%。此阶段下的社会除了出现高失业率、低投资倾向及企业产出量剧烈降低等现象，还伴随着长时期、大面积的企业破产。历史上最出名的就是19世纪30年代的美国大萧条。从1929年中到1933年初美国的经济活动持续衰退。工业产出下降了37%、价格下降了33%，实际的国民生产总值下降了30%，而名义的国民生产总值则下降了一半以上。失业率上升到25%的最高峰，并在1934年以后一直保持在15%以上。[①] 严重的经济萧条加重了企业的融资难度，企业只能不断收缩发展资金的需求，减少外部融资，采用保守型的融资战略，以期实现守住正常的市场运营资金，并为接下来的经济复苏阶段储存一部分原始竞争力的愿望。

(二) 企业行业特征

在经济研究中将"行业"定义为：进行同种性质产品生产或经营相同产品的社会经济单位或个体所组成的体系。一个行业是由很多数量的企业个体构成的集合，同一个行业的企业销售的产品或者提供的服务是相同或者相似的；不同的行业具有不同的自身特点。研究不同的行业，不仅可以让企业管理者在进行融资战略等重要决策时有所参照，而且也会使资金供给者在宏观角度上了解投资企业，更好地为投资者服务。我国所有的上市公司分为19个大类别，我国上市公司在上交所和深交所两个证券交易的行业分布情况如表3-2所示。

---

① 恩格尔曼，等. 剑桥美国经济史（第3卷）[M]. 高德步，等译. 北京：中国人民大学出版社，2008.

表3-2　　　　　2019年两交易所不同行业企业数量占比

行业名称（代码）	交易股票数（只）	总市值（亿元）	股票数占比（%）	市值占比（%）
农、林、牧、渔业（A）	43	8442.81	1.06	1.12
采矿业（B）	78	26617.57	1.92	3.53
制造业（C）	2572	402094.33	63.29	53.29
电力、热力、燃气及水生产和供应业（D）	118	19502.49	2.90	2.58
建筑业（E）	101	13154.68	2.49	1.74
批发和零售业（F）	174	17669.65	4.28	2.34
交通运输、仓储和邮政业（G）	112	24403.70	2.76	3.23
住宿和餐饮业（H）	12	797.35	0.30	0.11
信息传输、软件和信息技术服务业（I）	328	46952.06	8.07	6.22
金融业（J）	119	135626.51	2.93	17.98
房地产业（K）	132	22136.92	3.25	2.93
租赁和商务服务业（L）	60	9693.97	1.48	1.28
科学研究和技术服务业（M）	54	6979.50	1.33	0.93
水利、环境和公共设施管理业（N）	64	4782.27	1.57	0.63
居民服务、修理和其他服务业（O）	1	13.87	0.02	0.00
教育（P）	8	2625.57	0.20	0.35
卫生和社会工作业（Q）	12	5177.24	0.30	0.69
文化、体育和娱乐业（R）	59	6785.79	1.45	0.90
综合（S）	17	1021.40	0.42	0.14
合计	4064	754477.55	100.00	100.00

资料来源：上海证券交易所，http：//www.sse.com.cn/assortment/stock/areatrade/trade/；深圳证券交易所，http：//docs.static.szse.cn/www/market/periodical/month/W020210203507629609249.html。

由表3-2可知，截至2019年12月31日两所交易所共有4064只股票，总市值约为75.45万亿元。其中，制造业（C）的股票数量为2572只，占比为63.29%；总市值高达40.21万亿元，占比为53.29%。居民服务、修理和其他服务业（O）只有1只交易股票，占总数的0.02%，13.87亿元的总市值在75万亿元的总数前可忽略不计。金融业（J）以2.93%的股票数占比位于交易股票总数排行的第5名，但其总市值占比却高达17.98%，成为第二个总市值占比超过10%的行业。批发和零售业（F）和房地产业（K）分别以174只和132只的股票交易数排行第3位与第4位，市值占比却仅达到

2.34%和2.93%。综上可知，无论是股票交易数还是总市值，制造业都占据了中国市场的"半壁江山"，金融行业的股票数虽然少，但市值占比不容小觑，与小而多的制造业相比，金融业呈现大而少的特点。

对比交易股票数两极化的制造业与服务行业的特点来看，服务业企业主要依靠设备、场所、技能或信息为社会提供相关服务而盈利，获利产品不同于具有可储存性、实物性的制造业企业产物，可变现与价值都存在较多变动。此外，服务业企业拥有的固定资产也少于制造企业。这一特征限制了服务业企业以大量实物资产作为举债担保，以期得到银行等正规金融机构的借款支持能力。分析两大行业的特征可知，制造业企业的融资约束因素要少于服务业企业，不仅可以寻求银行等金融机构的帮助，而且也可凭借自身具有的资信在资本市场、金融市场及供应链上下游中获取资金。但是服务业轻资产的特征使得其更适用于股本资本，企业融资战略的制定中，应以积极寻求股权融资以及转化自身留存收益为总体指导思想。融资战略的激进程度相较于制造业企业更为保守，融资战略的多元性、可调控性及风险程度也都受到限制与约束。

再对比股票数排行第3位与第4位的批发和零售业（F）和房地产业（K）可知，房地产行业具有投入巨大、收益缓慢但回报丰厚的特点，是典型的资本驱动型行业。需要大量的现金支撑企业的生产经营活动，企业的负债比重普遍较高，中国统计局数据显示2019年房地产行业的成分股资产负债率为80.40%。前期资金投入高、建设周期长、资产负债率高的特点导致房地产行业的融资战略偏积极型。无须生产产品但通过转卖商品而获益的批发零售业，普遍具有较高的资产周转速度。企业资金的最大需求项在于购买商品和人工费用两大成本，凭借短期的资本资金就可应对供应链上下游的资金困难。另外，发展稳定的批发零售企业还可利用商业信用，以"应付账款、应付票据及预收账款"等形式合理占用供应商及购买者的部分资金。对比房地产行业来看，批发零售业的经营起步低、资金压力小，融资战略总体偏保守与稳重。

融资战略的首要步骤是对企业进行总体的企业融资战略分析，而了解自身所处行业的大体情况可通过其中的外部环境分析得到。通过外部的产业环境情况分析可以深入了解到行业环境的现状以及变化趋势，在辨别未来存在的机会与威胁时也可有所参考。此外，行业的自身特点对融资战略的融资途径、融资方向及融资规模等方面都产生了影响，所以了解行业特征对融资战略的确定具有重要的现实意义。

二、企业生命周期

企业是一个有生命周期的有机体。同外貌、生活重心随时间变化而变化的生命个体一样，不同生命周期的企业拥有不同的规模大小及发展使命。发展离不开资金支持，融资战略又是企业发展路上的资金保障，因此企业生命周期是影响企业融资战略的因素之一。企业生命周期的划分在经过前期众多学者的研究与争论后，基本分为初创期、生长期、繁荣期及衰退期4个时间段。

（一）初创期

如个人的生长轨迹一样，初创阶段的企业，缺少名气、资金，整体规模小、业务不熟练、客户稀少及销量不稳定都是前进的阻力。企业在业务处理、公司制度规定上，都处于战战兢兢的摸索前进状态。此阶段下的创立者大多踌躇满志、不畏艰险、勇于迎难而上，企业虽然缺少资金但充满创新性和冒险性。此时若是采用保守型的融资战略，不利于外部投资者对公司的信心建立及公司的规模扩展；若是采用积极型的融资战略，过重的财务负债压力会阻碍企业开展经营运转工作。综合对企业现金流量大小及经营风险的考量，初创期的企业应该选择平稳型的融资战略。在减少债务筹资占比的同时加大股权筹资的力度，利用经济财务杠杆带来的经济效应，减少债务带来的偿债风险。另外，初创期的企业应注意资金使用配比，在企业经营活动必须资本足够的情况下，应留取一部分自用资金，以备不时之需。

（二）生长期

生长期的企业较于初创期，在产品的定位以及市场的把控上都要略胜一筹，此时企业怀揣快速发展壮大的成长欲望。企业的销售能力增强、经营业务扩大及其他财务活动的增多，使得企业的资金需求压力也日益沉重。在强烈发展壮大的欲望驱动下，企业目光将更多地放在扩张模块、项目发展中，正规金融机构举债、新股证券发行及投资项目获利等融资次数变得频繁，融资战略的激进程度也愈加上升，普遍采用积极型融资战略。虽然激进的融资战略带来较高的偿债压力，但在不可多得的发展机遇面前，融资速度的保障更为重要。及时到位的资金可使企业在激烈的竞争中，快速提升营运能力、盈利能力及发展能力。但无论如何，企业都应坚守首先满足日常经营所需资金量的原则，保证40%经营资金的稳定性。厚重的财务资金压力可借由扩大股东股权投资、加大企业税后留存收益、利用商业信用占用供应链上下游资金及发放债券等筹资方式减缓。需要注意的是，企业的债务资本占比需要结合企业自身的规模而定，不可盲目增大。

（三）繁荣期

经历过生长期大步进展后的企业进入繁荣期，名声形象得以树立、产品市场得以扩充，产品销售、业务规模及发展速度都达到了稳定状态，此时企业价值处于连续不断增长的状态。企业内部不仅拥有稳定的现金流量而且经营风险相对较小，整体规模与内部管理都趋于成熟完善。对于经营良好的企业来说，提升收益的关键在于"节源"，如何有效地降低企业成本是此阶段最应攻克的难题，平稳型融资战略与偏激进型的融资战略是企业此时的最优选择。在资金使用上，繁荣期的企业应该将目光更多地放在内部融资优于外部债权融资、外部债券融资优于外部股权融资的优序理论上。

但是，处于这一生命周期的企业也会进行企业转型、产品改造甚至开发新型产品，以期追求长久不衰的发展。建设期长且不稳定的研发工作必然会消耗大量企业拥有的资本资金，企业又需为此筹措大量外部资金。即使处于繁荣期，大量举债的融资策略也实不可取，盲目增加债务性资本不仅会加重企业的财务风险而且会破坏企业合理的资本结构。因此，企业应当利用繁荣期的市场优势、资源优势、产品优势及人脉优势等客观因素，增加筹资形式、筹资渠道的多元化，致力于债权和股权的平衡占比。

（四）衰退期

繁荣期获得的巨大成功会减弱企业一定的外界环境戒备心，再加上市场中的挑战与难关从不会缺席，企业很可能看错市场动向，一朝落败甚至会被淘汰出局。衰退期的企业往往面临着原有产品的销量惨淡、企业创新能力薄弱、企业多为举债经营、产出比极度不对等、企业形象已成"昨日黄花"、组织内部矛盾突出的弱势局面。逐渐萎缩的销售业务、日益下降的资金持有量、大量拖欠的应付项目以及其他接踵而来的劣势，使得企业全体散发着消亡的颓败气息。企业资金多为上一阶段积攒留下的，此时企业很难拥有新的利润增长点。与初创期相反，企业此时应采用保守型融资战略，集中企业精力与资金于能创造价值的项目上，以风险和收入都适中的融资方式为主，努力维持企业现金的流入量。企业决策者要合理分析企业的整体状况，适当放弃一些不符合整体目标的子公司，实现财权的一体化集中模式。面对企业整体能力的流逝，企业要懂得积极寻找经营问题，并结合行业中相似的历史案例来对症下药。重新调整内部资源，减少内部矛盾与危机，在夹缝中为企业的再生与发展博得一线生机。

三、融资规模

融资规模的大小决定着融资资金数目、融资渠道、方式及成本，进而影响企业融资结构、融资战略的激进程度。盲目扩大融资规模，很大可能出现资金闲置浪费、负债率虚高的局面，阻碍企业现金的良性循环，加重融资成本、负债压力及经营风险，得不偿失。反之，过小的融资规模，难以满足企业正常经营、计划的资金需求。因为固定成本的存在，减少的生产量不仅损害了企业的销售业绩，更加大了企业的生产成本。因此，企业对自身的融资规模制定，应结合其各用资项目的历史用资情况、对资金的需求程度、融资的难易程度和成本等内外部因素，来确定企业合理的融资规模。

四、融资时机

融资战略作为企业的一项重要决策，需要慎重把握正确的融资时机。具有较大变动性的金融市场、不断更新出台的融资政策、规则，都会对融资成本、融资方式以及融资的难易程度造成影响变动。合适的时机做出的正确决定，会达到事半功倍的好效果，而错误时机下做出的决定，往往会事倍功半甚至徒劳无功。理论上，融资时机的有效依据是融资收益与融资成本的大小对比。基于利润最大化的财务总目标，当融资成本高于融资收益时绝不是合适的融资时机。此时融资活动带来的资本资金不仅不足以抵销与其同生的资本成本，而且还使企业获得利润总额大打折扣，属于典型的"得不偿失"。

企业还可以依据融资成本与融资收益的大小对比情况，来决定融资战略的类型。当筹集收益远大于融资成本时，企业可采用积极型的融资战略，最大程度地集中财务资金来快速扩张；当筹集的资金略大于筹集活动带来的资金代价时，企业就应该调整融资战略的激进程度，适当降低银行借款、公司债券等资本成本较高的融资资金占比，尽量保存内部的利润收益，调整融资战略为平稳型或保守型。PEST的分析方法有利于企业决策者对外部的宏观环境进行分析，实时洞察市场经济趋向、清楚融资规则并明确融资规模，把握住合适的融资时机，进而制定好融资或再融资的合适融资战略。

五、融资成本

融资成本是指企业在融资过程中产生的各种费用合计，也是资本成本中的筹资成本，大体可分为显性成本和隐性成本两大类。

（一）显性成本

显性成本是从财务成本的角度而言的，主要包括因为融资而生成的诸如发行证券或股票的财务费用、支付给股东的股息红利、借用金融机构或组织的债务利息及租用资产所付的租金等。该部分成本是因融资而产生的直接费用，依照融资举债与股权两大方式又可划分为负债资本成本与权益资本成本两大类。

（二）隐性成本

隐性成本则是指因企业经营风险、代理成本以及信息环境三个重要方面而产生的间接成本，这三大方面的影响可具体分为：风险成本、代理成本及机会成本三大类。

1. 风险成本。风险成本是指企业为消除融资决策带来的偿债危机而付出的财务代价。对比保守型、平稳型和积极型三种融资战略的短期融资占比情况，各个战略伴随的偿债、经营风险是逐渐增多的。企业的经营风险增大，业绩的稳定性受到破坏，外部投资者对于企业的信任值就会发生动摇，企业需通过更高的投资收益率来重获投资者的"芳心",企业的权益资本成本也随之增高。另外,企业发展越迅速,资金需求越大,融资战略越激进,企业的新产品研发也会越频繁。新产品的"新"存在很大不确定性,市场的接受力度存在很大变动,很可能导致研发、市场推广等阶段所付出的精力与物质,成为一大笔风险成本。因此,企业融资方案的风险成本不仅有利于促进企业与外部投资者、金融机构形成契约关系,而且可在制定前为企业决策者提供风险预警,增强融资战略的合理性、可行性。不同风险成本也会影响企业决策者的融资偏好,改变企业的融资战略类型。

2. 代理成本。代理成本主要是因为企业管理层的"个人逐利"心理及信息不对称而产生的。管理者与企业所有者是命运共同体,出于整体利益的考虑,自然是希望企业经营良好、业绩高企,但相较于企业所有者希望企业发展壮大的奋斗目标,管理者更倾向于个人薪酬的稳定性。出于这种心理,管理者选择融资战略时更倾向于风险较低的平稳型与保守型。又因为信息不对称,股东往往无法准确辨识管理者制定的融资决策是否最大程度利于企业发展。"獐子岛扇贝再度走失以及离奇死亡""康美药业300亿现金不翼而飞""康得新119亿利润造假"等诸多事件都是信息不对称原因而产生的代理问题。为了消除顾虑,企业需采用相关的薪酬激励措施以保障管理者的"尽心尽责"。另外,高层代理管理人员在管理工作、制定战略时,会带入其人生观、价值观。若是融合恰当,可推动企业价值增长、加快企业文化建设、实现经营效益的增加、保障企业长远发展。反之,就会给企业带来灾难、偏离正确路线。管理者的个人丑闻,也会影响其所处的企业形象,损失股权资本。因此,代理成本是企业融资战略不可忽视的重要因素之一。企业在制定融资战略前,应该对企业管理者的融资偏好进行关注与把控,争取将代理成本可能带来的负面效应降至为零。

3. 机会成本。机会成本是指选择一项机会而放弃另一项可选机会的收益。不同于会计成本,它是一种考虑未来情况而产生的主观预测性成本,不存在真实的货币流出,有助于企业管理者做出正确的财务决策。在融资这一财务活动中,机会成本具有非常的关键参考价值。在决定企业留存资金的使用上,若选择将其作为内部融资资金,则因其投资项目、转借他人而收获的收益、资金使用费就是企业内部融资的机会成本,假如机会成本过大,超过内部融资带来的利润流入,那么企业决策者就应该放弃内部融资。另外,机会成本也可帮助决策者进行融资方式的选择。融资租赁付出的租金虽然高于银行贷款利息，但加入机会成本这一因素，结果可能存在反转。对于承租人来说，融资租赁一般不需额外的资产担保或抵押，对比银行贷款其流程更简单、高效、透明，若是将提前投产收获的利益计算在内，融资租赁的机会成本或小于银行贷款。此外，相关税法规定：融资租赁设备的折旧期以法定折旧期限与租赁期限孰短的原则确定，这就意味着企业可以合理延缓融资租赁设备的交税日期，将一部分应该上交的税金用于偿还租金。如此一来，融资租赁还将给企业带来税收优惠，其所需的资金成本或许远远小于税收还贷的银行借款。综上可知，机会成本有助于形成企业融资战略的合理性，是融资成本中的一项重要内容。但是，机会成本具有不确定性，需要结合大量相关资料及经验对其进行评估。

第三节　融资战略的制定

融资战略作为推进企业发展壮大的长期有效融资组合，也是企业持续盈利及抵御债务风险的重要保障。在风云变幻的市场竞争中，制定合理且科学的融资战略对企业的发展显得尤为重要。

一、制定融资战略的流程

由前文融资战略的定义可知，融资战略的目标与方向是以企业财务战略的总目标为基准，另外，融资战略是企业对长时期发展的资金需求而制定的解决方案。融资战略的制定内容从总的财务战略与资金需求两大角度来看，主要包括确定企业筹资数量、评估企业融资能力及选择企业融资方式三大方面。

（一）企业筹资数量的确定

企业筹资数量是企业融资计划开展的前提，是融资决策选择的强有力依据，更是保障融资战略规模合理性的关键。除此之外，筹集资金的数量也直接影响企业筹资方式的选择、企业内部资金结构的占比，进而造成融资战略类型的差异。筹资数量的基本思路为：首先，依据注册资本限额、企业负债限额、行业基本水平以及市场利率高低等内外部硬性条件，大致确定企业的融资规模、融资数量；其次，依照企业经营情况预计目标利润，并制定严格合理的内部控制制度，尤其是股利分配政策，力争最大程度减少内部留存收益的流失；最后，凭借相关的预测方法，如经验分析法、回归分析法及销售百分比法确定外部筹资数量，将得到的结果进行汇总，就可得出较可靠的预期筹资数量总额。

1. 经验分析法。经验分析法又称因素分析法，是一种较为简单的定性分析方法，主要通过调整上年度的实际平均需求量，以期得出与本年度资金周转、经营状况等预测一致的筹资数量。该种方法的具体操作为：先将上年度资本平均占用额中滞留的不合理部分进行删除，再由预测期的经营业务及资本周转加速等要求进行测算。基本模型为：筹资数量 =（上年度资本实际平均占用额 − 不合理平均占用额）×（1 ± 预测年度销售增减百分比）×（1 ± 预测期资本周转速度变动率）。[①]

2. 回归分析法。回归分析法是一种凭借资本需求量与业务生产量建立的线性回归方程和相关历史数据而确定参数预测资金需求量的方法。其预测模型一般表达为：资本需求量总额 = 固定资本总额 + 单位生产量所需要的变动资本额。[②] 该方法不仅依据历史数据，而且依附于一定的线性关系，所以得到的结果可信度高于经验分析，实施过程也较为复杂。

3. 销售百分比法。销售百分比法是通过研究销售量与资产之间的增长关系，而对企业未来资金需要量进行预测的方法。具体的公式表达为：外部融资需求量 = 资金需求增长额 − 增加的留存收益 =（增加的敏感性资产 − 增加的敏感性负债）− 增加的留存收益。[③] 其中，敏感性资产是指企业资产中会随着销售额的变动成同比例变动的部分资产，如存货、现金、应收账款等项目。敏感性资产若是开始上升，那么企业的短期负债也会自发地增加，同时企业的资金需求量也会自发升高。这是一种目前企业使用最为频繁的预测方法。

（二）企业融资能力的评估

企业的融资能力体现的是企业在一定经济条件约束下，可以持续获取长期优质资本的最大能力水平。不同于企业的实际融资额，一般来说企业的融

[①②③] 荆新，王化成等. 财务管理学（第八版）[M]. 北京：中国人民大学出版社，2018.

资能力是大于企业的实际融资数量，而且企业的融资能力只是实际融资额数量的决定因素之一。通过对自身融资能力的评估，有助于企业正确认识企业发展与融资战略间的联系，提前把握融资战略的持续度，预判转变节点。企业的融资能力可从公司自身特征、经营水平与发展能力、政府产业政策及金融市场发展等的内外部因素上体现。又因为一个公司完整的财务状况包括盈利能力、偿债能力、营运能力和发展能力，下面从这四方面来对企业的融资能力进行分析。

1. 盈利能力。盈利能力是指企业某一时期内获取利润的能力。利润不仅是检验企业经营活动的有力指标，也是企业偿还债务的重要来源。所以，对于外部经济活动者尤其是股东（投资者）而言，盈利能力是他们衡量目标企业财务风险与收益的重要指标。出于经济活动者的理性，利润最大化既是公司经营的首要目标又是每个活动者的投资初衷。盈利能力强的公司往往会对外发出资金流动充裕、经营风险较弱、企业财务稳定、收益高的积极信号，进而吸引资本市场中更多、更优的投资者。另外，盈利能力还是决定企业能否成功上市的参照条件之一，因此盈利能力变相地决定了企业融资途径的宽度和深度。

2. 偿债能力。偿债能力是指企业对到期债务的承受能力或保证程度。偿债能力与盈利能力相比，前者不仅可以反映企业财务状况，而且是企业债权人决定是否借贷资金于企业的衡量标准。例如，我国《贷款通则》规定银行信用贷款的前提之一就有企业资产负债率≤60%～70%；公司证券的发行条件也有企业的累计债券余额≤公司净资产40%的规定。再者，公司债务按照期限分为短期借款和长期借款，通常借由流动比率、速动比率及资产负债率三个指标进行偿债能力的衡量。理论上合理的规定分别为：流动比率>2、速动比率>1、资产负债率<50%（在我国<60%）。但是现实情况中的企业偿债能力强弱还应结合盈利能力来分析。当目标企业处于衰退期或者盈利能力很低的夕阳行业时，达到理论要求的上述三项指标只能说明企业短期具有一定的偿债能力，该能力不具备长远保证性。相反，如果一个公司的生命周期、行业背景均效益良好，即使其资产负债比率>60%，长期来看该公司的偿债能力是可以肯定的。因此单纯地以盈利能力或者偿债能力单项指标的高低来判断企业的财务经营状况是不全面的，不利于外部资金持有者对企业投资信心的建立。

3. 营运能力。企业运用各项资产赚取利润的能力称作企业的营运能力，通常以存货、应收账款、流动资产和总资产的周转率等指标进行体现。这些比率揭示了企业内部各资产的管理运用效率高低，反映了企业资金的运营情况。一般来看，企业的资产周转率越高，其流动性就越高，企业资产获取利润的速度就越快，相应的偿债能力也开始增强。因此，外部投资者、债权人可将营运能力作为评估企业财务安全性、资本保全程度以及资产收益能力的有效依据。另外，营运能力也是其他与企业具有经济利益关系的个体所重视的指标。政府及有关管理部门通过企业营运能力的强弱可以了解企业内部的财务状况是否良好，排除虚假操作、粉饰报表的可能性；对业务关联企业而言，营运能力更能体现出企业商品供应、支付能力及信用状况的真实能力。综上所述，企业的营运能力是企业业务、资产管理的效率体现，与盈利能力与偿债能力相比，其更能表明企业总体效率及未来发展形势，也更有利于外部投资者和债权人对目标企业建立投资、信贷的决心，增强企业的融资能力。

4. 发展能力。发展能力也可称作企业的成长能力，是指企业扩大规模、壮大实力的潜在能力。与上述三个指标相比，该指标主要被外部潜在投资者所重视。发展能力主要围绕以下 8 项指标：营业收入增长率、资本保值增值率、资本积累率、总资产增长率、营业利润增长率、技术投入比率、营业收入三年平均增长率和资本三年平均增长率。一般来说，上述 8 项与企业发展能力均呈正向相关关系。高成长能力的企业往往具有更多的企业价值和投资机会，并在进行融资时拥有更多主动选择权。作为一项反映企业未来潜在能力的指标，发展能力揭示的是企业未来更高的盈利水平和公司价值。根据信号传递理论，具有较高发展能力和更高预期收益的企业可以向外界传递出积极的信号吸引更多投资机会，有利于提升公司融资能力。何枫（2019）认为高成长性公司具有高收益与高风险并存的特征，创新能力作为公司的核心竞争力，如果研发成果得不到市场认可，公司将面临严重风险，这为风险偏好投资者提供了更为广阔的空间。因此发展能力也是企业融资能力的重要影响因素之一。

（三）企业融资方式的选择

融资方式反映了企业资金的具体来源，通过了解企业的融资方式侧重程度，就可大致把握其融资战略的积极程度。但是不同的融资方式存在各种利弊，具体优缺点如表 3-3 所示。因此，企业应该结合自身情况和方式的特征，权衡定夺采用的方式及比例。

表 3-3　　　　　　　　　　不同融资方式的优缺点

方式	资金成本	优势	劣势
内部留存	存在机会成本	筹资风险最小；筹资成本最小；使用较为自由，无使用期限	筹资数量相对其他方式较为有限
银行贷款	支付给银行的贷款利息	筹资速度快；资本成本低于股权成本；筹资弹性较大，数额、时间及利率都可灵活调节；具有财务杠杆效应	筹资风险大于股权投资；筹资的金额有限；筹资的限制条件较多
发行股票	支付给股东的利润红利	有利于提高公司信誉与名声；无偿还本金的压力；无固定的利息负担；筹资风险较小	资本成本高于债务资金；容易分散企业的控制权
公司债	支付的利息	筹资成本低于发行股票的筹资方式；具有财务杠杆效益；可保障企业股东的控制权；便于企业资本结构的调整	财务风险较大，具有固定的到期日及偿还本金与利息；发行的条件较多，限制太多；筹资的金额有限
赊购账款	现金折扣产生的费用及时间价值	筹集速度及可行性都较高；不会对企业股东的控制权造成威胁	筹集金额的数量较为有限；可能对企业的信用有所损害
融资租赁	支付的租金及后续维修保养费用	能够迅速获得所需资产；限制条件较少；规避了设备陈旧的风险；缓解了无法全款支付设备的财务压力；能享受节税利益	租赁的资金成本较高；固定的租金流出可能加重企业的财务负担；缺失获取设备所剩残值的机会

结合表 3-3 来看，各种融资方式都有独特的优劣势，由于"逐利"的本性，企业往往将目光放在最有利于企业的方式上，对其附带的弊端进行弱视。因此明白融资方式的优缺点有助于企业"趋利避害"、合理制定融资战略的激进程度，更有效地实现企业价值最大化的财务目标。

二、苏泊尔融资战略案例分析

依照上述表述，本书以浙江苏泊尔股份有限公司（以下简称苏泊尔）的融资历程为例，更明确地说明融资战略的制定流程。

苏泊尔成立于1994年，是中国厨房家电首家上市公司，至今已有27年的历史。其前身为由苏增福创办的浙江省台州县农机厂，曾是备受关注的民族企业，目前企业定位为全球领先的小家电产品及炊具制造公司，拥有全球3.3万余名员工、5大研发制造基地、41个国际工业基地，截至2020年3月已获得9869项专利技术。[①] 为了更好地体现苏泊尔的融资战略情况，我们将其成立至今的发展大致可以概括为平稳型融资战略阶段、积极型融资战略阶段及保守型融资战略阶段三个阶段历程。苏泊尔融资战略制定流程的具体操作就依照此三个阶段进行展开说明。

（一）平稳型融资战略阶段（1989～1996年）

该阶段包含着苏泊尔的前身浙江省台州县农机厂诞生之初到1996年成为国内知名企业的历史。20世纪80年代后期，我国开始兴起压力锅的浪潮，彼时的苏泊尔还未诞生，只是一家为沈阳双喜压力锅厂代加工的生产配件厂。供不应求的压力锅市场使得苏增福看到市场商机。1989年，苏增福凭借农机厂之前的经营收入以及多方游说，筹集300万元作为生产线启动资金，开始转型为压力锅生产商。彼时我国经济刚起步，与当时的知名国有大企业——双喜相比，个体户农机厂不仅面临着金融机构的限制，而且还受到供应链上游的价格制约。在制度约束下，苏增福只能选择与双喜联营合作，购买双喜的商标，这也导致其每年收入损失500万元。1992年，苏增福在儿子苏显泽的建议下，开始进行自身的品牌营销。到1994年，"玉环双喜"的年产值已达1.8亿元，高出"沈阳双喜"一倍多。此时恰逢国家开始价格改革，之前的"双轨制"转变为完全由市场调节模式，这意味着压力锅制造的重要原材料铝锭的价格不再受到管制，国有企业不再具有供应链上游的价格成本优势。于是苏氏父子决定创建自己的品牌企业，实现"企业自由"。1994年8月27日，苏氏父子正式以"SUPOR"为名，创建了自己的品牌商标。自立门户后苏泊尔开始将研发重心放在"安全"上，并在1995年推出符合国家新标准的安全压力锅。凭借"安全到家"的经营理念，苏泊尔1996年的销售量达全国总量的40%，将曾是"行业大佬"的双喜远远抛在身后，一跃成为新任"锅王"。

---

① 苏泊尔官网，https://www.supor.com.cn/Culture/About/。

该阶段始于苏泊尔的前身建立，终于 1996 年成为全国首家通过"ISO 9002 质量体系认证"的企业，是奠定基础、寻找品牌的曲折发展前期。基于中国经济以及企业自身起步的内外部环境，彼时的苏泊尔资金多以举债形式获得，认为经营风险比财务风险更重要，融资战略也更侧重于关注经营风险，更多采用与企业经营风险相匹配的偏积极型的平稳型融资战略。

（二）积极型融资战略阶段（1997～2004 年）

苏泊尔在这一阶段聚集于产品创造与市场开拓中。此阶段发生了两件意义重大的事件：一是开展多元化产业，二是成功登陆股市。苏泊尔从正式独立门户后，恰逢我国出台明文政策规定高压锅的安全标准，这也使得其在创立品牌的前几年迅速增长业务量，市场占有率更是逐年上升，到 2001 年成为名副其实的"中国第一锅"。1997 年，苏泊尔通过兼并武汉长江铝制品厂和龙威工业园，实现从根本上解决原材料供应问题；1999 年，成立浙江苏泊尔电器有限公司，并正式变更名为无区域性多行业经营的集团有限公司；2002 年，收购东莞新利奥电器有限公司并成立苏泊尔小家电生产基地，至此苏泊尔全面进入小家电行业。连续不断的生产线扩张和企业多元化发展，使得苏泊尔的财务资源大幅度受损。长期资本以及外部第三方机构的投入量已经不足以支撑企业更全面的扩张，苏氏父子将目光投向广阔的资本市场。2004 年 8 月 17 日，苏泊尔以每股 12.21 元的股价正式登陆深圳证券交易所。但是因为中小板股市的低迷以及"特富龙事件"，苏泊尔的股价持续下跌，终以 23.17% 的换手率收盘。[1]

虽然此阶段下的苏泊尔还是一个新企业，但是其凭借早期积攒的名气以及把握的机遇，均使其成为收获大量资金的行业精英。前期步步高升的业绩也为苏泊尔带来多方面的外部投资者，2000 年之后苏泊尔与浙江省政府合作了诸多项目，而且越来越多的金融机构开始向其伸出"橄榄枝"，一时间苏泊尔的发展劲头势不可挡。持续增长的盈利能力不仅带来了更多的内部留存资金，而且也为企业占用供应链上下游资金提供了帮助。苏泊尔仍在扩宽生存范围，企业采用与偏密集增长型总体发展战略一样的积极型融资战略，以一定维度的资产负债率，为企业保持稳定的财务灵活性和良好的资信等级。

---

[1] 苏泊尔，《首次公开发行股票上市公告书》，https://www.docin.com/p-1092602673.html。

（三）保守型融资战略阶段（2005年至今）

苏泊尔在上市之前是一家很典型的家族企业，股权结构相当集中化，股东大多为苏增福的子女。虽然集权式决策迅速、快捷，有利于创业初期的企业把握机遇，但是随着企业的壮大、业务种类的增多以及外部市场的变化，企业决策者的决策风险也开始加大，民主性、科学性的决策显得越发重要。苏泊尔虽然斩获多项专利奖项，但是苏泊尔的炊具以及厨房小家电产品的规模以及技术在当时仍与国际水平存在差距。在内忧外患的背景下，苏泊尔决定寻求强者的庇护，选择与已有150年历史且交往12年之久的法国赛博集团（以下简称SEB集团）合作，希望通过引入外国资金与技术提升自身资本实力及产品竞争力。2006年，苏泊尔以每股18元的价格向SEB集团定向增发四千万股。截至2007年底，SEB集团以40.14%的股份持有量完成对苏泊尔的并购计划，[①] 苏泊尔正式转为中外合资企业。随后，苏氏父子开始逐渐减持，2011年SEB集团的持股比例已经高达71.31%，[②] 苏氏父子正式退出前十股东。截至2019年，SEB集团的股份持有率已达81.19%。[③]

苏泊尔在牵手SEB集团后，企业的国际业务量不断增加，2007年的国外营业收入直线上升1.93个百分点，[④] 2015和2019年的营业收入和净利润增长率分别高达81.94%和94.22%。甚至在2019年出现新冠肺炎疫情中国经济市场整体下滑的大环境下，分别实现同比增长12.44%和7.75%的内外销收入。[⑤] 针对互联网市场发展趋势，苏泊尔开始实行线上线下均衡发展模式，加大电子商务建设、开发网络直播带货、实时推进促销活动，2019年苏泊尔厨房小家电等产品市场份额稳居全国第二。从2008年开始，公司的银行贷款、发行债券的融资方式逐渐淡出公司舞台，具体情况如表3-4和表3-5所示。

---

① 苏泊尔2006年《权益变动报告书》。
② 苏泊尔2011年年报。
③⑤ 苏泊尔2019年年报。
④ 苏泊尔2007年年报。

表3-4　　　　　　　　2008~2012年苏泊尔融资情况

项目	2008年	2009年	2010年	2011年	2012年
短期借款（亿元）	—	—	—	—	—
应付票据及账款（亿元）	3.14	5.83	8.30	8.81	10.26
应付票据及账款同比增长（%）	0.86	0.42	0.06	0.17	0.22
预收账款（亿元）	0.58	1.05	1.75	2.01	2.80
预收账款同比增长（%）	0.82	0.67	0.15	0.39	0.40
货币资金（亿元）	8.80	9.44	7.42	5.75	11.15
财务费用（亿元）	-0.08	-0.10	0.10	0.24	-0.04

资料来源：根据苏泊尔2008~2012年年报整理。

表3-5　　　　　　　　2015~2019年苏泊尔融资情况

项目	2015年	2016年	2017年	2018年	2019年
应付账款（亿元）	16.40	20.62	23.75	29.54	30.11
预收账款（亿元）	3.631	7.796	12.06	12.08	11.07
应付账款占负债总额比率（%）	68.72	62.57	58.59	62.51	60.18
银行借款（亿元）	—	—	—	—	—
资产负债率（%）	32.27	41.96	43.32	44.45	42.23
应收账款周转天数	34.01	33.41	32.41	31.48	31.95
实收资本（亿元）	6.33	6.32	8.21	8.21	8.21
净资产收益率（%）	21.90	22.79	26.87	28.84	30.54
总资产收益率（%）	14.06	14.87	15.36	16.85	17.04

资料来源：根据苏泊尔2015~2019年年报整理。

由表3-4可知，苏泊尔的债务性资本占比一直较少。2008~2012年零短期借款，财务费用除在2010年和2011年为正数，其余3年均为负数。这表示苏泊尔的利息收入大于利息支出，企业的财务风险较小，偿还债务性资本及其大额利息费用的压力较小。为正数的两年主要是因为苏氏父子频繁减持以及爆出苏显泽行贿丑闻，打击了外部投资者的信心以及消费者的购买积极性，与此同时企业的货币持有量也出现大幅度下滑。在融资方式中，苏泊尔开始增加无息负债以及自身行业地位优势的利用率。2008年和2009年，应付票据及账款以及预收账款的增长率都突破80%，此后增长比率也是一路上涨。此阶段下的苏泊尔将融资有序理论与供应链上下游资金运用灵活，融资战略开始由积极型转变为轻债务的保守型。

由表3-5可知，苏泊尔在无任何银行贷款的情况下，2019年资产负债比率竟然高达42.23%，且连续4年攀升，最高值为2018年的44.45%。2015~2019年，苏泊尔的应付账款和预收账款数量连年增长，5年间应付账款在负债总额中的占比均突破58%，再次证明企业负债多为无息负债，大量占用供应链上下游资金。实收资本的增长速度较为稳健，自2017~2019年均保持在8.2亿元。苏泊尔的净资产收益率和总资产收益率也在持续提升，从2015年的21.90%和14.06%一路上涨到2019年的30.54%和17.04%，这说明苏泊尔的盈利能力在持续增长，企业的内部盈余能力较强，融资压力较小。苏泊尔在此阶段下的融资战略已经转变为绝对的保守型，并且方式多偏向资本成本较低的内部融资和赊购账款，将低债务的保守型融资战略特点发挥到极致，极力减少外部融资带来的财务压力，进一步加深"自给自足"的经营模式。

（四）总结分析

结合苏泊尔过去近30年的融资战略看，公司的融资战略具有全方位、多层次、多渠道的特点。全方位指的是体系几乎涵盖了现代企业的主要融资方式，有线上融资和线下融资，境内融资和境外融资。多层次和多渠道则是指资金的来源渠道广泛，既有专业金融机构，又有购买债券的市场上的合格投资者、企业的股东、购买理财产品的企业及个人。由此可表明，苏泊尔的经济决策者深谙资金结构对企业融资及规避风险的重要性。在融资方式方面，苏泊尔与国美电器相似，实现行业领头地位之后持续采用商业信用占用资金，消除企业的有息负债，内部留存为主、赊购账款为辅的大体模式。可以说苏泊尔更倾向于低风险的保守型融资战略，而且其深谙优序融资理论，并将其很好地与企业优势结合，为自身打造最合适的融资战略。

即便如此，苏泊尔的融资战略仍存在些许不足之处。一方面，过多的赊购行为不利于企业的长远发展，供应链上下游关系具有太多不稳定性。若是外部市场出现混乱，供应链上下游企业受到损害，很容易波及自身利益，为企业带来潜在的财务稳定风险。供应链金融业务模式多应用于中小型企业，获取资金的数量有限。另一方面，苏泊尔的融资方式范围较小，就总体情况来看，新式融资方式的比重太少，缺乏新兴力量。因此，苏泊尔仍然需要优化融资战略。

第四章

投资战略

若企业想实现长期可持续发展，则需要制定符合自身条件的总战略，由此使企业的发展有方向、有目标。投资是企业顺利实现总战略的保障，一个企业投资能力强，可以为企业获取较强的可持续收益报酬，由此增强企业的收益与抗风险能力。投资战略是企业投资长期化的表现，是服从于企业总战略的一项重要分支。它不局限于将目光聚集在短期投资收益上，同时还要考虑企业长期发展，并根据不同的投资方案组合比较分析，将企业持有的有限资金投入一项最优的投资方案中，以期望实现企业资产增值和辅助企业总战略的实施。

第一节 投资战略概述

一、投资战略一般目标及原则

（一）投资战略一般目标

投资战略的一般目标是通过对企业现有资金、资产以及人力资源的合理筹划，主要针对企业长期投资，实现企业内外部资源整合，源源不断地为企业输送新鲜养料，从而维持企业可持续发展。企业投资战略一般目标有：结合企业现有资源，选择最优投资方式，从而为企业获取收益；促进企业可持续发展；使企业投资领域更加多元化；为企业谋取除企业本身范围内的其他资源。

(二) 投资战略原则

要确定一项切实可行的投资战略需要实行以下三项原则:

1. 投资战略方向明确性。投资战略方向明确性是指明确投资战略目的、预期收益状况,以及是否符合企业总战略目标。

首先,方向选择非常重要。在企业实施投资战略时也一样,应该明确投资方向,不要盲目跟风。2016年,摩拜单车和ofo小黄车正式将共享单车在国内城市投放,标志着中国共享单车进入无桩式时代。共享单车作为互联网发展和共享经济的产物一出现便引来大量投资者的关注,2016年仅摩拜单车、ofo小黄车、小鸣单车以及优拜这四家共享单车企业累计获得了15轮融资,甚至单次融资最高超过了1亿美元。巨大的资本投资使各个共享单车企业铆足干劲儿,快速生产出了大量单车并投放市场,意图在最短时间内占据更多市场份额。2016年下半年,之前处于观望态度的町町单车、小蓝单车等共享单车企业也开始大量融资,导致市场规模飞速增长。

根据表4-1,共享单车的市场份额从2016年的12.3亿元直接增长到2017年的102.80亿元,增长了736%;用户数量从2016年的0.28亿人增加到2017年的2.09亿人,增长了846%。一时间,"小黄车""小蓝车""小红车""小绿车"……在城市街道随处可见。然而,当越来越多的共享单车出现后,随之而来的并不是后来投资者们期望的资金回流,而是快速增长和盲目投资带来的资金链困境。过度地投放导致共享单车在大城市的市场迅速饱和,城市投放的单车总数远超用户实际需求数量,造成单车闲置。以上海市为例,2017年上海市常住人口数为2418万人,一辆共享单车供50名常住人口使用为标准,上海市2017年用户需要的共享单车数为48.36万辆。而在2017年8月底,上海市交通委统计的该市共享单车累积投放量已达171万辆。同时,共享单车遭到私占、大量单车被刻意损毁丢弃在河里、单车丢失、因单车过度投放侵占城市街道导致政府部门的限制(上海市交通委2017年8月18日向该市共享单车企业发布上海暂停新增投放车辆告知书,违者将纳入企业征信档案)等一系列问题加大了企业的成本费用。为获取尽可能多的用户,企业前期采用收取较低的租车费用(0.5元半小时)与投资金额难以达到平衡。2017年6月,悟空单车倒闭;同年8月町町单车宣布倒闭;11月,小蓝单车倒闭。

表 4-1　　　　　2016~2017 年共享单车市场份额及用户数量

项目	2016 年	2017 年	同比增长率（%）
市场份额（亿元）	12.30	102.80	736
用户数量（亿人）	0.28	2.09	846

资料来源：中商产业研究院，https://www.askci.com/news/dxf/20170330/14402194677.shtml。

共享单车是一个新兴领域，又以互联网为基础，用以解决用户日常出行问题。从市场潜力和用户数量的发展空间来看确实值得投资。但是，抢先进入市场的摩拜单车和 ofo 小黄车在 2016 年已经占据了共享单车行业市场的 91.3%，而该行业前期需要大量资金，单个单车的造价在几百元到上千元不等，企业要占据市场份额又需要大批量生产投放单车。在此情况下，后进入的同行业投资者若一味跟风投资则会造成投资与收益失衡的局面，最终导致破产。因此，在投资之前企业应做好市场评估与调查，明确有利润空间与升值空间的投资方向，莫要盲目跟风。

其次，企业投资战略的方向要服从总战略目标。企业总战略是根据过去经营实践总结出来的，它建立在企业自身发展状况上，并对企业未来发展方向和如何生存做了长远规划，具有实际性、前瞻性以及总体性。因此，企业总战略是企业整个经济活动的总指南，是企业运营的总目标，是企业行为的总准则。投资战略作为企业经济活动的一部分，应当以企业总战略为依据，制定符合企业自身发展、预期能实现投资要求的目标。若一个投资项目的收益可以满足企业最低报酬率，但不符合企业总战略，在投资后期很可能出现投资无法得到支持的情况，从而导致投资失败，造成资源浪费。因此，企业在制定投资战略之初要明确是否符合总战略，从而保证投资战略的顺利完成。

2. 投资战略可行性。投资战略是企业制定的长期性经济活动，前期需要不断投入资金，甚至短期内无法实现资金回流。前期投资具有不可逆性，一旦开始投资，大部分资金便难以收回。因此，企业在确定实施投资战略之前需要对投资项目进行可行性分析，全方位、系统性地考虑该战略的实施预期能否达到企业设定的目标，以及影响投资战略可行性的因素。提前对投资项目进行分析，避免企业发生不必要的损失。

投资战略的可行性分析主要从投资必要性、技术可行性、财务可行性、组织可行性、经济可行性、社会可行性以及风险因素控制可行性 7 个方面进行。投资必要性、技术可行性、财务可行性以及组织可行性主要从微观角度出发，分析投资战略的实施能否给企业带来经济效益以及企业若实施投资战略，自身能力范围内的技术资源、财务资源是否满足战略要求，以及投资战略项目组织的建立和组织人员专业能力是否可以保障投资战略各个环节的管控监督。经济可行性、社会可行性以及风险因素控制可行性主要从宏观角度出发，分析投资战略的实施能否为社会经济发展作出贡献，以及投资战略给企业自身以及社会带来的风险。

投资战略的可行性分析让企业在投资之前对长期投资的项目有充分的了解。若项目评估可行，企业不仅可以提前计划和分配投入项目的资源，并且针对未来可能发生的风险制定应急预案，预先做好应对准备，保证投资战略的顺利进行。

3. 投资战略内部多元化。在投资战略总体目标下的各投资项目可以是多元化的，不局限于某个行业或某种投资形式，并可以同时制定出多种投资组合，以便对比做出最优投资选择。

投资战略是一项长期性的指导，是多种因素综合考虑的结果，在投资过程中可能存在许多不确定的风险。为了降低不确定风险对投资效果的影响，企业可以采取多种投资方式，将投资多元化，风险分散化，力求以最少的投资资本获得更多的投资收益。

二、投资战略分类

根据企业不同的目标需求，投资战略主要分为以下三种类型。

（一）发展型投资战略

发展型投资战略是一种建立在企业的内外部环境分析上的，以企业价值增长为目的的战略。企业可以通过该战略在现有规模上实现扩张，由此提升自身竞争力。

选择这种战略的企业一般经营状态良好且拥有充足的资金，并且企业期望通过投资项目达到增加企业价值、扩大规模的效果。在该投资战略下，企业的投资重点在增加企业自有资产，例如，购入机器设备、扩建厂房等。

格力电器是一家大型日用电器制造企业，是家用电器行业的佼佼者，其中空调领域是格力电器涉及的所有领域中最核心的板块。格力电器始终坚持研发自己的核心技术，坚持把自主创新作为企业源源不断的动力，因此格力电器在世界家电行业内展现出旺盛的生命力。

从表4-2可以看出，2014～2019年格力电器货币资金占总资产比在35%以上，其中，2015年货币资金占总资产比最高，达55%，2019年占比为44.32%。2015年，受国内外市场经济变动和家电行业整体业绩下滑的影响，格力电器营业收入比前年下滑400亿元左右，但2014～2019年格力电器整体营业收入呈上升趋势，营业收入从2014年的1377.50亿元上升到2019年的1981.53亿元，增加了604.03亿元，增长了43.85%。这说明格力电器是一家拥有充足货币资金且经营状况良好的企业，满足实施发展型投资战略的前提条件。

表4-2　　　　2014～2019年格力电器货币资金与收入

项目	2014年	2015年	2016年	2017年	2018年	2019年
货币资金（亿元）	545.46	888.20	956.13	996.10	1130.79	1254.00
货币资金占总资产比例（%）	35.00	55.00	52.00	46.00	45.00	44.32
营业收入（亿元）	1377.50	977.45	1083.03	1482.86	1981.23	1981.53
营业收入增减额（亿元）	—	-400.00	105.58	399.83	498.37	0.30

资料来源：根据格力电器2014～2019年年报整理。

从表4-3可以看出，格力电器固定资产占总资产比在2017年后略有下滑，但用于自身固定资产的投资金额在逐年增长，到2019年达到191.11亿元。同时，2014～2019年格力电器固定资产占总资产比一直高于长期股权投资占总资产比，2014～2016年固定资产占比比长期股权投资占比高出了9.94%，2019年两者百分比差额为4.3%。说明在此期间，格力电器更注重对固定资产的投入，扩大自身生产规模，从而增加主营业务收入。2014～2019年格力电器的投资战略属于发展型投资战略。

表4-3　　　　2014～2019年格力电器固定资产与长期股权投资

项目	2014年	2015年	2016年	2017年	2018年	2019年
固定资产（亿元）	149.39	154.31	176.82	174.67	183.74	191.11
固定资产变动额（亿元）	—	4.92	22.51	-2.15	9.07	7.37
固定资产占总资产比例（%）	10.00	10.00	10.00	8.00	7.00	6.80
长期股权投资（亿元）	0.92	0.96	1.04	1.10	22.51	70.64

续表

项目	2014年	2015年	2016年	2017年	2018年	2019年
长期股权投资占总资产比例（%）	0.06	0.06	0.06	0.05	0.90	2.50
固定资产占比与长期股权投资占比差额（%）	9.94	9.94	9.94	7.95	6.10	4.30

资料来源：根据格力电器2014～2019年年报整理。

发展型投资战略的选择增强了格力电器的核心竞争力，为格力电器的可持续发展提供了源动力。

（二）稳定型投资战略

稳定型投资战略是企业投资继续保持原有投资规模和投资领域，希望通过投资维持在当前市场的优势并稳定市场份额。

2010年，打着"探索黑科技，为发烧而生"旗号的小米公司诞生。小米科技有限责任公司（以下简称小米）是一家专注于手机及软件开发的移动互联网公司，并且在短时间内就成为发烧友们追捧的手机品牌。如表4－4所示，2012年小米手机的销售数量为719万台；2013年增长至1870万台，同比增长了160%；2014年增长至6112万台，同比增长227%。同时，小米自主研发的MIUI系统注册人数也在不断上升。该系统在2010年第一次内测时仅有100名用户；而在2014年8月16日，小米旗下的MIUI系统注册用户总数已突破7000万人。小米手机销售数量的快速增长，让其在智能手机市场迅速站稳脚跟。

表4－4　　　　2012～2014年小米销售、用户数量及市场份额

项目	2012年	2013年	2014年
销售数量（万台）	719	1870	6112
销售数量增长比率（%）	—	160.00	227.00
用户数量（万人）	突破1000	突破3000	突破7000
市场份额（%）	2.10	5.30	12.50
市场份额增长比率（%）	—	152.00	136.00

资料来源：根据小米手机CEO雷军公布信息及IDC中国发布的2012～2014年《中国智能手机市场跟踪报告》整理。

2016年，小米手机的销售开始出现大幅下跌，跌幅达41%（见表4-5）。不仅小米，整个智能手机行业的盈利都出现了下滑。小米采用的稳定型投资战略帮助其渡过了此次市场变动危机。

表4-5　　　　2014~2019年小米在中国智能手机市场情况

项目	2014年	2015年	2016年	2017年	2018年	2019年
市场份额（%）	12.50	15.00	8.90	12.40	12.80	10.90
市场份额增长比率（%）	—	20	-41	39	3	-15
中国智能手机市场份额排名	1	1	5	4	4	4
智能机出货量（万台）	5270	6490	4150	5510	5080	4000

资料来源：根据IDC中国发布的2014~2019年《中国智能手机市场跟踪报告》整理。

小米采取稳定型投资战略的基础是其在前期手机销售的过程中已经打开销售渠道并积累了大量用户。同时，小米通过投资移动电源、小米手环等手机附属电子产品来提升小米线下门店的用户进店次数，进而增加门店流量，最终增加产品销售机会。2016年，小米的市场份额虽下跌至8.90%，但2016年之后小米的市场份额又持续上升，到2018年增长到了12.80%。2019年市场份额又有下滑，但维持在了10%以上。稳定型投资战略让小米在面临市场不稳定时又多一层防护措施，当手机销量受到影响时还可以从附属产品上打开销路，从而保持市场份额。

（三）退出型投资战略

退出型投资战略是一种以退为进的战略，选择该战略的企业一般处于经营不好的状态，财务状况恶化。该阶段企业通过撤出部分投资、削减费用，来弥补更多可能造成的损失并帮助企业控制成本或者保存实力，以便企业日后向其他行业转型。例如在经济危机来临时，许多企业为了降低成本保存实力，实行裁员政策，甚至有的企业采取裁减部门的政策。

三、投资战略影响因素

投资战略是企业长期的投资指导，而长期投资必定会受到周围环境的影响。企业在制定投资战略时要考虑环境因素以及未来可能发生的风险，尽量避免不可控风险的发生。企业投资战略的影响因素主要分为两大类：外部因素和内部因素。外部因素是宏观的、不可控的、未知的；内部因素是企业通过自身情况分析微观的、可知晓的、可控的。

因此，每个企业由于其自身条件和所处环境不同所制定的投资战略都是不同的，企业在制定战略前要对这两方面的因素进行深入分析，由此制定最符合自身发展的投资战略。

（一）外部因素

1. 国家经济形势。在制定企业投资战略时离不开国家宏观经济形势的影响，而人均GDP是衡量一个国家经济形势的直接标准之一。人均GDP越高，说明国家的经济形势越好，同时也意味着人民收入水平提高。人民收入水平的提高又影响着人们生活方式与生活需求的变化。因此，企业在制定投资战略时应充分考虑经济形势变化带来的消费市场需求变化，从而选择合适的投资方向。

由表4-6可以看出，随着经济发展，我国人均GDP基本呈逐年上涨趋势，从2014年的47173元增长到2019年的70892元。其中，2017年增速最快，达10.85%，2019年较前年增长了7.4%。人均GDP的上升意味着人们不再只关注如何解决温饱问题，而是有更多的能力与需求去满足精神文明。因此，企业制定投资战略时可以结合国家经济形势，考虑人均GDP发展水平。

表4-6　　　　　　　　2014~2019年中国人均GDP

项目	2014年	2015年	2016年	2017年	2018年	2019年
人均GDP（元）	47173	50237	54139	60014	66006	70892
增长比率（%）	—	6.50	7.77	10.85	9.98	7.40

资料来源：国家统计局，http://www.stats.gov.cn/。

去影院观赏电影是现代人们普遍的一种娱乐方式。从图4-1中可以看出，2014~2019年中国电影票房持续增长，2014年票房收入为296.39亿元，而2019年票房收入为642.66亿元，较2014年增长了116.83%。该数据说明经济增长对人们休闲娱乐消费需求的促进，同时也说明了人们更愿意花时间走进电影院去放松自己，满足精神需求。根据以上的经济变化趋势和票房收入趋势，企业若选择在电影行业投资，可以加大优质影片的引入或为顾客提供更舒适的观影环境等提升观众观影质量方面的投资，从而增强用户黏性，使得营业收入稳步提升。

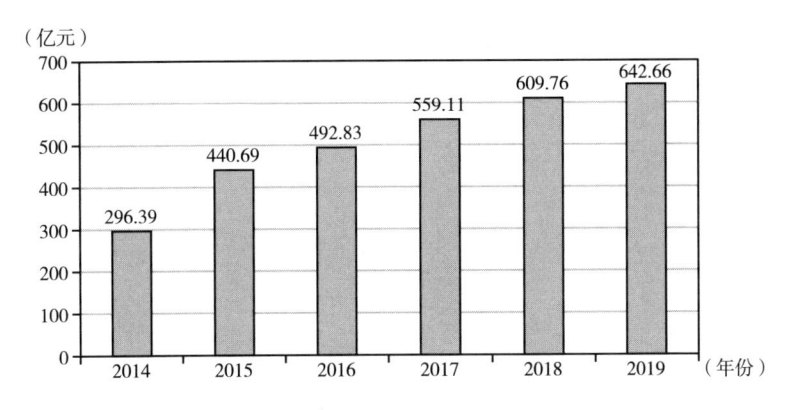

(亿元)
- 2014: 296.39
- 2015: 440.69
- 2016: 492.83
- 2017: 559.11
- 2018: 609.76
- 2019: 642.66

图 4-1 2014~2019 年中国电影票房数据

资料来源：国家电影专资办，https://zgdypw.cn/#/root.html。

由此可以看出，国家经济形势的变化影响着投资战略能否达到企业预期利润目标。企业在制定投资战略时应充分考虑该因素并加以应用，将投资战略调整到与经济形势有更高的匹配度上。

2. 产业政策。产业政策是市场经济条件下政府调控市场的重要手段之一，是政府根据国家宏观发展要求和实际发展状况进行分析而制定的产业市场未来发展方向，这正是企业投资战略制定者须关注和深入研究的内容。

随着互联网时代的到来，网络已经渗透到人们生活的方方面面，人们利用网络所创造的经济价值也越来越明显地体现出来。从图 4-2 中可以看出，2015~2019 年网络经济指数逐年上升。2016 年之后，网络经济指数翻倍增长，以 2015 年为基准，网络经济指数到 2019 年增长了近 7 倍，远远超越其他经济指数，成了我国经济发展的最高动能。

由此可以看出，互联网在我国经济建设中扮演着举足轻重的角色。因此，为促进互联网企业发展，将互联网更好地运用到传统产业中，我国陆续出台了许多互联网企业扶持政策，比如 2017 年由中共中央办公厅和国务院办公厅出台的《关于促进移动互联网健康有序发展的意见》。其中，包括简化互联网企业进入审核流程、加快推动网络基础设施的建设、落实企业研发费用加计扣除政策、利用国家中小企业发展基金和国家创新基金对中小互联网企业进行政策补助等，促进互联网企业的生存发展。在互联网行业进行投资的企业可以根据产业政策了解行业未来发展方向,并利用产业相关优惠政策合理降低投资成本。

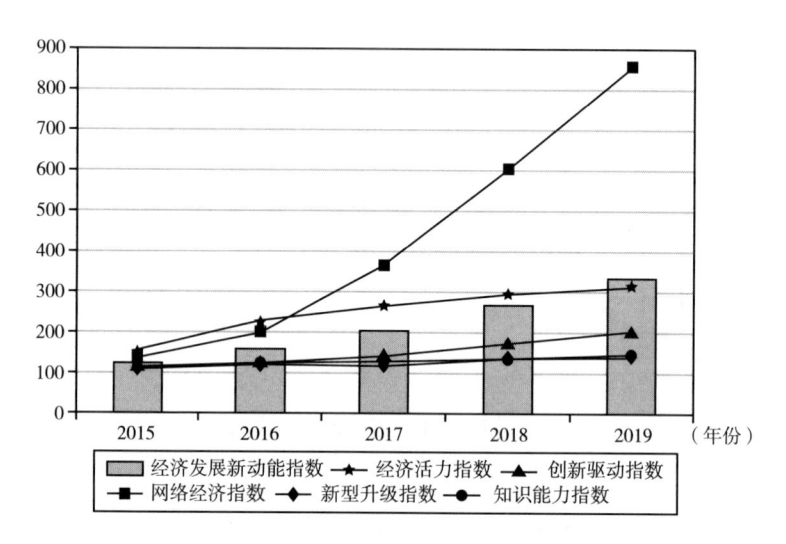

图4-2 2015~2019年经济发展新动能指数

资料来源:国家统计局,http://www.stats.gov.cn/。

产业政策可以帮助企业从宏观角度了解行业发展动态与趋势,为企业在制定或调整投资战略上提供方向与思路。

3. 市场需求状况。企业投资决策者在制定投资战略时,需要考虑市场需求的影响。在制定投资战略时,企业应避免投资那些市场需求已经趋近于饱和的行业。因为企业若在此时进入,消费者的议价能力提高,投资产品的利润增长空间就会受到限制,甚至降低,很可能导致投资战略无法顺利进行的情况出现。而市场需求尚未饱和的领域,产品价格制定的主动权可以掌握在投资者而不是消费者手中,可以给企业投资带来更多的增值空间。

因此,在制定投资战略时,不可忽视不同市场需求对企业投资产品价格的影响。企业应尽量选择那些市场需求尚未饱和的领域,保证投资战略的实施可以达到预期利润空间。

(二)内部因素

1. 企业经营特点及自身经营状况。在制定投资战略之前,企业应充分了解自身经营特点和经营状况。从经营特点来看,若企业的经营范围原本专业化极强，企业在经营领域具有较好的市场份额和产品优势，那么就可以选择与其专业化方向相关的企业或行业进行投资，继续巩固市场份额。若公司是集团性质的，其经营方向不是某一特定产业领域，那么协作生产或者多元化生产可以作为企业的投资战略选择。从经营状况来看，企业经营状况较好时可以加大投资力度，获取更多收益；若经营状况一般时，可采取较为稳定的投资战略，先保住原有市场份额；当经营状况较差时，企业可以采取保存主要市场的投资战略。因此，企业的经营特点和经营状况是制定投资战略的基础，在很大程度上决定了投资战略是否可行。

2. 企业投资决策者风险偏好。若投资决策者风险偏好较为保守，那么企业的投资战略更可能选择一些风险小、定期、有稳定收益的项目。若投资决策者偏好较为中立，那么在制定投资战略时可能更关注项目是否能达到预期收益，相对前者没有那么重视风险。若投资决策者的风险偏好较为激进，则更容易选择风险大但收益高的投资战略。小米的投资战略选择偏好风险较大的项目。截至2019年，小米已经投资400余家企业。小米创始人雷军偏好做天使投资，并且斥巨资建立了一家投资公司，专门给创业企业做投资。因此，企业投资决策者的风险偏好将会影响投资战略整体的风险程度。

3. 企业筹集和调配资源的能力。筹集和调配资源的能力体现在企业能否及时获取所需资源以及调配现有资源的速度。若某一投资的未来收益非常可观，但由于企业投资能力的限制，就可能会失去这一良好的投资机会，或者难以独立完成这一投资任务。因此，企业筹集和调配资源的能力在一定程度上影响着企业投资战略的实施进度。

第二节 企业生命周期与投资战略

当企业处于不同生命周期时，所呈现的企业经营特点各不相同。因此，在制定投资战略时需要结合目前企业所处生命周期的阶段、企业所处环境状况和行业状态以及企业实际情况具体分析，从而找到企业特征与投资战略制定相契合的点，由此确定在整个生命周期不同的投资战略及目标，从而降低投资风险，增强盈利水平并加强企业在变化多端市场中的竞争优势。

一、企业生命周期与投资战略分析

（一）企业生命周期理论

与世间万物相似，企业也存在生命周期，也会经历从起源到长盛再到衰竭的过程。对企业生命周期有研究的代表性人物伊查克·爱迪思在著作《企业生命周期》中，将企业生命周期分为如图4-3所示的10个阶段，并且在每个阶段都可以用灵活性与可控性对企业特点进行衡量。爱迪思认为，在企业刚建立不久的阶段，企业变革较容易，因此企业的灵活性就较大，而相对来说企业各方面的能力还不强大，可控性就较小。当企业进入发展成熟的阶段，企业规模变大并已经形成了一定的经营模式，企业进行变革的灵活性就降低，而由于企业在这一阶段规模、资金等方面已有一定积蓄，在面对经营风险的可控性就增强了。

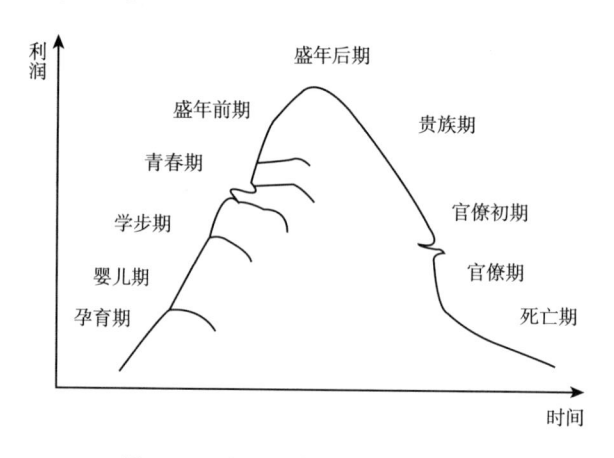

图4-3 企业生命周期的10个阶段

资料来源：伊查克·爱迪思. 企业生命周期［M］. 北京：中国人民大学出版社，2017.

在20世纪末，中国学者陈佳贵根据研究又将企业生命周期进一步归纳划分为如图4-4所示的6个阶段。

目前，我们一般将企业生命周期分为4个阶段：初创期、成长期、成熟期和衰退期，并且将企业生命周期的研究重点放在如何实现企业成长和如何将企业生命周期的寿命延长上。

企业生命周期寿命延长，就是提高企业的可持续增长能力，这一目标与企业制定投资战略有着相同的目的。因此，找到企业生命周期与投资战略的关联，并让两者相互作用，便可以一举两得，将企业自身增长优势发挥出来，从而实现企业价值最大化。

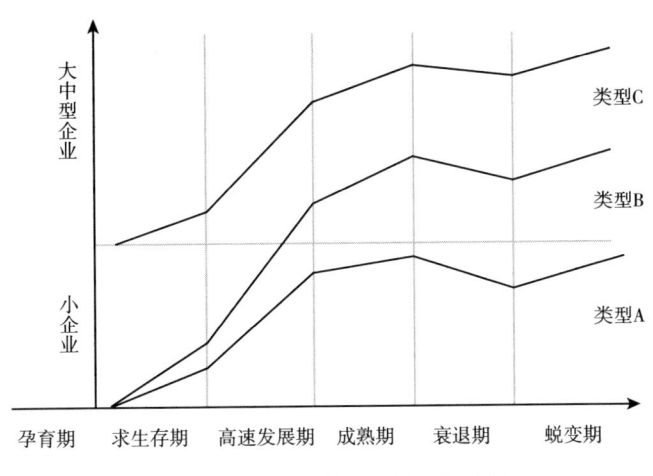

图 4-4　企业生命周期的 6 个阶段

资料来源：陈佳贵. 关于企业生命周期与企业蜕变的探讨 [J]. 中国工业经济，1995（11）：5-13.

（二）企业初创期：专业化投资战略

1. 企业初创期特点。处于初创期的企业，各方面能力都不强。由于企业刚建立，自身管理经验不足、资金储备量缺乏、客户关系网尚未形成，在市场上的知名度也不高，并且容易受到市场环境变化的影响。此时的企业更多地将面临经营风险，而财务风险较小，总风险较大。这一时期企业应再多关注经营风险。因此，企业应将重点放在如何在市场中站稳脚跟和形成初步规模方面。

2. 专业化投资战略。（1）专业化投资战略的定位。专业化投资战略是将企业投资集中放在某一特定项目上，主要表现在对具体的项目投资上，由此来达到吸引某一目标消费群体或占据产品链某一板块的优势或获得某一地区的市场的目的（耿毅，2008）。专业化投资战略更注重挖掘投资项目的深度，由此形成与有着广泛市场企业的差别化产品，增强企业的核心竞争力。该投资战略通常会导致企业规模和企业的市场影响力扩大，对企业的经营结构不会引起较大变动。迈克尔·波特认为企业采用"专一化战略"的结果是："公司要么可以通过满足特定群体的需求而实现差异化，要么可以在为特定群体提供服务时降低成本，或者可以两者兼得。这样，企业的营利潜力会超过行业的平均盈利水平，企业也可以借此抵御各种竞争力量的威胁。"[1]

（2）初创期企业专业化投资适用性分析。初创期企业选择专业化投资战略时需要提前分析自身状况，判断是否符合专业化投资战略的适用条件。

第一，企业所处行业的市场是否可以进行类别划分，并且划分后企业选择的市场与其他市场在利润空间、成长能力上有明显区别。处于初创期的企业可以倾向于选择利润空间相对较大的、成长能力强的市场，这样可以为后续成长期时企业的快速扩张积蓄力量。

第二，目标市场的客户是否可以进行类别划分。目标市场的客户划分要有明确的特点，不同的客户群体有不同的需求。这样企业在实施专业化投资战略时才可以有针对性地选择客户群体。

根据表4-7和图4-5所示，2010~2020年考研报名人数呈不断上升趋势，2010年报名人数为140.6万人，而截至2020年考研报名人数已达到341万人。其中，在2015年后考研报名人数增长速率加快，2019年增长速率最高，达21.85%。由此可以看出选择考研的人数越来越多，考研培训市场需求增长。因此，海文教育集团、世纪文都教育科技集团股份有限公司等企业专门建立了考研培训辅导机构——海文考研、文都考研，进行考研课程培训方面的专业化投资。针对考研考试科目为顾客量身定制学习辅导课程，聘请专职的考研培训老师，专注打造考研课程培训，从而把握住考研这一客户群体，提升客户对品牌的信赖度与忠诚度。

表4-7　　　　　　　　2010~2020年考研报名人数

年份	人数（万人）	增长比率（%）	年份	人数（万人）	增长比率（%）
2010	140.60	—	2016	177	7.34
2011	151.10	7.47	2017	201	13.56
2012	165.60	9.60	2018	238	18.41
2013	176.00	6.28	2019	290	21.85
2014	172.00	-2.27	2020	341	17.59
2015	164.90	-4.13			

资料来源：研招网，https://yz.chsi.com.cn/。

[1] 迈克尔·波特. 竞争战略[M]. 北京：中信出版社，2014.

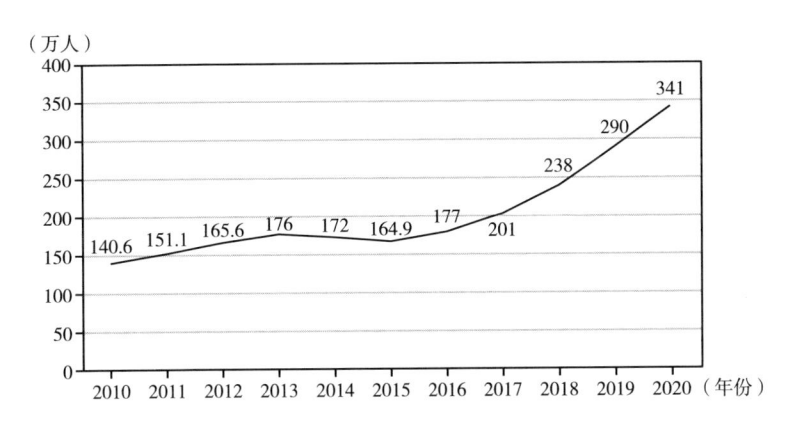

```
(万人)
400
350                                              341
300                                        290
250                                  238
200  140.6 151.1 165.6 176 172 164.9 177 201
150
100
 50
  0
    2010 2011 2012 2013 2014 2015 2016 2017 2018 2019 2020(年份)
```

图 4-5 2010～2020 年考研报名人数增长情况

资料来源：研招网，https://yz.chsi.com.cn/。

第三，企业将要进行重点投资的这一市场中最好没有其他企业进行相同项目的专业化投资。若市场中已经存在相同项目的专业化投资，那么处于初创期企业进入去瓜分市场的难度就会加大，而且初创期企业各方面能力都还有限，难以与有经验的竞争对手抗衡。若好几个初创期企业选择专业化投资同一项目，那也会造成企业产品无法形成差异化，很容易导致市场饱和，供大于求。

第四，由于资源有限，限制了企业进行广泛投资。企业能够发展到多大的规模由企业所拥有的资源和技术水平决定，而处于初创期的企业存在能力局限的问题是不可避免的客观事实。企业可以选择将有限的资源投资到一个特定市场中，将"钱"用在刀刃上。

由此，企业在初创期宜采用专业化投资战略，将有限的资源整合投入某一特定产品或服务于某一特定群体，通过更多的投资内部建设来获得发展，提升自身的优势与能力。

（3）专业化投资战略的实施。专业化投资战略是针对某一市场或某一客户群实施的。因此，选择专业化投资战略的企业在实施过程要做到以下三点措施：首先，要对目标市场和目标客户群进行考察分析，明确专业化投资的整体大方向，为顺利实施投资打下基础，保证战略制定的科学性。企业在前期的考察具体包括以下六个方面：目标市场的现状、该市场未来发展趋势是否良好、市场的饱和程度、是否有创新发展的可能、目标客户群的数量增长趋势以及目标客户需求变化情况。

其次，分析企业的资产拥有状况和获取资源的能力，明确自身优势并挖掘形成核心竞争力的潜力，保障投资战略的顺利实施，确保战略实施的安全性。企业应结合该阶段其他财务战略了解自身的融资能力水平及营运管理能力，并评估自身资产质量状况了解资金流动能力、资金储备情况。

最后，企业选择目标投资项目。企业所选择的投资项目需在自身能力范围内，因为企业能力决定投资方向和最终的投资规模，企业能力是选择投资项目的界限。若不是依据企业能力作出的投资决策，很可能造成项目中途夭折。专业化投资战略更注重生产与其他企业有差异化的产品，也就要求企业做出人无我有、人有我精的产品。因此，专业化投资战略更注重产品的创新，反过来，创新的产品也会为企业带来更多的利润空间和更快的发展速度。

（4）专业化投资战略案例——拼多多。在电商行业中已经存在两大商业巨头——淘宝和京东，并且有其他各式各样的中小电商平台时，2015年成立的拼多多，在市场和客户资源尚未实现积累的情况下打着"拼着买更便宜"的旗号脱颖而出。拼多多能取得如此快速成长的成就，应该从其专业化投资战略说起。

专业化投资战略实施路径一：以三、四线以下居民为主要目标客户。

淘宝和京东作为电商平台的两只"领头羊"，拥有范围极广的用户数量。京东的主要用户群体是在价格合理的情况下较注重产品品质的人群，而淘宝是靠种类繁多的商品吸引各个年龄阶层、各个收入水平的用户。因此，在拼多多未出现之前，电商市场基本处于饱和状态，其他企业进入电商市场后很难与淘宝、京东抗衡。百度在2015年曾经上线过一款电商平台"百度mall"，但在2017年也悄然关闭，甚至这样的商业巨头想要进军电商行业也未能成功。拼多多在2015年成立之初制定专业化投资战略时就将目标用户锁定在城郊低收入人群。

根据图4-6所示，2019年拼多多的用户在四线及以下城市分布最多，占45%；三线城市用户占比为27%；三四线及以下城市用户共占72%。这部分用户在现有电商市场上较少被关注，但拼多多发现这部分用户拥有很大的市场。人只要在生活，每天就会消耗资源，就会产生需求，这部分人群也不例外。这部分客户群体没有较高的收入水平，对产品的品牌、质量要求不是太高，并且相对低价的产品对他们更有吸引力。拼多多就是抓住了这部分客户群体的需求特点，打开电商行业的新市场。

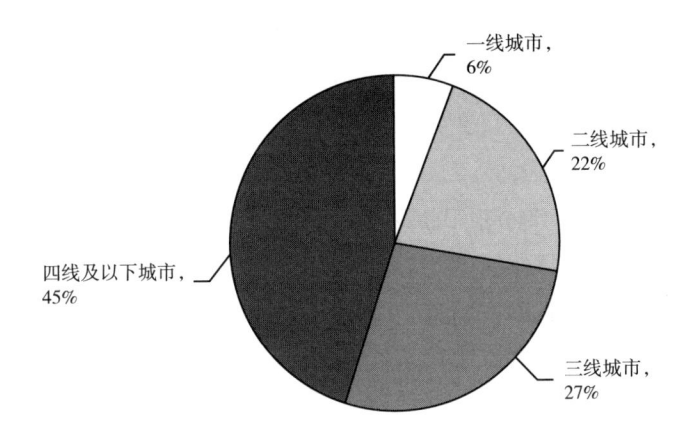

一线城市，6%
二线城市，22%
三线城市，27%
四线及以下城市，45%

图 4–6 2019 年拼多多用户城市分布情况

资料来源：根据个推大数据2019年发布的《淘宝 & 拼多多下沉市场数据报告》整理。

专业化投资战略实施路径二：挖掘中小企业投资机会，寻找同质价低的供应商。

打开拼多多的页面，我们会发现上面的商品大多以很低的价格在销售：9.9元的芒果、20元的衬衣、50元的炒锅……拼多多的目标客户是有强大消费需求但消费能力有限的群体。因此拼多多打出的同质价低的销售模式正适合对产品价格较敏感的消费者胃口。拼多多所寻找的产品供应商主要是非品牌小卖家，大牌商家很少，因此产品可以以低价出售。2018年底，拼多多发布了一项"新品牌计划"。这项计划是发掘并扶持那些自身产品质量有保证却仅通过为大品牌供货销售的中小企业。以家卫士扫地机器人为例，在和拼多多合作之前该企业一直为惠而浦、飞利浦等国际知名品牌供货，货品价格可超过一千。而当家卫士自主销售由同样的生产材料和生产线制造出的产品在国内销售时，销量却远不及前者。于是，拼多多和家卫士所在的松腾实业公司开展合作，向家卫士提供了大数据分析支持，并通过透明化直播家卫士的生产流程，让消费者对产品质量放心。之后，以相对于大品牌扫地机器人更低廉的价格——288元，在拼多多平台推出，同质价低的产品让家卫士扫地机器人2017年在拼多多的销售额突破3000万元。

专业化投资战略实施路径三：拼团购物，通过微信捕捉用户。

淘宝的用户数量是当顾客有需求的时候主动下载，而拼多多的用户积累得益于其独特的杀价方式——顾客想要获得拼团低价，需要邀请微信好友加入拼团凑人数。顾客可以通过拉人满足拼单要求，拼多多可以通过顾客的微信好友拓展用户数量，相当于拼多多的用户数量发展是建立在微信用户的关系网络上的，因此可以实现短短 3 年用户数量的快速增长。拼多多成立于 2015 年，2018 年已拥有了 3.44 亿活跃用户。同年，京东活跃用户数量为 3.05 亿，淘宝活跃用户数为 5.76 亿，拼多多超越京东活跃用户数排名第二。专业化投资战略使处于初创期的拼多多将有限的能力集中起来，专门突破三四线及以下城市用户群体的电商市场，并始终以投资同质价低的中小企业为目标，形成了自身独特的市场竞争力。

（三）企业成长期：一体化投资战略

1. 企业成长期特点。处于成长期的企业，初具规模，并且有一定的市场积累和资本积累。在该阶段内，企业使资源得到充分配置以及用较低的成本购入资源的能力依然有限（耿毅，2008）。企业在这一阶段的重心在如何扩大规模，如何促使企业快速成长，因此，在投资战略的制定上更加注重投资的回报性。但企业不可一味追求较大回报率而忽视投资风险，也不可一味扩张而导致自身能力与企业发展脱节，造成资本结构不合理、资源短缺等状况。

2. 一体化投资战略。

（1）一体化投资战略的定位。一体化投资战略是基于供应链提出的，采用一体化投资战略的企业期望在当前生产环节和企业规模的基础上，再进行横向或纵向扩展，延长企业在供应链中的生产环节，从而提高企业生产效率，降低生产成本。

一体化投资战略包括纵向一体化和横向一体化。纵向一体化是指企业顺着供应链将自身经营范围延伸至上游供应商或者下游销售商的合并经营模式，由此增加企业生产的深度。纵向一体化可以提升企业在供货商或销售商处的议价能力，同时可以通过供应链上各环节及时获取市场反馈的信息，由此在最短时间内对生产流程进行调整。横向一体化是企业在供应链相同生产环节上对同类型企业进行投资，由此形成规模效应，降低成本，提升自身的市场竞争力。

（2）成长期企业一体化投资适用性分析。成长期企业是否符合一体化战略的实施需要考虑以下两个方面：第一，成长期的企业有扩张的需求。处于成长期的企业进入一个快速发展的阶段，这时期的总目标是充分利用资源进行扩张，从而占领市场份额。而一体化投资战略是企业在原行业实现扩张，符合成长期企业发展要求。第二，成长期企业有一定资源积累，但资源还未充分配置，获取资源的能力仍有限。处于成长期的企业在本行业已有与上下游企业初步建立的商业关系网络，也有一定的客户数量积累和资源存储。一体化投资战略是企业在原行业的基础上进行扩张，企业仍可以将之前的经营经验和经营资源积累运用到扩张后的企业。对于成长期的企业来说，一体化投资战略既满足企业想扩张的诉求，也契合企业目前自身能力有限的状态。

由此，企业在成长期宜采用一体化投资战略，利用自身在初创期建立的市场、产品的优势和积累的客户基群，实现企业横向或纵向的规模扩张，从而实现规模经济。

（3）一体化投资战略案例——诚迈科技（南京）股份有限公司（以下简称诚迈科技）。诚迈科技成立于2006年，是一家围绕智能终端技术开展设计、开发、咨询等业务的上市公司。根据表4-8所示，2015~2019年，诚迈科技的资产和负债规模每年都在增长，其中2017年诚迈科技资产增长率最高，较2016年增长了48.97%，资产的增加体现在其对存货、固定资产、在建工程以及无形资产投入的增加。诚迈科技负债增长率在2018年和2019年都很高，分别为53.86%和53.34%，负债的增加主要体现在其长短期借款和应付职工薪酬的增加。由此可以看出，诚迈科技的企业规模正在逐渐扩大，主要通过加大举债进行扩大资产规模的投资，由增加职工薪酬方面的投入体现了诚迈科技对汽车电子和物联网方面人才引进的重视。因此，诚迈科技符合成长期企业以扩大企业规模为阶段目标的发展特征。

表4-8　　　　　　2015~2019年诚迈科技部分资产负债表

项目	2015年	2016年	2017年	2018年	2019年
存货（万元）	242	659	329	192	2089
固定资产（万元）	665	839	627	767	9978
在建工程（万元）	1143	3036	4829	8859	—
无形资产（万元）	1684	2024	2031	2164	2366
资产总计（万元）	30589	36149	53851	59622	85008
资产增长率（%）	—	18.18	48.97	10.72	42.58
短期借款（万元）	2700	3000	1500	2500	7007
长期借款（万元）	—	344	2500	2200	850
应付职工薪酬（万元）	1839	1828	1973	2796	3269
负债合计（万元）	7151	8277	8759	13477	20666
负债增长率（%）	—	15.75	5.82	53.86	53.34

资料来源：根据诚迈科技2015~2019年年报整理。

为了实现销售收入的持续增长和满足企业自身扩张需求，诚迈科技采取了一体化投资战略。前期通过为华为投资控股有限公司（以下简称华为）、TCL等国际大牌移动终端企业提供服务，积累了较好的口碑和业界知名度。在核心技术上采取自主研发，再加上自身的知名度，由此收获一批存在长期战略合作关系的客户。以此为基础，诚迈科技采取的一体化投资战略模式主要是横向一体化，通过与同行业企业合作共同开发下游客户群体。

2018年，诚迈科技合并了以计算机系统与通信技术为主营业务的深圳市金年轮通信技术有限公司。2019年，诚迈科技与南京巨石创业投资有限公司等四家企业和一名自然人共同出资建立了如东巨石长发智能制造投资基金（有限合伙），有利于诚迈科技在日后发展中更好地了解行业发展趋势，拓展业务范围，实现产业链的延伸。同时，诚迈科技投资了以人工智能技术和计算机软件开发为主营业务的脑谷智能研究院，并持有其10%的股份，进一步巩固了企业市场份额。2019年11月15日，诚迈科技发布消息称与武汉深之度共同增资统信软件。武汉深之度科技有限公司旗下的Linux的国产操作系统在全球操作系统中排名前十左右，并且该公司与华为有长期深度的合作。因此，该公告发出后引发诚迈科技股价持续上涨，多次出现涨停。诚迈科技2020年1月16日发布的股票交易异常波动公告显示："当前企业动态市盈率为2281，同行业平均市盈率为212。"也就是说诚迈科技的市盈率高达行业平均的9倍多。根据表4-9所示，在诚迈科技与武汉深之度共同增资统信软件后，2019年基本每股收益大幅上升，较前年增长了1.92元，体现了诚迈科技的投资战略被市场看好。

表4-9　　　　　　2016~2019年诚迈科技基本每股收益

项目	2016年	2017年	2018年	2019年
基本每股收益	0.84	0.49	0.20	2.12
基本每股收益增长额	—	-0.35	-0.29	1.92

资料来源：根据诚迈科技2015~2019年年报整理。

随着5G建设的推动，计算机软件及智能终端行业未来将有更多的增值空间，市场前景广阔。诚迈科技采用一体化投资战略，通过与同行业其他企业合作实现企业扩展，及时掌握行业动态变化，便于企业更深入地挖掘智能终端技术未来发展空间。

（四）企业成熟期：多元化投资战略

1. 企业成熟期特点。处于成熟期的企业，内部组织结构趋于合理，规模较大也相对稳定，有较多的资本积累，也形成了稳定的客户关系网络，并且在市场中地位已较稳固。此时的企业应对市场风险的能力变强，也就是经营风险较低。同时，企业需要巨大的资本维持大规模的日常经营，形成的财务风险较大。该阶段企业的重点应放在如何创新，如何在原有市场中脱颖而出，重新吸引顾客，从而拓宽企业可持续发展的道路。

由此，企业在成熟期宜采用多元化投资战略，在维持原有市场的基础上探索新领域，将企业资本分散、多元地投资到不同行业，拓宽企业的业务板块，从而实现企业持续成长，延长企业寿命。

2. 多元化投资战略。

（1）多元化投资战略的定位。企业采用多元化投资战略是将资产投资与现有投资项目不同的产品、不同的领域或不同的行业，从而扩大生产经营范围，降低投资风险。与专业化投资战略不同的是，多元化投资将影响企业原有的经营结构与市场结构。

在生活中可以看到一些大企业为了实行多元化投资战略而大肆扩张，这里修一个新厂，那里建一个连锁店，要不就是看到某个行业有较大的利润空间就立刻进入投资，只注重投资行业数量的增多，为了多元化而多元化，这类实施多元化投资战略的企业大多以失败告终。多元化投资战略的核心是企业在保证原有产业的稳定性之后，根据对新市场的深入分析并结合自身未来发展战略将投资分散化，为企业发展创造更多可能。因此，企业若要选择多元化投资战略首先要对该战略本身有正确的认识，避免陷入过度投资的境地。我国大多数企业实施多元化投资战略失败的原因之一就是投资战略制定者对多元化投资战略理解不够深刻。

（2）成熟期企业多元化投资适用性分析。多元化投资战略是许多大企业实现规模扩张的重要模式。处于成熟期的企业是否适合选择多元化投资战略要从以下两个方面分析：

第一，企业目前发展已经饱和，需要寻找新的业务为企业提供发展动力。当企业发展到一定程度时，在原有市场想要寻求更深入的发展已无可能，企业无法再扩大利润空间实现收入增长。因此，企业需要另寻他路，在新的领域寻找利润增长点。在现在这个物质发展迅速的时代,顾客对产品的创新性与个性化越来越看重,而成熟期的企业规模发展基本稳定,原产品在顾客心中的商品形象已经定型。此刻,成熟期企业需要采用多元化投资战略,用新的产品重新将顾客的心牢牢吸引住,为企业发展注入新的生命力。

第二,企业在原行业根基需稳固。企业实行多元化投资战略的前提是在原行业已经具备核心竞争力,这可以保障企业在维持稳定经营的同时为多元化投资提供财力支持。另外,如果企业在原行业根基稳固名声较好,则可以促进多元化投资的产品更快地被客户知晓和接受,在投资市场中提前立好口碑与基础。若一个企业在原产业还未站稳脚跟就贸然进入新的投资领域,再加上一个企业拥有的资源又有限,很可能产生新投资缺乏足够的资金支持,甚至还会影响到原产业的正常运营。

选择多元化投资战略进入新的领域本身是一场持久战,短时间内不容易做强,也不容易迅速获得较大的利润。因此,原产业核心竞争力是实行多元化投资战略的基石。

处于成熟期的企业已经形成了稳定的市场占有率,并且企业有足够的资本积累对多个新领域进行投资。成熟期企业也可以利用原有的客户关系网络宣传新投资项目,加快进入新领域的被认可度。

(3) 多元化投资战略的实施。选择多元化投资战略可以为企业带来新的发展动力,但切不可盲目投资,要落实好多元化投资战略的实施需要做到以下四个步骤:

第一,企业要明确自身资源持有状况和市场资源调配能力。相比于其他投资战略来说,选择多元化投资战略对企业自身资源的要求更高,因为企业将在新的领域开拓一片天地,前期投资相对较多而回报较少,需要企业有足够强大的资金支持。并且明确自身资源也不仅仅是简单将拥有资源的汇总,而是要明确企业内部如何协调,使现有资源的利用率达到最大化。

第二,分析外部市场环境是否满足进行新领域投资的要求。企业对新领域投资之前首要从产业政策、经济状况等宏观因素考察该市场状况,然后再分析具体市场状况,比如市场中的竞争者数量是否较多、市场中的产品是否供不应求。若市场外部环境良好,市场内部目前竞争压力小且竞争者不多,那企业应尽快进入投资,抢占先机。

第三,确保企业进入新领域的条件达标。企业进入新的领域投资除了资金支持必须满足外，还需要企业的管理层具有在多元化投资战略的领导能力，要求其能快速适应企业投资政策转变带来的经营模式转变，并能有足够的精力和能力应对多元化投资战略产生的风险。由于多元化投资战略是建立在企业原有核心竞争力的支持上，因此还需要管理层能够将企业原有优势与现有领域相结合，辅助新领域的投资发展。进入新的投资领域还需要具备专业技术人才，新投资领域管理团队以及能获得核心竞争力的专业技术，这些要素是打通新领域投资道路的重要工具。

第四，选择多元化投资的方式。多元化投资战略分为相关多元化和无关多元化两种。相关多元化是企业将投资的新领域与原有生产行业有一定关联性，企业可以将原有行业的技术、行业经验、客户群体、生产材料等协调运用到新的投资行业，可以形成范围经济，在一定程度上降低企业成本。无关多元化是企业将投资的新领域与原有生产行业毫无关联性，相当于企业进入一个全新领域，无法与之前拥有的资源共享，但更注重经营风险的分散。企业应结合总战略目标以及自身情况对投资方向做出科学选择。

（4）多元化投资战略案例——网易股份有限公司（以下简称网易）。随着我国企业间的发展竞争越来越猛烈，企业管理层绞尽脑汁思考各种方法提升竞争力，而多元化投资战略就是其中一种。多元化投资战略可以使企业通过扩大业务板块来提升核心竞争力，但也存在一定风险，若不深入分析项目可行性而只在乎投资数量多，则会让企业深陷危机。

网易是一家互联网技术公司，其总部位于广东，于 1997 年建立，并于 2000 年在美国纳斯达克上市，属于中国早期互联网行业的开创者之一。直到今天，其互联网服务、互联网应用和其他互联网技术在中国仍处于行业的领先地位。网易在 2020 年财富中文网发布的中国企业五百强名单中排名第 179 位，在 2019 年中国互联网企业 100 强中排名第 6 位。由此，网易在互联网行业有稳固的根基并且拥有核心竞争力，符合成熟期企业特征。网易的多元化投资战略呈现出以下两个特点：

第一，拥有在游戏行业的核心竞争力。如今的网易实行的多元化投资战略，其中核心业务板块是游戏。根据表 4 - 10 所示，2012～2019 年网易的线上游戏收入每年的增长率都在 10% 以上，其中 2015 年和 2016 年游戏收入增速较高的原因是网易在 2015 年发布会上推出大话西游手游、梦幻西游无双版等 24 款新产品，导致线上游戏收入增长率分别达 76.36% 和 61.64%。游戏板块获得持续增长的收益为网易实现多元化投资战略提供了动力，让网易在维持主营业务持续增长的同时有资本去探索新的领域，发现新的盈利增长点。

网易线上游戏收入额虽然每年在增加，但游戏收入占总收入的比例却呈下降趋势。在表4-10中，2012年网易线上游戏收入占总收入的88.86%，2018年下降至59.85%，2019年由于发布"光遇"等多款游戏占比又上升至78.36%。这说明网易在多元化投资战略的新领域有了盈利增长点。

表4-10　　　　　　2012～2019年网易线上游戏收入情况

项目	2012年	2013年	2014年	2015年	2016年	2017年	2018年	2019年
线上游戏收入（亿元）	72.87	83.09	98.15	173.10	279.80	362.80	401.90	464.20
线上游戏收入增长率（%）	—	14.02	18.12	76.36	61.64	29.66	10.78	15.50
占总收入比重（%）	88.86	90.35	83.80	75.93	73.29	67.06	59.85	78.36

资料来源：根据网易2012～2019年财报整理。

第二，采用以互联网为基础的相关多元化投资战略。网易采用的相关多元化投资战略，以互联网为基础，以游戏为企业主要支柱，向在线教育领域、电商领域、在线音乐及其他创新领域进行业务延伸。图4-7为网易多元化投资战略投资的行业情况，如果仅从图上来看，网易投资的游戏、电商、在线教育、在线音乐行业之间没有太大联系，实体咖啡厅和网易味央的黑猪肉更是和网易的核心业务无关。而网易通过"互联网+"的方式将以上行业联系在一起，将自身发展初期积累的庞大用户数用来推广新投资行业的产品，提高了新产品宣传效率并扩大对新产品的接受范围。同时，网易加强了各行业间的交流，例如用易间咖啡厅举办游戏玩家线下见面活动，既为游戏玩家提供了交友平台，又为咖啡厅带来了宣传效果和营业收入。

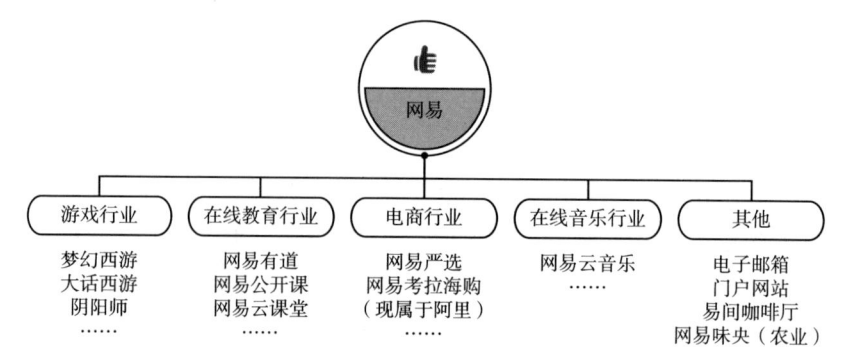

图4-7　网易多元化投资战略投资行业

网易凭借自身成熟的发展，先保证了核心竞争力游戏行业的持续增长，然后以互联网为纽带，链接各个不同行业的业务，利用多元化投资战略保证企业长期发展。

在市场竞争日益加剧的情况下，发展较成熟的企业更青睐于选择多元化投资战略。企业应结合自身实力与资源，在充分了解投资领域的情况下再进行投资，要明确投资战略与总发展战略之间的关系，为企业持续发展注入新的活力。

（五）企业衰退期：退出型投资战略

1. 企业衰退期特点。处于衰退期的企业，企业获取的利润空间出现萎缩并且企业在市场上所占份额也开始下降。企业这时需要减少部分非主营业务板块或变卖固定资产，保留一定实力。在这一阶段，企业的重心应放在如何降低经营成本，将企业内部的各项资源充分利用，避免企业破产。

2. 退出型投资战略。

（1）退出型投资战略的定位。退出型投资战略是指企业运营到某一时期，需要将投资退出的行为。退出型投资战略有以下两种形式：一是主动型投资战略，使用这一退出形式的企业在投资初期就想好了何时退出投资，像风险投资公司会向一些准备上市的初创期的企业投资，为其上市提供帮助，并在初创期企业成功上市后主动撤出资金，赚取融资利润。二是被动型投资战略，是当企业所处行业发展不景气时实现资本回笼，降低企业亏损程度。

（2）衰退期企业投资退出型投资战略适用性分析。衰退期企业在现有行业的利润空间不容乐观，且市场份额也在下降。那么，采用退出型投资战略是否会给企业带来转机，主要从以下两个方面考虑：

第一，优化资源配置。企业处于衰退期时，在保住企业核心经营的情况下需要将发展较差附加领域的投资削除，减小企业投资范围，降低运营成本的消耗。将退出之前所占用的资源用来维护和完善核心经营，将资源集中运用。

第二，回笼资金，为寻找新的投资机会做准备。衰退期企业可以通过投资退出所回笼的资金继续维持企业发展，保存企业实力，避免破产的发生。产业经营都有一定的周期，企业可以利用这部分资金保存实力，以退为进，为下一轮商业周期投资做准备。

由此企业在衰退期宜采用被动型投资退出战略，若企业原本在市场中占有较强的地位，则可以通过兼并同行业较小企业来实现行业重组，避免市场份额的下滑；若企业维持目前经营状况不佳，又占用企业大量资源则可以撤出投资。

（3）退出型投资战略案例——长春经开。长春经开（集团）股份有限公司（以下简称长春经开），成立于1993年，并于1999年在上海证券交易所挂牌上市，股票代码600215。长春经开成立初期主营业务有房地产开发、租赁及基础设施建设。

根据表4-11所示，长春经开2014～2019年营业总收入全部由营业收入构成。2015年，长春经开营业总收入大幅减少，比2014年下滑了62.38%，并且2015～2019年企业营业总收入增减变动率一直处于正负交替变化的状态，2018年上涨41.16%后，2019年又下降了68.3%。2014～2018年，长春经开营业总收入与营业总成本差额一直处于负值，即使企业营业利润每年都在上涨，但上涨的原因绝大部分是受投资收益为正的影响。由此说明，长春经开的营业总收入呈现不稳定的状态，且主营业务盈利能力较弱，企业正处于衰退期。

表4-11　　　　　　　　2014～2019年长春经开部分利润

项目	2014年	2015年	2016年	2017年	2018年	2019年
营业总收入（万元）	99124	37289	42910	41722	58894	18667
营业收入（万元）	99124	37289	42910	41722	58894	18667
营业总收入变动率（%）	—	-62.38	15.07	-2.77	41.16	-68.30
营业总成本（万元）	103499	42626	46074	42848	60875	14310
营业总收入与营业总成本差额（万元）	-4375	-5337	-3164	-1126	-1981	4357
投资收益（万元）	6332	6629	5803	3208	10903	5373
营业利润（万元）	1957	1292	2638	2184	11494	10968

资料来源：根据长春经开2014～2019年年报数据整理。

由图4-8可以看出，长春经开在2015年业绩大幅下滑后，企业的资产和负债规模开始缩减。2017年，长春经开将本企业1.02亿股以10.2元的价格转让给万丰锦源投资控股有限公司（以下简称万丰锦源），该部分股份占到长春经开总股份的21.88%，万丰锦源成为长春经开的第一大股东。2018年，长春经开将旗下七家子公司、三项房地资源及部分固定资产出售。根据表4-12，2018年长春经开固定资产较前年减少95.85%，同年货币资金增长478.44%。据2020年公司官网最新简介显示，长春经开重整主营业务，与万丰锦源旗下的万丰科技联合，逐步向智能制造和重工业发展，实现企业转型。

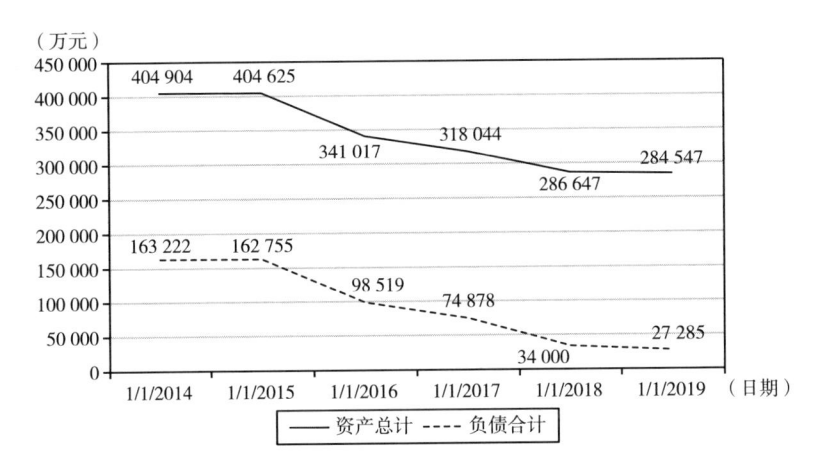

图4-8　2014~2019年长春经开资产与负债

资料来源：根据长春经开2014~2019年年报数据整理。

表4-12　　　　　　　2014~2019年长春经开部分资产负债

项目	2014年	2015年	2016年	2017年	2018年	2019年
货币资金（万元）	11638	33079	16692	16010	92609	118309
货币资金变动率（%）	—	184.23	-49.54	-4.09	478.44	27.75
固定资产（万元）	10136	9851	9843	9693	402	408
固定资产变动率（%）	—	-2.81	-0.08	-1.52	-95.85	1.49

资料来源：根据长春经开2014~2019年年报数据整理。

综上所述，长春经开在面对原有主营业务不能给企业带来持续稳定的收入时，采取了退出型投资战略，通过将非重要业务剥离、转让股份及销售固定资产来实现资金回流，保存企业实力。然后借有经验的企业实现新行业转型，实现自身的可持续发展。

二、反周期投资战略分析

（一）反周期投资战略概述

1. 反周期投资战略内涵。一般而言，大多数企业会倾向在市场经济状况较好时进行投资，以期随着市场经济状况越来越好而从中获益。在市场经济处于萧条时期，企业更倾向退出市场从而减少损失，保存实力。这种投资战略称为顺周期投资战略。

反周期投资战略同样也是建立在市场周期性基础上的，与顺周期投资战略不同的是，选择反周期投资战略的企业在市场经济处于较好的时段不进行扩大规模投资甚至采取紧缩型投资或退出型投资战略，而在市场经济处于低潮时期增加投资力度和加快企业发展。因此，反周期投资战略的"反"就体现在企业做出同一投资决策时所处的经济周期与大多数企业相反，也可以说企业在同一经济周期做出的决策与大多数企业相反。

当市场经济情况和发展前景较好时，会吸引持有乐观态度的企业进入投资，而有时会导致市场呈现出远远高于正常盈利水平的虚像，从而吸引更多企业投资。一旦市场达到饱和状态便会出现供大于求的现象，盈利空间无法继续上升，便会出现一定程度的市场调整。当市场经济情况处于低迷期时，企业的投资态度变为消极，大多企业会选择抛售资产或者退出投资，又会导致市场呈现出低于市场利润空间的现象，之后市场的下降程度有限，且出现大幅上升的可能较大。而选择反周期投资战略的企业就是提前敏锐地探寻到了市场周期变化的趋势，看似反其道而行，实则是抓住了市场周期变化在极限条件下的规律。

反周期投资战略的核心要义是帮助企业实现低成本扩张。在市场低迷时期，大多数企业出于降低损失、资金回笼的目的会降价抛售资产。[①] 而选择反周期投资战略的企业就可以以低价购入相关行业所需资产，提前准备下一周期的竞争资本，增加企业竞争优势和核心竞争力。

2. 反周期投资战略前提。相比于顺周期投资战略而言，反周期投资战略

[①] 汤谷良，赵玉涛. 反周期投资：危机当下的理性财务战略 [J]. 财务与会计，2009 (18)：58 - 59，63.

是一种更为激进的投资选择，实施得好将为企业未来带来更强的市场竞争力，但是实施失败也将给企业带来更大的风险。因此，选择反周期投资战略的企业需要遵循以下两个前提：

（1）企业有足够的自由现金来支持市场低迷期的扩张。企业若准备在市场低迷期以较低的价格收购生产资源、技术甚至是吸纳新人才实现扩张，必须意识到短期内市场资金流动的速率将降低，这些投资无法快速回笼资金。若此时企业没有足够自由现金支持而选择通过借款来投资，则在增大企业经营风险的同时加大了财务风险。届时，一旦企业到期无法偿还借款将会面临破产风险。

（2）企业要具备准确判断市场经济周期的能力。企业要想准确抓住市场周期的变化规律，需了解其他企业竞争者的投资行为和背后的动机，同时还要分析容易导致投资失败的原因，找到大多数企业投资的趋势，从而挖掘市场经济周期的规律。

（二）反周期投资战略具体实现方式与路径

1. 反周期对内投资——增加内部资产。反周期投资主要是为了帮助企业以较低的价格提升核心竞争力，因此企业对内投资项目主要围绕主营业务所需资源开展。在市场不景气时一些基础设备、材料都可以用较低的价格买到，企业可以趁此时机进行内部建设，购入固定资产、转让的厂房等，扩大生产规模。有的企业在这时会为了减少成本和日常支出会大量裁员，而采取反周期投资战略的企业可以多加关注，发现和吸纳新的优秀人才。若企业还有余力的话可以进行研发投资，相当于提前准备下一市场周期的核心竞争力。企业在市场低迷期进行投资的资产是以在未来具有盈利潜力为基准，因此，万不可为了沉迷低价购入而盲目投资。

2. 反周期对外投资——收购外部企业。在市场经济周期低迷期，一些企业资金周转陷入困境无法继续经营下去，会为了套现而出售股份甚至整个公司。有实力的企业在这时可以实现低成本并购，为自身业务拓宽渠道。

2016年是共享单车行业发展的鼎盛年，2017年该行业由于市场竞争过大出现企业接连倒闭的现象。共享单车靠着收取用户租金的方式创造的盈利空间有限，再加上车辆损耗过快，导致收入与企业维修管理费用、运营费用不相匹配，甚至作为共享单车领军企业的ofo小黄车在资金链也出现了问题，上千万的用户排着队等待ofo小黄车退还押金，亟须大资本进入保住企业，共享单车行业境况急转直下。

根据表4-13所示，2017年7月，阿里巴巴集团控股有限公司（以下简称阿里巴巴）在本身已经拥有哈罗单车的情况下加入ofo小黄车E轮融资，并在2018年领头对小黄车进行了两次战略投资，其中2018年3月ofo小黄车以用单车抵押的方式换取阿里17.7亿元的战略投资。

表4-13　　　　　　　　　阿里巴巴对ofo小黄车的投资

时间	融资轮数	金额（亿美元）	参与企业
2017年7月	E轮	7	阿里巴巴 弘毅投资 中信产业基金 滴滴出行 DST 易凯资本
2018年3月	战略投资	2.8	阿里巴巴
2018年3月	战略投资	8.86	阿里巴巴 君理资本 蚂蚁金服 灏峰集团 天合资本

资料来源：前瞻产业研究院，https://bg.qianzhan.com/。

在共享单车行业处于低潮时，阿里巴巴可以用较低的投资收购ofo小黄车。虽然阿里巴巴已经拥有哈罗单车，但在哈罗单车的用户数量远不及共享单车开创者ofo小黄车。根据图4-9所示，2017年10月ofo小黄车的月活跃用户数为6432.21万人，排名行业第一。哈罗单车虽排名第三，但月活跃用户仅有484.96万人，与ofo小黄车的月活跃用户数相差了5947.25万人。

因此，在收购ofo小黄车之后，阿里巴巴将ofo小黄车和哈罗单车的开锁链接都放在支付宝界面里，既可以将ofo小黄车原有的用户数和哈罗的用户数统一起来，又可以促进支付宝的使用频率，从而推广支付宝。同时，收购ofo小黄车也符合阿里巴巴对新零售领域的战略部署，将单车业务和旗下的生活化项目综合，更深入地打入用户生活。

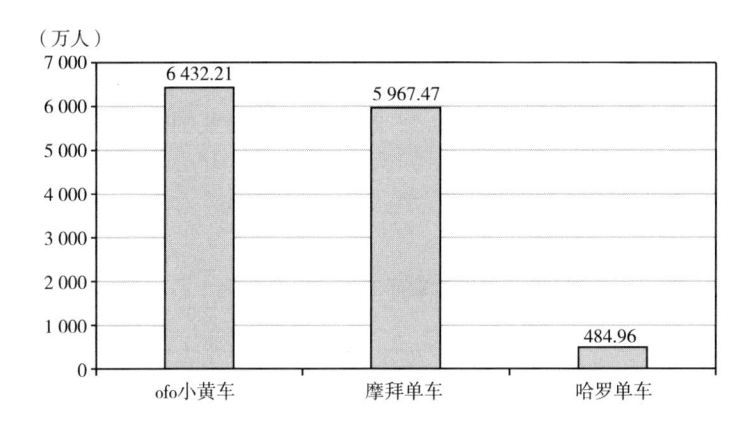

图4-9 2017年10月共享单车活跃用户数排名前三情况

资料来源：智察大数据《2017年7月中国共享单车市场数据报告》。

阿里巴巴选择在共享单车市场不景气的时候加大对困境中的ofo小黄车的投资，是一种反周期投资战略。阿里巴巴通过投资ofo小黄车获取巨大的用户资源，为自身哈罗单车的未来战略部署奠定了基础。

第三节 对内投资战略——研发投资战略

党的十九大报告中提出："创新是引领发展的第一动力，是建设现代化经济体系的战略支撑。到2035年，我国跻身创新型国家前列的目标将激励全社会积极实施创新驱动发展战略，擦亮中国创造、中国智造的闪亮名片。"[①] 由此可以看出，国家近年来高度重视企业的创新发展，而保证创新发展的基本路径就是鼓励企业研发投资。

一、中国企业研发投资现状

2019年，欧盟委员会针对全球46个国家和地区的2500个企业的研发投资情况进行了排名，并公布了《2019年欧盟工业研发投资排名》。在此排名中，

---

① 习近平. 决胜全面建成小康社会 夺取新时代中国特色社会主义伟大胜利[M]. 北京：人民出版社，2018.

中国共有 507 家企业上榜，研发金额比重占 11.7%。在这 507 家企业中，中国有两家进入全球前 50 名，分别是当年超越苹果排名第 5 的华为（见表 4-14），以及排名第 28 位的阿里巴巴集团。由此也可以看出我国目前研发投资最多的行业是互联网和通信类。与发达国家企业相比，我国在研究开发上的投资还有较大差距。

表 4-14　　　　　　《2019 年欧盟工业研发投资排名》前十名

排名	企业名称	国别	研发投资总额（亿欧元）
1	Google 母公司 Alphabet	美国	18.3
2	三星	韩国	14.8
3	微软	美国	14.7
4	大众	德国	13.6
5	华为	中国	12.7
6	苹果	美国	12.4
7	英特尔	美国	11.8
8	罗氏	瑞士	9.8
9	强生	美国	9.4
10	戴姆勒	德国	9.0

资料来源：欧盟委员会（EU）发布的《2019 年欧盟工业研发投资排名》（*The 2019 EU Industrial R&D Investment Scoreboard*）。

二、研发投资动因分析

随着时代的发展，人们越来越意识到研发创新才是企业长久发展的核心动力。对企业来说，研发投资并不是只投资一次两次的行为，而是一项长期的投资活动，企业要通过长期的技术及知识积累，并投入大量人力、物力、财力，这对企业来说是一项不小的支出，并且还可能面临研发不成功的风险。

由此，企业有必要弄清楚研发投资的目的，以及自身是否具备研发投资的实力。企业进行研发投资的动因有以下两种：其一，应对竞争对手的威胁，保持自身竞争力。在同一市场中，当企业的竞争者都在大力投资研究开发时，企业为了保持原有市场份额也需要加大自身研发投资，否则会被竞争者抢走市场份额和客户资源。其二，通过研发投资来抵御随时可能出现变动的市场环境。企业进行研究开发是形成自身核心竞争力的关键。

三、研发投资的影响因素

研发投资具有高投入、高风险和成功未知性，了解研发投资的影响因素对提升企业研发投入成功率有着积极的作用。

（一）企业自身能力

企业进行研发投资需要大量的资源投入，因此，企业是否有较强的盈利能力和资金储备能力，是保证研发顺利进行的关键。结合企业生命周期来看，处于初创期的企业在行业中还未站稳脚跟，企业的生存发展还处于摸索阶段，不适合将精力分散在研发投资上。而处于成长期或成熟期的企业，已经具备一定资金基础和技术知识的积累，有能力从外部环境中吸纳更多的资源促进自身发展，有多余的精力和能力进行研发投资。而衰退期企业在原市场中利润空间减小，在有余力的情况下可以适当进行研发投资，寻求新的突破机会。

（二）顾客需求变化

随着人们经济水平的提高，顾客对产品的要求也越来越高，技术前沿、产品创新程度越高总是更能得到人们的青睐。顾客对产品的需求在一定程度上决定着企业研发创新的方向，企业通过技术创新生产出更贴合顾客心理预期的产品，从而实现双向循环。我国国产手机品牌OPPO，抓住了顾客普遍使用智能手机但日常电池消耗快的情况，研发出了快充充电头，缩短了手机充电时间，解决顾客实际问题，形成该手机品牌的特色。因此，顾客的需求变化决定着企业研发出的产品是否能在市场中顺利推广。

（三）仿制产品的出现

当企业成功研发出新产品并在市场上取得较好反响时，针对该产品的仿制者就会出现，被仿制的产品由于前期不用投入大量的研发费用和市场宣传费用往往价格比原产品低廉，有的消费者更愿意花较少的钱去选择仿制产品。仿制品的出现在市场中很常见且不可避免，企业若想更好地留住消费者，则需研发出难以被完全复制的、技术含量更高的产品，提高核心竞争力。

（四）国家政策的激励

在发达国家中有对企业研发投资的鼓励政策，比如政府对专项研究资助计划。而在我国，企业的研究开发有税收优惠政策，所有企业研发费用可在税前加计扣除75%，由此降低税负，让企业可以将资金更好配置，为研发增加资金筹码。

第四节　对外投资战略——海外投资战略

随着经济全球化的发展，企业的经营范围不再局限于本国，而是可以在全世界寻找所需要的资源，促使国际市场中的资源流动速率加快。中国一直以来实行对外开放政策，吸引了众多外国企业进入中国投资，为我国企业注入了新的资本与活力。与此同时，外国企业的进入也加大了我国本土企业的生存竞争，因此，胡锦涛在党的十七大指出："创新对外投资和合作方式，支持企业在研发、生产、销售等方面开展国际化经营，加快培育中国的跨国公司和国际知名品牌。"[①] 鼓励并支持我国有实力的企业走出国门，开拓海外市场，在国际经济市场中打造中国品牌。

一、海外投资战略概述

（一）海外投资战略目的

传统对外投资战略理论认为该投资战略是建立在发达国家跨国公司基础上的，因为这些企业在某一方面都具有绝对性的优势：技术垄断优势、资源垄断优势、区位优势等。而发展中国家的企业大多不具有某方面优势，因此不具备海外投资的能力。

然而，中国通过实施"走出去"战略向世界证明了发展中国家的企业也可以实现海外投资。处于发展中国家的企业自身实力和跨国管理经验都与国

---

① 中共中央总书记胡锦涛在十七大上的报告（摘要）[EB/OL]. http://cpc.people.com.cn/.

际大型跨国企业有较大差距,因此,发展中国家企业的投资目的不是从发挥企业优势出发,而是基于以下三个方面:

1. 开拓国际市场,转移过剩的生产力。党的十一届三中全会对我国的经济发展提出了新的方向。吸引外资对我国的经济发展有着重要的作用,我国通过一系列措施,在行政和政策方面激励外商投资者进入中国投资,由此积极推动中国对外开放,这就是我们所说的"引进来"战略。"引进来"战略的推行吸引了许多外商来华投资,推动市场内资本的流动和累积,极大地促进了我国的经济发展。根据《中国企业全球化报告(2018)》[1]的数据显示,随着中国经济水平的提高以及各项对外商投资优惠政策的颁布,中国成为许多外商投资选择的首要地区,2018年,中国成为全球第一大外商投资目的地。

但长期将重心放在吸引外资上,导致经济发展对外资依赖过大,同时也加剧了我国国内企业间的竞争,造成部分市场饱和。我国的电器行业和纺织行业在国内已经处于供大于求的局面,且生产过剩率在20%~30%。因此,出现产能过剩的企业可以实施对外投资,通过对国外新市场的开发拓宽销售渠道,将过剩的产能转移到经济发展水平比我国低的一些国家,提高生产效率和资源利用率。

2. 从国外获取成本更低的材料和资源,形成规模效益。随着经济全球化的发展,企业越来越容易在全球范围内寻找到价格和要求最匹配自身战略发展的资源和原材料,从而降低成本提高利润。之前许多外商来华投资就是看重了中国丰富的资源和相对于发达国家较便宜的劳动力。

我国企业在获取资源时要考虑开发成本是否过高以及资源的质量是否符合生产标准。我国自然资源丰富的地方大多地处偏僻,大部分在西部和北部地区,而经济发展较快企业集中在东部及沿海地区,因此企业在开发自然资源时会面临较大的运输成本和存储成本的支出。这部分成本有时会大于企业直接从国外获取资源的成本。因此,针对一些国内相对匮乏或者开发成本较高的资源获取,企业可以选择海外投资,甚至可以直接在生产费用及劳动力费用低的原材料国建厂加工,降低开发成本形成规模效应。

3. 学习国外企业先进的技术和管理经验。企业要想做大做强,国际化发展是必然趋势。再加上我国对外开放的政策,让许多企业不出国门就可以实

---

[1] 中国企业全球化报告(2018)[M]. 北京:社会科学文献出版社,2018.

现全球化交易。虽然，我国目前已有许多外国投资企业，可以在我国向他们学习经验和技术，但外资在我国投资的企业一般为生产型企业，核心技术部门仍旧设立在其来源国，以保证自身的技术优势，因此我国企业很难学习。而且我国的经济环境和技术水平与外国存在差异，也在一定程度上制约着我国企业的学习。

因此，企业可以选择在发达国家进行对外投资，雇用当地的技术人员，使用当地的技术设备，直接在国际化的商业环境中吸取经验，可以更高效更准确地学习所需要的技术信息。日本就是个很好的例子，通过在发达国家并购高新技术企业从而向其学习先进的技术，从而快速促进本国的企业技术发展。

(二) 中国企业海外投资特点

自21世纪初，中国开始重点关注企业对外投资，特别是在中国加入WTO之后，企业对外投资更是飞速发展，投资规模也越来越大。在对外投资发展较快的这一段时间，中国企业的对外投资主要呈现出了以下三个特点：

1. 投资地区分布广，且投资规模大。商务部2019年11月14日发布的数据显示："中国企业2019年在世界范围内164个国家和地区的5365家外国企业进行了非金融类直接投资，累计投资数额为904.6亿美元，同比增长5.9%，对外投资规模仅次于美国，位居全球第二。"[①] 我国企业的投资地区主要分布在亚洲、欧洲、北美洲和非洲，近年来在非洲的投资增长较大，2019年初中国企业在非洲的投资同比增长达40.2%。2019年中国对外投资前十的国家或地区分别是中国香港、美国、澳大利亚、俄罗斯、德国、日本、新加坡、韩国、印度尼西亚、加拿大。

从以上对外投资的地区和国别分布来看，中国企业的对外投资并不是只偏向于发达国家或者只偏向于发展中国家，而是两者均有涉及，均衡投资。

2. 投资行业相对集中。中国对外投资涵盖了18个行业，2019年中国大部分海外投资分布在租赁和商务服务业、制造业、采矿业以及批发和零售业这四个行业，其中租赁和商务服务业、制造业以及批发和零售业的投资占比较大，分别为32.2%、17.7%、10.8%，达到海外投资行业总占比的60.7%左右，投资行业相对集中。房地产业、体育业和娱乐业这类风险较大的行业

---

① 中华人民共和国商务部，http://www.mofcom.gov.cn/。

在 2019 年则没有新的对外投资项目。

租赁与商务服务行业在整个对外投资净流量占比达三成以上，其主要经营范围是特定行业专用器械的租赁、计算机及辅助设备租赁等自由设备租赁以及提供商业咨询服务。这说明中国企业对外投资的行业特点是以服务为主导，主要投资目的是获取先进的外国设备并实现市场信息的及时交流。

3. 以并购作为主要海外投资方式。中国海外投资的主要方式是新设企业和企业并购。根据《中国企业全球化报告（2018）》数据显示，在近几年来中国企业采用企业并购来对外投资的数量呈快速上升趋势，根据图4-10所示，企业并购数量从2013年的248件增长到2016年的772件。企业并购数量在2018年出现大幅度下降是由于中国加强了企业对外投资的资格审核，对外投资的管理更加规范化。相比于新设企业而言，通过并购进行海外投资可以帮助企业更加快速进入国外市场，降低新市场的进入门槛和进入成本。

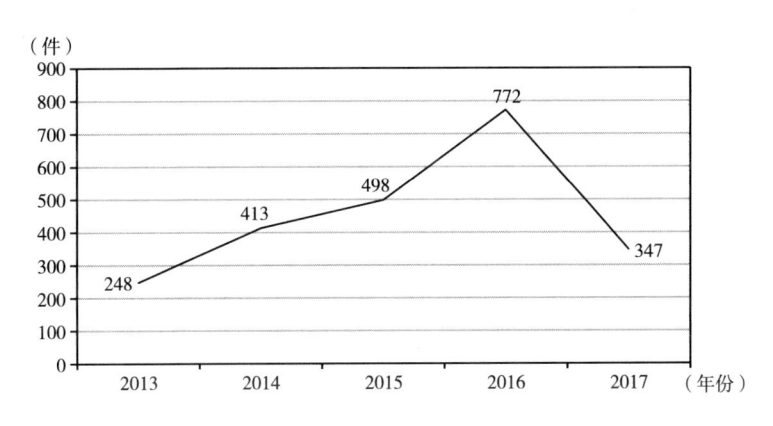

图4-10 2013~2017年中国海外并购数量

资料来源：中国企业全球化报告（2018）[M]．北京：社会科学文献出版社，2018．

二、海外投资战略实现方式

按照是否拥有投资企业的实际控制权分类，可以将海外投资战略的实现方式划分为对外间接投资和对外直接投资。

（一）对外间接投资

对外间接投资是企业通过购买外国企业股票或者债券，不实际控制投资企业的经营管理，旨在通过债券利息或股票分红获得收益。

对外间接投资实际上是企业将闲置的资金投入外国企业，从而提高资金的利用率，并提升企业价值的一种方式。国内企业选择间接投资的基本动因是由于每个国家的证券市场利率不同，当某个国家证券市场的投资收益率比企业所在国高时，企业就可以通过对外间接投资将资金投入收益更好的地区。

因此，对外间接投资呈现出两个特点：一是企业在进行对外间接投资的资金流动性更高。虽然由于证券交易市场环境的不同，在外国金融市场要面临的不确定因素更多，但相对于我国的金融市场发展阶段来说，欧美地区的金融市场发展更加成熟，资本交易的活跃度也更高，企业可以随时交易证券退出资金，由此保证了对外间接投资资金的灵活性。二是企业采取对外间接投资无法参与投资企业的经营管理，不会发生技术上或管理经验上的交流，企业无法获取技术上的资源和管理经验。

（二）对外直接投资

1. 对外直接投资的基本概念。对外直接投资是企业通过投资对外国企业拥有控制权，可以参与外国企业经营管理，从而获取经营利润的一种投资方式。对外直接投资由于进入了企业的实际经营管理，因此相对于对外间接投资来说，其投资资金的灵活程度较低，企业所承担的财务风险较高。但是，企业采取对外直接投资所获得的信息远大于对外间接投资。

对外直接投资战略是国家近20年来大力鼓励企业进行的投资战略选择方式，且发展迅速。企业采取对外直接投资的方式有参与资本、合办企业、新设企业、跨国并购等，而我国企业对外直接投资主要以新设企业和跨国并购为主。

企业进行对外投资有两种主要动因：一是企业选择发达国家进行投资，由此学习发达国家先进的技术和管理经验；二是企业选择同等发展水平国家或发展水平低于我国的国家进行投资，将生产工序转移到成本较低国家，同时分散国内企业竞争风险。

2. 对外直接投资实施前的选择。企业在直接对外投资项目落实之前需要在以下三个方面进行选择，以保证投资项目与投资环境有较高的匹配度。

（1）选择对外直接投资模式。前面提到，中国企业对外直接投资通常选择的方式是新设企业和企业并购。因此，了解两种投资方式各自的优劣势很有必要。新设企业是按照国外的法律法规，并在国外注册的新公司。按照此方法成立的企业由投资者完全拥有，这种方式一般是发展较好的大型公司向发展尚未成熟地区投资的选择。企业并购则是将两个或两个以上的不同国别的企业合并，企业可通过资金投资，也可通过实物投资。

若被选择投资国与企业所在国的文化差异较小，则可以选择新设企业，因为企业进入新环境的影响因素较低。若被选择投资国与企业所在国文化差异较大，则企业直接新设建厂所花费的门槛和成本就较高，企业要重新在他国寻找原料提供，寻找新的客户群以及打通商务交流关系都需要大量的支出，因此选择并购会大大减少时间成本和资金成本。除了文化差异因素外，企业在选择时还需要考虑自身经济实力、企业总战略以及是否具备跨国企业的组织能力等，根据现实情况做出选择。

（2）选择投资产业。企业选择投资产业主要从两个方面考虑：一方面，对于在本国境内已经处于饱和的产业或者发展处于衰落期的产业，企业可以选择将这一部分产业外转到同一生产水平下成本消耗更低的国家。这一类型的产业称为边际产业，也就是说这类产业生产在本国所创造的价值较低。此时企业可以寻找该产业发展处于增长期或在未来有发展潜力的国外市场，增加产业的运营寿命，创造产业附加值。另一方面，企业在国内运营这一类价值创造不高的产业会占用企业的资源，而将这部分产业转出后可以为企业研发创新产品提供更大的资源空间。

（3）选择投资区位。企业选择投资区位首先要结合自身发展战略。若企业对外直接投资是为了更便捷地获取更优质的原材料，那企业可以选择自然资源相对丰富的国家。中石油这类企业的对外直接投资就是以寻求海外自然资源为目的，它在俄罗斯投资万科尔油田项目、在印度南苏门答腊盆地投资天然气项目、在厄瓜多尔投资特高含水油田项目等，并通过这些投资项目源源不断地为企业获取优质的原料。

相关投资推动政策也是企业需关注的重点。"一带一路"倡议的提出使我国与许多国家建立了长期的战略合作关系，近年来我国在"一带一路"沿线国家的投资也呈现上升趋势。企业选择合作国作为投资目的地时需考虑投资环境的稳定性以及合作的长期性。

三、海外投资战略影响因素

（一）国外影响因素

1. 国外社会环境的稳定性。中国企业进入国外投资，受到当地社会环境的影响较大。一些国家由于内部存在种族冲突、宗教信仰冲突或者发生政权变动都会影响到整个社会的稳定性，社会稳定的不确定性很可能导致中国企业在国外已经准备投资或正在投资的项目遭受损失或中断。也有一些发展中国家由于经济建设和基础建设落后，导致经济活动的办理效率低下，也会增加投资的时间成本和机会成本。

2. 外国投资准入门槛的设置。随着中国海外投资发展规模的增大，引发了一些国家对本国企业生存空间不足的担忧。2017年，中国企业在欧洲的投资达184.6亿美元，占当年中国总对外投资的11.7%。[1] 作为中国企业对外投资的热门区域——欧美地区，由此加大了外国企业进入投资的审核限制。

针对这一现象，2017年欧盟通过了"建立欧盟外资审查新框"提案，针对非欧盟国家想通过收购欧盟体制内高新技术企业而获取经验和技术的行为加以防范，如增强外资进入的审核制度和审核流程的严格性，提高外资进入收购的资格限制性。

美国成立了"外国投资委员会"，专门对外国进入美国的投资进行监管和审查。这一机构将美国国家安全作为评判外国投资是否合理的首要准则，但该委员会遵循的《外国投资与国家安全法》中并未给予"国家安全"准确的定义，因此，外国投资委员会在裁定外资进入是否合理上有一定的自由空间。2010年，美国外国投资委员会以"华为具有军工背景，威胁到美国国家安全"为由，拒绝了华为收购摩托罗拉基础设施部门的投资项目。2015年美国外国投资委员拒绝了清华紫光收购美国美光科技的半导体投资项目，理由是该投资项目涉及核心技术，将威胁美国国家安全。

由此可见，外国投资的准入门槛设置变化将会影响我国企业能否顺利落实投资项目，所以企业应密切关注外国相关审核制度的变化。

---

[1] 2017年度中国对外直接投资统计公报［EB/OL］. http：//hzs. mofcom. gov. cn.

（二）国内影响因素

1. 产业集聚。产业集聚是在某一地理区域内形成的同一产业在人力资源、供应链、信息资源的集聚现象。

产业集聚对对外投资的影响主要体现在两个方面：其一，当同产业的企业集聚在某一区域时，若部分企业进行对外直接投资，那么在这一区域范围内，产业之间可以实现频繁的对外投资经验交流，共同分享投资经验，从而降低对外投资风险。其二，产业集聚可以促进同产业技术更快发展。在产业集聚区域内，企业间合作和竞争的程度都比分散的企业高。因此，较高的竞争和合作力度促进该区域内的企业创新性研究处于较高水平，由此增加企业对外投资的竞争力。

2. "一带一路"倡议积极推动沿线国家境外合作。随着国家"一带一路"倡议的推进，我国与许多"一带一路"沿线国家建立了长期稳定的经济合作关系，为我国企业对外投资打通了一条绿色通道。从表4-15来看，近年来，我国企业对"一带一路"沿线国家的投资虽有波动但总体呈上升趋势，并且2015年投资额增幅最大，较2014年上涨了38.58%，2017年我国对"一带一路"沿线国家投资达到近年最高，为201.7亿美元。

表4-15　　2013～2018年中国在"一带一路"沿线国家的投资情况

项目	2013年	2014年	2015年	2016年	2017年	2018年
投资额（亿美元）	126.30	136.60	189.30	153.40	201.70	178.90
增长比例（%）	—	8.16	38.58	-18.96	31.49	-11.30

资料来源：2018年度中国对外直接投资统计公报［EB/OL］. http://hzs.mofcom.gov.cn/.

我国企业目前对"一带一路"沿线国家的投资主要是能源行业、金属行业和交通行业，若企业有类似行业的对外投资，可以优先选择"一带一路"沿线国家，降低投资进入门槛。

为了鼓励企业在"一带一路"沿线国家投资，我国出台相关优惠政策。企业在"一带一路"沿线国家投资将更容易申请到金融机构的贷款，从而降低企业投资的财务风险，并且对外投资企业有一年以上的贷款业务可以得到贴息补助。若涉及境外农、林、牧、渔、矿业合作的企业还可以享受政府的费用补助。类似的优惠政策还有很多,企业在对外投资前应充分了解相关政策,并对投资项目进行筹划。

四、海外投资战略案例——福耀玻璃

福耀玻璃工业集团股份有限公司(以下简称福耀玻璃),1987年成立于中国福州,主营汽车玻璃、浮法玻璃及其他工业玻璃制造,是中国目前规模最大的全球化玻璃制造企业。福耀玻璃实施海外投资战略的目的可以从以下三个角度进行分析。

(一)海外投资目的一:开拓海外市场,促进营收增长

早在1994年福耀玻璃就开始了海外投资,布局全球化投资战略,旨在通过走出国门,在更广阔的海外市场中开辟出一条中国道路,从而促进营业收入的增长。根据表4-16和图4-11所示,2015~2019年,福耀玻璃国外营业收入呈逐年上涨趋势,每年上涨幅度17%~26%。同时,国外营业收入占总收入比重也呈上涨趋势,由2015年的33.73%,上涨至2019年的49.06%,几乎占到总营业收入的1/2。由此可见,福耀玻璃实施的海外投资战略正在为其带来可观的收益,并在持续经营中发挥着越来越重要的作用。

表4-16　　2015~2019年福耀玻璃国内外收入及占比情况

项目	2015年	2016年	2017年	2018年	2019年
国内营业收入(亿元)	87.96	106.75	115.72	115.72	105.77
国外营业收入(亿元)	44.77	56.16	66.19	83.12	101.88
国外营业收入增长比(%)	—	25.44	17.86	25.58	22.57
总营业收入(亿元)	132.73	162.91	181.91	198.84	207.65
国外营业收入占总收入比重(%)	33.73	34.47	36.39	41.80	49.06

资料来源:根据福耀玻璃2015~2019年年报整理。

(二)海外投资目的二:收购与新设企业同时进行的海外投资战略模式

2014年,福耀玻璃在美国子公司收购美国PPG公司在伊利诺伊州的两条浮法玻璃生产线,将PGG公司之前用于生产建筑类浮法玻璃的生产线改造为

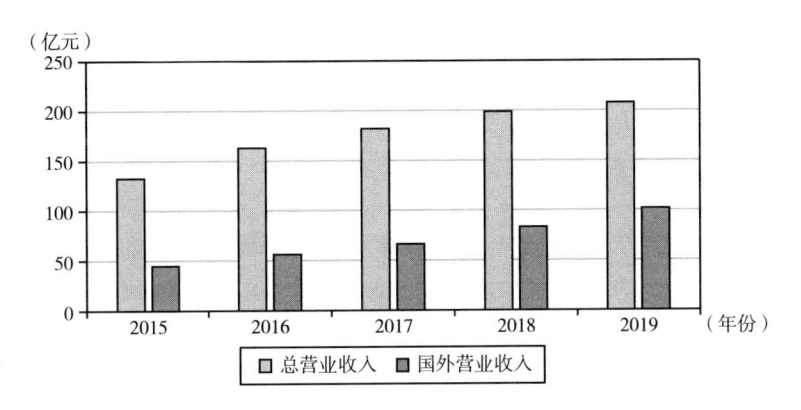

图 4-11　2015~2019 年福耀玻璃总营业收入与国外营业收入

资料来源：根据福耀玻璃 2015~2019 年年报整理。

专门生产汽车浮法玻璃的生产线，用以对北美丰田、本田等客户的订单供货。此次收购同时可以让福耀玻璃直接学习到美国本土企业浮法玻璃的制造生产线流程，降低进入美国市场的本土化门槛。2007 年、2008 年、2014 年福耀玻璃分别在韩国、日本及美国设立新公司，负责相应地区的生产销售，挖掘不同国家市场需求并在设立国寻找目标生产资源。

（三）海外投资目的三：以"快速反应"获取客户满意度

福耀玻璃制造的汽车安全玻璃在海外的主要客户有宝马、沃尔沃、大众、丰田和现代等国际知名汽车品牌。为贯彻"技术领先，快速反应"的品牌战略，尽快满足客户供货需求，福耀玻璃在海外客户所在地区设立了玻璃生产制造厂。截至 2019 年，福耀玻璃已经在美国、德国、俄罗斯、韩国、日本、捷克以及墨西哥投资设立企业，并在美国和德国建立了玻璃生产工厂。福耀玻璃在海外建厂并聘请当地的技术人员和工人，可以更直接了解到本土客户对产品的喜好以及市场状况。当海外客户有订单需求时，福耀玻璃可以选择就近工厂进行生产并配送，大大降低了产品的运输时间以及玻璃产品的运输损坏率。在这个生产节奏快速的时代，为客户节省时间可以很好地提高客户满意度，从而留住顾客。

福耀玻璃能够成功实施海外投资战略主要有以下两个自身优势：其一，持续增长的盈利能力。相对于国内投资战略而言，海外投资战略受到外部环境的影响因素更多，因此，较好的盈利能力能够在一定程度上增加企业抵御外部环境的变化能力。根据表4-17所示，福耀玻璃2010~2019年营业收入一直处于增加状态，其中2016年营业收入增长率最高，达22.45%。2019年国内汽车行业销量大幅下降，导致生产汽车玻璃的福耀玻璃增长速度放缓，但营业收入仍实现增长。

表4-17　　　　　　2010~2019年福耀玻璃营业收入及增长额

项目	2010年	2011年	2012年	2013年	2014年	2015年	2016年	2017年	2018年	2019年
营业总收入（亿元）	85.08	96.89	102.47	115.01	129.28	135.74	166.21	187.16	202.25	211.04
营业收入增长率（%）	—	13.88	5.76	12.24	12.41	5.00	22.45	12.60	8.06	4.35

资料来源：根据福耀玻璃2010~2019年年报整理。

持续增长的盈利能力为福耀玻璃可持续发展提供了能量，即使面临行业总体盈利水平下滑的局面也实现了收入增长，并且还有余力扩展在德国进行的汽车配饰新业务并购整合，进行海外投资战略业务版图的扩张。

其二，拥有专业化产品和核心技术。专业化的产品和自主研发的核心技术是海外投资战略实施的源动力，是帮助企业获得国外市场认可的关键。福耀玻璃的经营范围以汽车玻璃为主，也是以汽车玻璃作为专业化产品进军海外市场的。根据表4-18所示，2017~2019年福耀玻璃生产汽车玻璃的收入占总收入的90%以上。福耀玻璃的汽车玻璃能够在海外站稳脚跟还因为其过硬的质量。它通过了中国3C标准，并且获得了包括美国、欧共体及澳大利亚的产品认证标准，因此受到宝马、沃尔沃等国外知名汽车制造商的青睐。同时，福耀玻璃十分注重产品研发，并在江苏省建立自主研究院，以此掌握汽车玻璃核心技术并不断进行产品创新。专业化的产品和核心技术让福耀玻璃在海外市场中保有一定自主权，减除了因依附他国企业技术而导致经营受限的风险。

表4-18　　　　　2017~2019年福耀玻璃汽车玻璃收入及占比

项目	2017年	2018年	2019年
汽车玻璃收入（亿元）	178.68	193.52	189.57
占总收入比重（%）	98.23	97.32	91.29

资料来源：根据福耀玻璃2017~2019年年报整理。

福耀玻璃的海外投资战略虽帮助其成功进军海外市场、扩大企业生产实现盈利，但是海外投资战略的实施是个复杂过程，福耀玻璃也面临了许多挑战与威胁。在经济环境方面，2020年新冠肺炎疫情给全球经济带来巨大冲击，世界各国的经济尚在重启中，同样给福耀玻璃的海外业务带来较大冲击。同时，随着中美贸易摩擦的加剧，美国加大对中国企业的关税征收，导致福耀玻璃运往美国部分产品的成本上升。在制度方面，国家之间会存在安全管理制度、企业经营制度上的差异。2001年，福耀玻璃被多家企业起诉倾销，面临美国商务部的反倾销法调查。福耀玻璃沿袭中国的安全管理制度，但在2016年被美国俄亥俄州工人投诉安全管理未达标，导致缴纳罚款22.5万美元。这些制度的差异给福耀玻璃的海外投资战略带来一些隐性风险。

第五章

营运资金战略

在不断推进经济全球化的大数据时代，营运资金管理正在面临前所未有的机遇和挑战。研究发现，现代企业越来越注重营运资金战略的规划，越来越多的企业管理层愿意在优化营运资金管理上花费大量时间和资金。对于企业而言，要想维持正常的日常经营并实现股东价值最大化的目标，在其内部必须要有适量并适合企业未来发展的营运资金。

营运资金主要来源于企业外部，作为资本投入企业日常运营，最终产生收益，一部分用于回报投资者，另一部分继续活跃于市场。科学与适用性强的营运资金管理可以在很大程度上降低企业财务风险，压缩成本费用的不良支出，提高企业的价值创造能力和盈利能力。由于现金、存货等在市场中不断流转，营运资本在不断地变现和再投入，在这个过程中存在时间差，营运资金的流入和流出可能存在时间间隔，数额也不一定完全对称。这种不匹配使得企业未来的经营活动存在很大的不确定性，即使是盈利能力很强的企业也可能会面临资金周转困难的问题。因此，制定合理的营运资金战略，对企业未来的稳定发展至关重要。

第一节 营运资金战略概述

一、营运资金战略的含义与特征

（一）营运资金战略的含义

营运资金通常又被称为运用资金、营运资本。广义的营运资金简单来说就是企业正常生产经营活动中投放在流动资产上的资本,即企业流动资产的总额;狭义的营运资金是指企业一定会计期间的流动资产减去流动负债后的差额,也被称为净营运资本。营运资金战略则是立足于企业实情,考虑各方面影响因素,从营运资金的持有、融资、经营三方面入手,结合企业发展目标,筹备、制定企业营运资金的长期管理、使用策略,通过对占用营运资金的具体项目进行调整、提出相关改进举措等方式,解决营运资金各方面的问题,以优化资源配置,降低经营风险,保证企业正常营运。

(二) 营运资金战略的特征

1. 整体性。企业制定营运资金战略时要充分考虑全部相关项目之间的联系,以企业整体发展作为研究对象,顾全未来大局。营运资金的持有、融资、经营子战略的具体实施策略要服从于营运资金总战略,各环节战略规划要有整体一致性,不可顾此失彼,亦不能互相矛盾,切记各类战略规划要与企业产品理念、市场定位、未来发展方向等相匹配,营运资金战略要从大局出发。

2. 协调性。营运资金所包含的内容繁多,在制定营运资金战略时,各类资金分配要有合理性,在保持整体协调性的基础上提高企业管理水平和盈利能力。营运资金战略的协调性主要体现在营运资金持有战略中短、长期资产和负债的相互协调;营运资金融资战略的各融资渠道匹配程度;营运资金战略中各项资产管理的衔接性和融通程度;营运资金持有、融资与经营活动的相互配合等,从而使得资金的安全性、收益性、流动性和效率性达到协调统一,相对稳定。

3. 动态性。在日常经营活动中,企业合并重组、产品定位转型、股票市场波动、销售业绩季节性、宏观经济政策等内外部环境的变化都会影响企业营运资金的使用,营运资金各项长期策略就可能随之发生变动。因此营运资金战略的制定并不是一蹴而就,而是具有动态性,需要不断地根据实际情况进行调整改进。

4. 周期性。企业通常会经历初创、成长、成熟和衰退四个生命周期阶段,处于不同发展时期的企业,在营运能力和发展目标上存在差异,所适用的营运资金战略有所不同。在初创阶段,营运资金比较匮乏,企业市场话语权较小,客户群体不稳定,现金的充足、资金链的稳定在此阶段的营运资金战略中显得举足轻重;在成长和成熟阶段,营运资金剩余量会逐渐变多达到稳定，但激烈的行业竞争常常使得企业忙着周旋于盈利与偿债之间，这时候营运资金战略的规划也是一场重要博弈；而进入衰退阶段之后，企业市场份额快速下降，此时任务是及时募集资金开展各项生产经营活动，刺激企业重新获得利润增长，争取再生。因此，企业在不同阶段的特征和处境不能一概而论，其周期性势必影响营运资金战略的制定，需要谨慎对待。

5. 行业性。不同行业的企业产品性质有所不同，其运营模式也存在差异，在各个阶段所需要的营运资金和项目构成也相应不同。相同销售额下，零售行业由于多采用现金结算方式，单位金额较少也不易构成大额应收账款，占用营运资金较少；机械制造业由于单位产品价格较高且较少使用现金直接交易，应收账款占用营运资金比较多。企业在制定营运资金战略时，要充分考虑其行业特征，科学合理地进行规划。这样才能最大程度地保证营运资金战略的可操作性和有效性。

6. 创新性。随着相关研究的深入挖掘和数字技术的日新月异，各行各业的管理模式、营运模式都在逐步完善，营运资金战略也在与时俱进，越来越多具有高度针对性的创新方式或观点出现。考拉海购通过"自营直采"升级全球供应链、平台QC管理等方式来促进存货周转，降低营运资金占用。戴尔股份有限公司（以下简称戴尔）贯彻的"模块供货、订单直销"模式利用供应链合作优势，减少与中间商斡旋，来降低流通成本和商品库存，实现零库存管理模式（JIT）与网络的完美结合。由此可见，各企业的营运资金战略都是相对独特创新的。

二、营运资金战略的原则及目的

（一）营运资金战略的原则

1. 结合企业实情，合理分配营运资金。各行业特征相异，公司规模也有所不同，资金分配同时受到市场利息率、企业管理层经营决策、经营情况等的影响。一般而言，营运资金的需求量与企业的生产经营情况好坏呈正相关关系。经营良好的企业往往对营运资金的需求量较大，在制定营运资金持有战略时需要重视流动资产与流动负债的比例问题。这就要求各企业在制定营运资金战略时，要结合企业实情，充分考虑各方面影响因素，确定合理的营运资金需求量与组成结构。

2. 节约使用资金，降低营运成本。营运资金流动性较强，但正是因为如此，在很大程度上降低了它的收益性，不仅较难给企业带来大量投资收益，还容易产生很多相关成本。在保证正常经营的资金需求前提下，企业所制定的营运资金战略中要注重节约使用资金，将其总额变动幅度控制在合理范围内。

3. 优化资金结构，改善财务状况。一味倡导节约并不是营运资金战略的主题，在节约营运资金的基础之上，必须强化资金的合理配置。企业要根据生产经营目标确定各时期营运资金的重点管理对象，并注重各阶段各项目资金之间的协调，可以通过优化资产结构、资本结构等方式来实现和保持良好的财务状况，营运资金战略才能够得到有效贯彻。

(二) 营运资金战略的目的

1. 确保营运资金的安全性。企业在整个经营发展过程中，会牵涉内部各个层级、部门之间的合作以及外部上下游利益相关者之间的往来，资金的流入流出比较频繁，在任何环节出现纰漏都可能会给企业的正常营运造成障碍。因此，营运资金战略的首要目的是确保资金的安全性。

2. 提高营运资金周转效率。加速营运资金的周转速度，能在一定程度上降低资产的流动性风险，减少持有成本，实现营运资金的较快周转，进而提高企业的偿债能力和筹资能力，这是营运资金战略的重要目的。

3. 促进增值。企业营运资金战略的最终目的是实现股东价值最大化，在营运资金周转效率得到提升的基础上，让企业能够获得较为持续、稳定的现金流，实现资金增值。

三、营运资金战略的影响因素

(一) 内部营运环境

1. 企业规模与融资约束。营运资金战略的制定要综合考虑多方面因素，企业规模与其所受到的融资约束程度都会对营运资金战略尤其是其中的融资战略产生影响。一般来说，规模较大的企业，管理体系比较完善，资金链的安全度也相对较高，在外部受到的融资约束较小、在日常经营稳定性较强的情况下，企业倾向于设置较少的营运资金储备。对于规模较小或财务状况较差的中小型企业来说，稳定发展才是硬道理，规避风险是首要目标，一般会选择在企业内部设置较多的营运资金储备，用来保证资金周转的安全以及应对突发状况。另外，企业知名度、市场地位以及产权性质等都会对企业的营运资金的筹集和使用产生影响，在制定营运资金融资战略时，这些因素都应该加以考虑。

2. 管理层态度。在现代企业中，管理层对于企业发展目标、项目投资选择等的态度在很大程度上影响企业营运资金战略的制定。管理层的风险收益偏好在一定程度上决定着决策的稳健性程度。风险规避型管理者会偏向于持有较多营运资金，以保证资金链的安全，以较低的资金配备到投资项目上，尽可能地规避风险较高的投资项目，以降低企业的经营风险，但同时也可能产生很多机会成本，降低企业收益。收益爱好型管理层则可能偏向于能为企业带来高收益的项目，为了维持日常运营，营运资金的设置只占用较小部分企业资金，大部分资金被投入其他收益性较高的项目上，旨在增加利润，但同时可能会面临投资失败的风险。因此，管理层的决定会直接影响营运资金战略的制定和后续实施效率。

3. 内部机构间的沟通有效性。营运资金战略的制定涉及多个环节，它的有效实施依赖于企业内部各机构之间的高度配合，部门之间的良好沟通、信息共享与及时报告有利于财务人员快速发现、传递、解决有关营运资金战略的具体问题，提高各部门的办事效率，保证营运资金战略的科学性和针对性，促进营运资金战略的有计划实施。

(二) 外部营运环境

1. 客户集中度。在现代经济生活中，企业并不是一个独立的个体，因为与客户紧密相连才有其存在的意义。客户集中度往往在很大程度上影响企业的命运，也影响着企业方方面面的战略规划，营运资金战略也不例外。

一般而言，客户集中度过高，可能会降低本企业市场影响力，导致话语权转移至大客户，容易造成应收账款无法及时回款而占用营运资金，且一旦大客户出现风险或变化，将直接影响本企业资金运作；客户集中度过低时，虽然企业的选择面更广，能在一定程度上提高议价能力，但由于客户关系不够稳定，客户的忠诚度不高，企业难以从大宗交易中利用商业信用进行营运资金融资，影响企业的长期稳定经营。由此可以看出，良好的客户关系管理水平能助力实现营运资金战略目标，企业在制定营运资金战略时，要把握好与客户之间的"度"，调整客户合作关系与营运资金战略相匹配。

2. 竞争者行为。在变幻无常的大数据时代，企业发展前景并不仅仅取决于自身条件，同行业竞争者也可能对其产生威胁，影响企业营运目标的完成。竞争者的战略意图也可能影响到本企业营运资金战略的制定，直接竞争对手会争夺市场份额，而潜在竞争者会导致产品价格下滑，降低企业营业利润。企业应当对此有所防范，识别市场中的强劲竞争对手和潜在竞争者，分析其公司行为对本企业营运资金产生的影响。因此，在制定本企业营运现金战略时要考虑竞争对手的战略意图，做好合理的应对措施。

（三）生命周期

任何事物都不可能永存不朽，企业亦是如此。它的发展存在普遍性的规律，每个时期对资金的需求度及获取资金的能力存在差别，所适用的营运资金战略也不一样。

在初创阶段，企业缺乏可信任的供应商和稳定客户群体，投入多、产出少，外部筹资困难且慢，在制定营运资金战略时资金主要来源于内部，并且需要投入大量现金通过广告、投资等来打开市场；在成长和成熟阶段，企业进入投资回报期，市场份额比较稳定，利润率攀升，与供应商、客户建立了比较紧密的联系，现金、存货、应收账款的管理水平也有所提高，制定营运资金战略时会比较注重拓宽资金的来源渠道；进入衰退期阶段，市场需求减少，盈利能力降低，营运资金战略的重点转移为保持足够的现金流量以防止财务危机，并开始考虑退出市场或者战略转型进入再生期。由此可见，企业的生命周期势必影响营运资金战略的制定，企业在不同阶段的发展目标不同，营运资金战略的侧重点和目的也随之存在差异。

（四）其他影响因素

1. 企业文化。不同的社会具有不同的文化背景，因此各国各行业在道德理念、产品定位、人才培养等方面存在差异。对于企业而言，适合的企业文化能够铸就正确的价值观和发展目标，从而引导相关部门重视对营运资源整合、利用的效率，提高员工的凝聚力和归属感。沃尔玛百货有限公司（以下简称沃尔玛）是个中翘楚，坚持施行的"顾客就是上帝"和"尊重每一位员工"的企业文化深入人心，全面增强了员工团队意识，为完善营运资金信息管理体系节省时间和成本，从而进一步影响营运资金战略的制定。

2. 社会责任。企业的存在与发展必须依托于环境、客户、市场等外部环境。因此，企业在创造利润、实现股东财富最大化的同时，还应该主动承担起对社会各方利益相关者的责任。表面上，履行社会责任好像是内部资金的纯流出，但实际上，企业在履行社会责任时能够增加社会曝光度，流出资金或许会远低于创造的未来收益，会有利于企业的可持续发展，也增强了企业的国际竞争力。因此，企业在制定营运资金战略时，要有长远的眼光，应对该因素的影响加以考虑，注意划分适量的营运资金用于履行社会责任。

第二节 营运资金持有战略

企业在确定营运资金的持有水平时，应充分考虑所处行业，存货和库存现金根据行业性质而有所差异。不同行业，营运资金在总资产中的占比不同。此外还应该考虑不同持有水平的风险与报酬也有所不同。

一、营运资金持有战略的分类

（一）宽松型营运资金持有战略

即在一定销售水平下，出于维护安全运营的目的，企业保留较多营运资金，以应对紧急的资金需求的策略。此时企业内部的流动资产大于流动负债，强大的现金流动性大大降低了经营风险，但流动资产的流动能力强意味着它的盈利能力相对较弱，流动资产长期占用过多会降低企业的整体收益。

（二）适中型营运资金持有战略

即在一定的销售水平下，出于保持恰当风险和收益水平的目的，企业保留适中营运资金的策略。让企业拥有的存货、现金、应收账款等流动资产与流动负债尽量相匹配，既能够满足企业生产经营需要，也不会给企业的盈利造成负担，维持风险和收益的平衡。

（三）紧缩型营运资金持有战略

即在一定的销售水平下，出于获得最大收益的目的，企业保留较少营运资金的策略。将流动资产降到最低限度，把大部分资金用作投资等用途，这样做可以增强企业的盈利能力，但同时也会带来较高的经营风险，企业可能会面临资金链断裂、债务到期无力偿还的困境。

二、持有战略类型与风险收益的关系

任何事物的发展都存在两面性，风险和收益总是如影随形，企业的营运也不例外。想要在行业赛跑中超越竞争者获取更高收益，就会承担相应的高风险。为了实现可持续性发展，企业在选择营运资金持有战略时应结合自身条件，把握好风险与收益的"度"，以整体提高企业价值。

（一）宽松型营运资金持有战略的风险与收益

企业在选择宽松型营运资金持有战略时，流动资产高于流动负债。企业内部会留存较多资金用于维持运营和应对突发状况，企业遭遇资金危机的可能性相对会较小，债务到期可用于偿还的资金较为充足，公司所面临的资金链风险也相对较小。但在经营稳定时，那些多余的营运资金则被闲置下来，在库现金会产生大量的机会成本，降低企业盈利能力，收益也会相对减少（见表5-1）。

表5-1　　　　　　营运资金持有战略与风险收益的关系

持有战略	风险	收益
宽松型营运资金持有战略	低	低
适中型营运资金持有战略	适中	适中
紧缩型营运资金持有战略	高	高

（二）适中型营运资金持有战略的风险与收益

企业在选择适中型营运资金持有战略时，流动资产与流动负债的匹配程度较高。企业将适量的营运资金用于维持正常运营，多余部分则用于投资其他项目来获益，此时企业既有中等大小的"保护伞"，又有中等强壮的"摇钱树"。因此，这种营运资金持有战略能使企业既能维持适度的财务风险，又能创造适中的投资收益（见表5-1）。

（三）紧缩型营运资金持有战略的风险与收益

企业在选择紧缩型营运资金持有战略时，流动资产低于流动负债，大量营运资金被挪至盈利能力更高的项目。市场变幻无常，一旦资金链断裂，采用此种持有战略的企业若无法及时挽救局面，可能陷入"亡羊补牢、为时已晚"的困境，给企业经营带来较高的财务风险。但高风险往往也意味着高收益（见表5-1），企业要根据自身经营目标抓准时机，实时监控营运资金的运转情况，及时调整规划，争取以较低的风险谋求更高的收益。

（四）不同营运资金持有战略中风险与收益的关系

如表5-1所示，选择不同的持有战略将来所面临的风险与收益存在差异，两者总是同向变化，往往收益越高，风险也就越高；反之，则相反。企业所处行业特质、运营水平、管理模式、管理层对风险和报酬的偏好等都会影响营运资金持有战略的选择。企业要根据自身风险承受能力和预期收益规模采用合适的营运资金持有战略，并且在选择时，要充分考虑自身公司规模带来的影响。通常情况下，大规模企业融资约束程度较低，所持有的营运资金具有较为显著的价值效应，适用于较为紧缩的持有战略，将大量资金用于资本性投资，从而增强企业的价值创造能力；小规模企业融资约束程度高，所持有的营运资金具有较为显著的风险效应，会偏向于持有相对较多的营运资金保证资金链的安全，降低营运风险。此外，同一企业处于不同发展时期，面临的挑战和风险水平不同，所适用的营运资金持有战略也可能存在差异。

1999年创立的内蒙古蒙牛乳业（集团）股份有限公司（以下简称蒙牛乳业），在其发展过程中，根据公司各时期具体经营情况和发展需要的差异选择了不同的营运资金持有战略（见表5-2）。

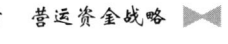

表 5-2　　　　2003~2007 年蒙牛乳业不同时期营运资金持有战略

时间	2003~2006 年	2007 年至今
大事件	2003 年，与摩根士丹利、鼎辉、英联三家投资机构签下"对赌协议"，承诺在 2003~2006 年，复合增长率不低于 50%； 2004 年，提前完成对赌目标； 2005 年，主营业务收入名列乳制品行业第二名，并建成中国最大牧场； 2006 年，品牌价值位居行业第一	以国际竞争作为发展目标，以收购等方式不断扩大市场版图； 2009 年，名列全球奶业前 20 强； 2010 年，收购君乐宝公司； 2013 年，收购雅士利； 2018 年，成为 FIFA 世界杯全球官方赞助商
营运资金持有战略	适中型营运资金持有战略	宽松型营运资金持有战略

资料来源：蒙牛乳业官网，https://www.mengniu.com.cn/。

蒙牛乳业从创立至今，营运资金持有战略都在随着发展目标做出调整。在 2003 年与摩根士丹利、鼎辉、英联三家投资机构签订"对赌协议"后，2003~2006 年采用了适中型营运资金持有战略，从 2007 年至今则采用了宽松型营运资金持有战略。这两种不同营运资金持有战略也为蒙牛乳业带来了不同的收益和风险。

从图 5-1 可知，蒙牛乳业在 2002~2006 年的流动资金与流动负债差额较小、匹配度较高，是典型的适中型营运资金持有战略。这是因为在"对赌协议"中规定的高增长率要求下，如果贸然采用比较激进的营运资金持有战略可能会在带来较高收益的同时，给企业资金链带来高风险，最终得不偿失。为了保证在不伤害资金链安全的前提下达到对赌目标，降低营运风险，避免破产，蒙牛乳业在此阶段采用的是适中型营运资金持有战略，使流动资产与流动负债保持在相互匹配的高度，保持风险与收益都处于一个适中状态。在此期间蒙牛乳业营业收入逐年增长，从 2003 年的 41.71 亿元[1]增长至 2004 年的 72.14 亿元[2]、2005 年的 108.25 亿元[3]，并且在 2004 年 6 月提前达到"对赌协议"约定条件，说明该阶段蒙牛乳业选择适中型营运资金战略的正确性。

---

[1] 蒙牛乳业 2003 年年度财务报告。
[2] 蒙牛乳业 2004 年年度财务报告。
[3] 蒙牛乳业 2005 年年度财务报告。

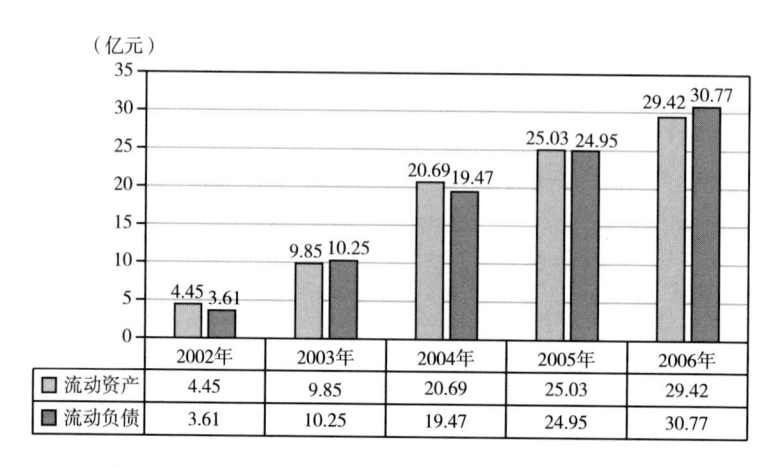

图 5-1 2002~2006 年蒙牛乳业流动资产与流动负债

资料来源：根据蒙牛乳业 2002~2006 年年报整理。

项目	2002年	2003年	2004年	2005年	2006年
流动资产	4.45	9.85	20.69	25.03	29.42
流动负债	3.61	10.25	19.47	24.95	30.77

之后的数年里，蒙牛乳业进行大规模扩张，收购多家企业来扩大其战略版图。大刀阔斧的扩张帮助蒙牛乳业获取高额收益的同时，也会带来高风险。近年来，乳制品行业发展飞速，伊利股份、光明乳业等竞争对手也在持续进步，乳制品生产行业竞争尤为激烈，大规模扩张可能会导致企业内部资金大量外流，营运资金安全度也会降低。为了保持竞争力，应对紧急情况，蒙牛乳业转变为采用宽松型营运资金持有战略，使公司内部流动资产均高于流动负债（见表 5-3），2015~2019 年，流动资产与流动负债比值均高于 115%，在 2015 年达 140.33%。流动资产与流动负债数额在整体上也呈增长趋势，在 2017 年同比增长率分别达 31.16% 和 47.46% 的高度，在此之后保持较为平稳的增长速度。流动资产占总资产比例也逐年大幅度增长，在 2019 年达 47.73%。另外，其总资产与总负债规模也逐年提高，在 2019 年总资产已达 785.38 亿元，总负债达 451.90 亿元。宽松型营运资金持有战略在促进资金周转的基础上，降低了营运风险，提高了营运资金的使用效率。截至 2019 年 12 月 31 日，蒙牛乳业估值情况如表 5-4 所示，说明在 2017 年后蒙牛乳业采用宽松型营运资金战略的正确性。

表 5-3　　　　　　　2015~2019 年蒙牛乳业资产与负债

项目	2015 年	2016 年	2017 年	2018 年	2019 年
流动资产（亿元）	224.20	198.37	260.18	297.41	374.86
同比增长率（%）	—	-11.52	31.16	14.31	26.04
流动负债（亿元）	159.76	153.03	225.66	251.09	317.34

续表

项目	2015年	2016年	2017年	2018年	2019年
同比增长率（%）	—	-4.21	47.46	11.27	26.38
流动资产与流动负债比值（%）	140.33	129.63	115.30	118.45	118.13
总资产（亿元）	506.52	491.24	581.39	664.57	785.38
流动资产占总资产比例（%）	44.26	40.38	44.75	44.75	47.73
总负债（亿元）	240.37	236.21	310.32	359.93	451.90
流动负债占总负债比例（%）	66.46	64.79	72.72	69.76	70.22

资料来源：根据蒙牛乳业2015~2019年年报整理。

表5-4　　　　　　　2019年蒙牛乳业市值及营业收入

项目	总市值（亿元）	流通市值（亿元）	股东权益（亿元）	营业收入（亿元）	营业收入同比增长（%）	净利润（亿元）
蒙牛乳业	1253	1253	325.20	790	14.57	41.10
行业平均估算	150	145	—	61.80	0.03	3.83
排名	3	3	2	3	14	3

资料来源：根据蒙牛乳业2019年年报整理。

不同时期企业所处的环境、所面临的机遇和挑战千差万别，此时营运资金持有战略的选择，将会从各层面影响到企业整体运行。由表5-4中数据可见，蒙牛乳业经过多年风吹雨打，截至2019年末总市值已达1253亿元，排名乳制品行业第三；股东权益与营业收入都稳居行业前列，营业收入的同比增长率也远高于行业平均增速，达14.57%，在同行业中排第14名。这些数据都说明了蒙牛乳业在不同阶段，针对不同发展需要，采取不同营运资金持有战略的正确性，使风险与收益保持平衡，促进了蒙牛乳业的良性发展。

第三节　营运资金融资战略

在世界经济格局多变、科学技术高速更新换代的时代大背景下，企业生存与发展面临着更多内外部的威胁。营运资金融资战略不仅要考虑眼下的资金需求，还与企业营运资金的长期流动性、经营的安全性息息相关。因此企业在合理安排融资资金来源和相应的结构比例时要进行科学分析。

一、营运资金融资战略的分类

（一）按照资产和负债比例分类

1. 配合型营运资金融资战略。配合型营运资金融资战略是指在企业营运的一定会计期间，使资产与负债相互配合，即用临时性流动负债融资满足临时性流动资产所需资金，运用长期负债、自发性负债和权益性资本来满足长期营运资金需要的一种策略。

这种营运资金融资战略看似简单，但在实际经济活动中的情况复杂得多，在企业生产经营的关键环节，一旦销售和经营状况不理想，未能如期取得预计的现金收入，便会面临到期无力偿还临时性负债的困境，更有甚者引发财务危机。因此，配合型融资战略是一种理想化的、对企业有着较高资金使用要求的营运资金融资策略。

2. 激进型营运资金融资战略。激进型营运资金融资战略是指在企业营运的一定会计期间，临时性流动负债不仅要满足临时性流动资产的需求，还要满足一部分永久性流动资产需要的策略，因此对于临时性流动负债的需求量很大。

在实际经济生活中，这种融资战略能够为企业带来较高的收益，因此在企业中使用频率较高，但带来高收益的同时也伴随着较高的风险。当企业流动性负债过多时，会加重企业偿债压力，可能会遇到利率上升导致融资成本变大的风险以及旧债到期难以偿还和借不到新债的风险。

格力电器作为中国空调行业的一个传奇品牌，在2011~2015年采用的就是激进型营运资金融资战略。由表5-5可知，格力电器的流动资产占总资产的比例在2011~2015年稳定在74%~84%，流动负债占总负债的比例均高于96%，这是一个很高的水平，说明这几年的非流动负债相比较于流动负债非常之少，而流动负债占总资产比例虽波动较大，但均高于69%，在2011年最高达到75.33%。由存货和应收账款等组成的永久性流动资产占流动负债的比例在此5年中虽然比例有所下滑，但均高于10%，说明格力电器的流动负债除了满足流动资产需要外，还满足了这部分永久性流动资产的资金需要。由此可见，格力电器流动性负债不仅满足了临时性流动资产资金需要，还在一定程度上满足了部分永久性流动资产资金需要，采用的是激进型营运资金融资战略。

表5-5　　　　2011~2015年格力电器流动资产和流动负债情况

项目	2011年	2012年	2013年	2014年	2015年
流动资产（亿元）	717.60	850.90	1037	1201	1209
总资产（亿元）	852.10	1076	1337	1562	1617
流动负债（亿元）	641.90	788.30	965.10	1084	1126
总负债（亿元）	668.30	799.90	983.50	1111	1131
流动资产占总资产比例（%）	84.22	79.08	77.56	76.89	74.77
流动负债占总资产比例（%）	75.33	73.26	72.18	69.40	69.64
流动负债占总负债比例（%）	96.05	98.55	98.13	97.57	99.56
存货及应收账款（亿元）	187.27	187.15	149.69	112.60	123.53
存货及应收账款占流动负债比例（%）	29.17	23.74	15.51	10.39	10.97

资料来源：根据格力电器2011~2015年年报整理。

3. 稳健型营运资金融资战略。稳健型营运资金融资战略是指使临时性流动负债只需满足部分流动资产资金需要，其他无法满足的资产部分由长期负债、自发性负债和权益性资本满足的一种策略。它对于临时性流动负债的需求相对较小。

在实际经济生活中，采用这种营运资金融资战略的公司营运的安全性较高，无法偿还到期债务的风险较低，公司面临短期利率变动损失的风险也较低。但要注意的是，低风险也就意味着低收益。

（二）按照资金来源分类

1. 自然性营运资金融资战略。自然性营运资金融资战略是指企业制定的通过商业信用融资和应计费用融资等方式占用利益相关者资金的相关策略。我国很多企业采用了占用利益相关者的资金即商业信用融资和应计费用融资的方式，这样面临相对较小的融资压力和较低的融资成本。一般来说，企业会优先考虑选择该融资战略，在仍然无法满足企业融资需求时会考虑引进其他融资方式。

2. 正式渠道营运资金融资战略。正式渠道融资战略是指企业制定的除了自然性融资方式外，通过其他渠道进行营运资金融资的相关策略，如银行信贷融资、股权融资、债券融资、项目融资等。这类融资渠道具有相对较严苛的融资条件和相对较高的融资成本，一般中小型企业比较少用。

本节主要介绍自然性营运资金融资战略。

二、自然性营运资金融资战略

企业在做大做强的路上并不总是一帆风顺，企业生产经营的每一个环节都需要大量资本支撑，尤其在企业初创期万事都需投入资金，紧随其后的产品研发、市场开拓、客户关系维护都离不开投入营运资金运转。营运资金的融资渠道很多，但并不是所有渠道都适合每个企业，一般而言，为节约融资成本，在进行营运资金融资时，大多数企业会优先选择自然性融资。

（一）商业信用融资战略

1. 商业信用融资战略概念。商业信用往往产生于企业在与上游供应商、下游客户交易时的延期付款或预收货款过程中。商业信用融资战略是指企业所制定的利用商品交易合理占用供应商或客户资金的一种长期策略，围绕如何提高企业信用水平、如何获得更多商业信用融资展开。由于外部融资条件较为严苛，目前我国很多非国有企业和中小型企业可采用的融资渠道并不多，合适的商业信用融资战略可以减少对本企业营运资金的占用，让企业承担较小的营运资金融资压力。因此，企业在制定营运资金融资战略时，可优先考虑采用商业信用融资方式。

2. 商业信用融资战略影响因素。

（1）信息透明度。供应链中企业为其上下游提供商业信用的同时，自身会承担一定的机会成本和财务风险，交易方通过财务数据判断融资企业的财务状况，进而决定"是否提供商业信用融资""采用何种付款方式及何时付款"等，并根据企业的经营状况和偿债能力调整提供的商业信用规模、条件，因此企业会计信息的质量与透明度就成为交易方重要的考察项目。由于信息不对称和道德风险的存在，企业信息的对外披露程度会受控于人为因素，而会计信息质量和透明度的高低则会影响企业商业信用融资能力。会计信息透明度越高且财务状况良好的企业能够获取更高的信任度，往往也就能获得相对较多的商业信用；信息透明度越低的企业，利益相关者可能对其还款能力存疑，想获得大额商业信用自然并非易事，影响营运资金融资战略的顺利制定和实施。

（2）内部控制质量。良好的内部控制不仅能够缓和两权分离造成的代理问题，缓解管理层利益侵占行为，还能促进企业内部各部门、各层级之间的沟通，增强决策正确性，从而向外界传递出企业内控严格、运营良好的积极信号，提高供应商等利益相关者对企业的商业信用评级。此外，内部控制的质量能够帮助交易方更了解企业的盈利能力和偿债能力，高质量内控的企业往往能够获得更多来自关联方的信任，更容易获得商业信用融资。因此，内部控制的质量会影响企业的商业信用融资能力，进而影响营运资金融资战略的制定。

（3）风险与收益。商业信用融资能让企业得到低成本甚至无成本的资金用于日常生产、规模扩张或者其他投资，在获得商业信用过程中，提供方会重视获取商业信用企业的经营风险与收益情况。如果市场竞争状态紧张，企业的竞争力和盈利能力受到威胁，那么可能无法支付上游企业的应付账款，难以取得下游企业的预收账款。若是企业对商业信用融资款操作不当导致亏损，可能面临无法偿付债务、拖欠账款的困境，进而导致信用降低，不利于维护利益相关者关系，影响未来的融资计划。而企业营运能力越强，财务状况越好，资产、资金的变现能力越强，收益性就越好，越有能力承担偿付账款和应对风险，这样的企业自然更容易获得利益相关者的信任，从而顺利实施商业信用融资战略。

（4）企业市场地位。市场地位通常是指某一公司的主要产品在所处市场的综合占有率，或是指该企业在主营产品行业中的排名高低。研究发现，企业因其市场地位不同而拥有不同的议价能力，议价能力的高低会影响商业信用融资规模。企业在利用商业信用来获取资金时，市场地位较高的企业往往在交易中占据优势，能以较低成本占用对方资金，也能在一定程度上反映其经营的稳定性，因此会有更多的供应商、客户相信其偿付能力，愿意为其提供商业信用。并且，市场地位较高的企业会更加注重企业形象，出于维护良好交易伙伴关系、维护企业声誉的目的，在营运过程中会主动抑制管理层乱投资、过度投资的行为，提高资金使用效率和企业获利能力，这样又助力了下一轮商业信用融资的顺利进行。因此，从长远来看，企业的市场地位也会影响企业长期的商业信用融资战略的制定。

3. 商业信用融资战略的内容。

（1）差异化管理商业信用融资额。商业信用包括无成本的商业信用（即折扣期内的商业信用）和有成本的商业信用（折扣期外的商业信用），在制定具体战略内容时注意差异化管理。在利用无成本的商业信用时要注意付款期限，比如一些商品制造业可将此类商业信用融资额单独记录管理，合理利用信息技术进行智能化管理。在使用有成本的商业信用融资时，要确保其融资成本及后续成本低于为企业带来的正向收益。企业可在不影响企业良好形象和信誉、合法合理的情况下，采取延期支付应付账款、临期前兑现应付票据，预收货款而延迟交付商品等方式，进行自发性融资，降低商业信用融资成本。在进行差异化管理时，企业要认真分析市场规律，根据各时期企业发展目标，提前做好每期商业信用融资计划和预算，科学预测各项投资的收益和风险，降低商业信用融资资金的滥用。差异化管理能够在很大程度上节约管理时间，减少商业信用融资战略的成本支出。

（2）维护和拓展渠道资本。企业要有长期合理的规划，建立一定的渠道资本，增强自身议价能力，一方面，要维护与已存在的供应商和客户之间长期稳定、良好的合作关系，以提高销量、稳定和保持客户关系；另一方面，要拓宽商业信用融资渠道，扩大供应商的选择范围，使利益相关者之间形成竞争意识，上游供应商数量足够多，能增强企业自身的议价能力和自主选择的权力，保证其经营的持续性。商业信用融资渠道得到拓宽，在制定商业信用融资战略时能为企业提供更大的选择空间。

企业常用的商业信用一般包括各类应付票据、应付账款及预收款项。如果企业的信用水平较高，上游会有较多供应商，企业处于有利的谈判地位，可以利用商业信用占用较多供应商资金用于日常运营周转。格力电器就是一家典型的拥有大量供应商，合理利用商业信用融资占用供应商资金的企业。表5-6为格力电器在2015~2019年前5名客户、供应商情况。

表5-6　　2015~2019年格力电器前5名客户、供应商情况

项目	2015年	2016年	2017年	2018年	2019年
前5名客户合计销售金额（亿元）	257.45	232.27	330.96	415.79	341.75
前5名客户合计销售金额占年度销售总额比例（%）	25.60	21.09	22.07	20.79	17.05

续表

项目	2015年	2016年	2017年	2018年	2019年
前5名供应商合计采购金额（亿元）	122.28	110.99	178.23	195.01	334.61
前5名供应商合计采购金额占年度采购总额比例（%）	22.91	20.34	22.58	18.65	25.07

资料来源：根据格力电器2015~2019年年报整理。

表5-6显示，格力电器在2015~2019年，除2019年外，前5名的客户总销售金额呈现基本增长趋势，占各年度销售总额比重均高于17%，前5名供应商合计采购金额每年也在大幅度增长，在2019年高达334.61亿元，合计采购金额占年度采购总额比例也在年年攀升，即使在2018年短暂跌至18.65%，放在整个行业来看也是处于较高的水平。这些数据说明格力电器与已建立合作关系的供应商和客户之间保持了比较稳定的长期关系。

表5-7显示，格力电器的商业信用额即应付票据及应付账款从2015~2019年均呈逐年增长状态，在此期间应付票据及应付账款总额最低为322.22亿元，预收款项5年间虽呈现先增后降，但长期看均高于76.20亿元，说明其中有一部分供应商资金长期被企业占用。商业信用总额从2015年的398.42亿元一路增长至2019年的751.68亿元，5年增长了近2倍，说明格力电器在维持原有稳定供应商关系的同时，也在积极扩大供应商数量，增加可获取商业信用融资的对象，拓展其渠道资本。由此可见，格力电器合理使用了商业信用融资战略，大量占用上游供应商资金，也说明格力电器对供应商来说信用水平很高，有很完善的付款安排能力，商业信用融资渠道很宽，在制定商业信用融资战略时能考虑更广范围的商业信用融资资金来源。

表5-7　　　　　　2015~2019年格力电器商业信用　　　　　　单位：亿元

项目	2015年	2016年	2017年	2018年	2019年
应付票据及应付账款	322.22	386.69	443.20	498.28	669.42
预收款项	76.20	100.22	141.63	97.92	82.26
商业信用合计	398.42	486.91	584.63	596.20	751.68

资料来源：根据格力电器2015~2019年年报整理。

（3）加强信息交流。商业信用融资的成本一般较低，因此要尽量减少提供者的顾虑，企业应该与上游供应商和下游客户之间建立起信任桥梁，在保证商业机密不外泄的情况下,加强与债权人之间的信息交流,加大信息透明度,提高信息质量。信息传递会产生成本,当信息交流越有效、交易透明度较高时,不需要双方投入大量成本去监督运营,能在很大程度上减少营运资金的不必要开支。

(二) 应计费用融资战略

1. 应计费用融资战略概念。企业常用的自然性融资除了商业信用外,还包括各种应计费用融资。应计费用融资战略是指企业制定的利用应付职工薪酬、应付利息、应付租金、应付股利等应计费用中能够长期占用的部分,将其作为一种融资来源,帮助维持企业运转的长期策略。一部分应计费用无须立即支付,在流出企业之前可用于其他增值项目,如应付利息和应付股利与企业销售水平的关系不明显,其中很大一部分资金十分稳定,在被支出之前能够用于维持企业的营运发展。各行业性质不同也会影响到应计费用融资的资金来源,在制定营运资金融资战略时,企业要结合实际谨慎对待,将这部分资金充分运用起来。

中国人寿保险股份有限公司(以下简称中国人寿)和中国平安保险(集团)股份有限公司(以下简称中国平安)是我国保险行业的龙头,由于其经营业务的特殊性,对于它们而言,可占用的应计费用包括应付保单红利和应付手续费及佣金。企业通过利用此类资金中无须即刻偿付的部分,作为应计费用融资来源,方便企业经营的资金周转。

表5-8显示,2015~2019年,中国人寿和中国平安两家保险公司的应付保单红利的金额都处于较高水平。中国人寿的应付保单红利在此期间有小幅波动,但整体趋势都是向上升,金额均高于839亿元,最高在2019年达1126亿元。中国平安的应付保单红利即使在最低的时候也高于330亿元,此后都呈现为稳定增长状态,可以说在此5年间,中国平安的应付保单红利被长期占用至少330亿元。另外,这期间,上述两家保险公司的应付手续费及佣金也处于长期稳定增长的形势,中国人寿从2015年的25.98亿元翻了近2.86倍,在2019年达74.18亿元;中国平安在这5年期间均高于66.73亿元。这些数据都说明了表5-8所列举的应计费用中有部分资金被企业长期占用,表明了这两家保险公司均制定了适合的应计费用融资战略,对于自身公司的资金周转、整体发展都起到很大的支持作用。

表5-8　　　　2015~2019年两家保险公司部分应计费用占用情况　　　　单位：亿元

公司名称	项目	2015年	2016年	2017年	2018年	2019年
中国人寿	应付保单红利	1078.00	877.30	839.10	850.70	1126.00
	应付手续费及佣金	25.98	37.13	56.59	52.68	74.18
中国平安	应付保单红利	330.30	392.20	456.20	525.90	590.80
	应付手续费及佣金	66.73	92.83	98.18	112.00	110.40

资料来源：根据中国人寿和中国平安2015~2019年年报整理。

2. 应计费用融资战略内容。

(1) 正确计算应计费用融资额。企业各项应计费用中，一部分需要按时结算（如应付职工薪酬，若拖欠会引发员工不满，影响工作积极性；应计税金，不及时清算支付会损害企业信誉）；另一部分应计费用相对可以长期占用，如应付利息和应付股利在企业长期留用的金额部分，在制定应计费用融资战略时，要重视这部分占用额的利用。计算方法有两种：

第一种，按最低占用日数计算。由于应计费用的发生、计算和支付之间存在时间差，根据谨慎性原则，按照最低占用日数法，计算期间为某项应计费用的计算日到支付日。计算公式为：

$$应计费用长期占用额 = \frac{全年应计费用总额}{360} \times 最低占用天数 \quad (5-1)$$

第二种，按平均占用日数计算。由于应计费用并不是每时每刻均匀发生的，而是随时间推移呈累积趋势。一般按平均占用日数计算方法适用于在一定时期内稳定发生，且有一定时间规律的费用，如利息费用、应计租赁费用等。计算公式为：

$$\begin{aligned}应计费用长期占用额 &= 平均每日应计费用 \times 平均占用日数 \\ &= \frac{全年应计费用总额}{360} \times \frac{支付间隔天数}{2}\end{aligned} \quad (5-2)$$

企业应根据资金性质及实际使用情况选择上述两种计算方法中更方便、准确的一种进行计算能够长期占用的应计费用额，重点关注这部分资金的筹集和使用。

(2) 及时偿付非经常占用的应计费用部分。由于交易合同条款、租赁协议、职工劳动合同等的约束，并不是所有的应计费用项目金额都可以长期占用。比如按月或按季度支付的建筑物租赁费用,在临期前企业得及时支付结算,否则将会影响企业信用,长期拖欠不利于商谈租金租期等。若企业随意拖欠员工工资或延长拆分工资,不但会引发职工不满,导致企业凝聚力下降,还可能面临支付额外经济补偿的法律风险。从长期来看,超期占用应及时支付的应计费用额不仅会损害企业声誉,加大经营风险,降低企业的盈利能力;还会增加应计费用融资成本,对应计费用融资战略的顺利实施造成困难,最终得不偿失。

(3)降低筹资、用资费用。对于应计费用中可长期占用的部分,在融资和使用过程中会产生很多成本和费用。企业在决定利用应计费用筹集资金前,要对比与其他可选融资方式的利弊大小,科学计量后续资金的流入流出量,并在遵纪守法的情况下降低应计费用融资的成本。在保证企业偿债能力和经营能力的前提下缩减应计费用融资战略的筹资、用资费用。从长远来看,这也是营运资金战略的重要内容。

三、正式渠道营运资金融资战略

企业单纯制定商业信用融资战略对企业用资来说远远不够,有时不能快速解决资金燃眉之急。因此,很多企业在自然性融资无法满足自身需求时,会求助于正式渠道筹集营运资金,但营运资金正式渠道融资的条件一般较为苛刻,成本也相对较高。这部分主要讲述银行信贷融资战略。

(一)银行信贷融资战略

1. 银行信贷融资战略概念。银行信贷融资战略是指企业以获取银行信贷额为目的以及提高后续管理水平开展的战略部署。银行信贷融资由于资金供应量较大、管理灵活、费用较低,成为企业最为常用的营运资金外部融资方式。但由于银行信贷的抵押、担保要求非常严格,风险也较大,企业在制定银行信贷融资战略时要充分考虑到这些因素。有条件的企业在自然性融资无法满足资金需求时要做好银行信贷融资战略。

2. 银行信贷融资战略内容。

(1)扩大企业规模。企业规模大小会在很大程度上影响企业获取银行信贷融资的难易程度,影响融资战略的制定。相比大企业和国有企业而言,我国民营、中小企业想要获取大额银行信贷款融资时会面对很多严苛考验，由于资金不足难以开展更多营利活动使后续融资更为困难。因此这类企业要利用品牌优势融入其他资源，通过稳定现金流、提高销售业绩来增加其公司价值，进而扩大企业规模，尽力去满足获得大额银行信贷款的条件。这是银行信贷融资战略得以有效实施的一种途径。因此，企业在制定营运资金融资战略时需要注意考虑这一因素，并努力扩大企业规模。

（2）提高履约能力。企业履约能力的高低是银行权衡是否对其贷出资金以及贷出资金额度的一个重要指标。市场竞争激烈，不少企业由于经营失败最终以破产出局，但申请破产能够避免还贷，这样就加大了企业在经营中的违约概率和粉饰报表的可能性，更加不易获取银行贷款。因此企业要在日常经营和投融资活动中提高其履约能力，按时还款，加大对银行财务信息和业务记录等的信息披露程度，以此降低银行的调查成本，以达到银行信贷融资标准，也能为制定更符合企业自身情况的银行信贷融资战略助力。

（3）增强抵押、担保能力。银行信贷融资对抵押、担保有较高的要求，中小型企业需要根据条件调整内部资本资产结构，累积资本并将其举债程度保持在适度范围之内。加速企业营运资金周转，促进增收，从而增强企业抵押、担保的能力，有助于更轻松地获得银行对还款能力的信任，这也是制定银行信贷融资战略的重要内容。

（二）其他正式渠道融资战略

我国企业除了通过制定银行信贷融资战略来获取营运资金融资额外，还可以制定与股权、债务、债券、项目等相关的融资战略。此外，还可以利用员工持股计划，从内部扩张营运资金的融资渠道。企业在做相关规划选择时要谨慎考虑各项融资战略的成本和带来的经营风险。

另外，对于融资来说，企业可对比不同融资方式的利弊，根据自身条件和需求选择营运资金融资战略组合。合理利用不同渠道融资的优势，尽量降低融资成本、分散风险，规划各种融资渠道之间的合理构成，形成多元化营运资金融资战略。专注于企业的偿付能力，注意在制定营运资金融资战略时要考虑如何在确保企业信誉的前提下尽量带来最大的效率和盈利。

第四节 营运资金经营战略

经营活动是企业赖以生存发展的重要部分，没有生产经营就没有资产价值的增值，营运资金的使用贯穿经营活动全程。企业要根据运行现状及行业规律进行详细分析，将资金管理与流程监控相结合，制定适合本企业发展目标的营运资金战略，以达到在保持生产经营各环节资金长期供求动态平衡的前提下，提高资金使用收益的目的。本节主要从现金战略、存货战略两方面来讲述企业在经营活动中的营运资金战略。

一、现金战略

现金战略是指企业立足于实情，从现金持有量、现金预算、现金安全、现金增值能力等方面入手制定的现金长期策略。现金是企业进行日常经营的"血液"，从长期来看，即使一个企业创造利润的能力很强，但留存于企业内部的现金不够，周转不畅，在关键时刻导致资金链断裂也会影响企业的营运能力，继而影响企业声誉，得不偿失。在"现金为王"的时代，制定适宜的现金战略，能够保障资金链的稳定，避免出现问题，维持企业正常营运。

（一）现金战略的目的

现金战略的主要目的是在保证公司正常经营运行的资金需求基础上，提高现金增值能力、控制营运风险、促进营运资金战略的实现。

（二）现金战略的内容

1. 确定最佳现金持有量。企业内部需要留存充足的现金以保证正常运营和应对突发状况，但现金的过分盈余或短缺都不利于企业的发展，现金持有量与公司运营需求的匹配度尤为重要。现金持有量的确定方法有成本分析模式、存货模式、随机模式三种。各企业的现金需求量因所处行业、自身规模不同而存在差异，根据实际情况选择适合的现金持有量计算方法是现金战略中的重要环节，这样可以帮助企业调整现金维持在一个既能保障企业正常运行，又足以应对突发状况的最低现金水平，实现现金的长期均衡变动。三种现金持有量模式区别如下：

第一，在成本分析模式下，确定最佳现金持有量时，只考虑因持有一定量的现金而产生的机会成本及短缺成本，而不予考虑管理费用和转换成本。相关计算公式为：机会成本＝短缺成本。

第二，在存货模式下，确定最佳现金持有量时，持有现金的机会成本与证券变现的交易成本相等。相关计算公式为：

$$最佳现金持有量(Q) = \sqrt{\frac{2TF}{K}} \quad (5-3)$$

$$最低现金管理相关总成本(TC) = \sqrt{2TFK} \quad (5-4)$$

其中：Q 为最佳现金持有量，T 为一个周期内现金需求总量，F 为每次固定成本，K 为机会成本，TC 为相关总成本。

第三，在随机模式下，确定最佳现金持有量时，需要预先定出上限与下限，即现金持有量的最高点与最低点。相关计算公式为：

$$Z = \sqrt[3]{\frac{3FQ^2}{4K}} + L, \ H = 3Z - 2L \quad (5-5)$$

其中：Z 为目标现金余额，H 为现金持有量上限，L 为现金持有量下限，F 为转换有价证券的固定成本，Q^2 为日现金净流量的标准差，K 为持有现金的日机会成本。

充足现金能雪中送炭，及时为企业纾困，但过剩现金会产生机会成本而导致现金的盈利能力下降，降低资金的利用效率。所以，企业在制定营运资金的现金战略时，既要保证现金充足又要避免现金冗余。

此外，由于外部环境是不断变动的，再加上信息不对称、两权分离等情况，在确定最佳现金持有量时，要考虑治理结构的影响，可以综合多种模型进行估测，避免单一模型的偶然性。企业应当加强各部门间交流沟通，促进信息共享，以提高现金估测的精确度，根据各部门特点确定各部门的现金持有比例，保证每一环节的资金既不"缺斤少两"，也不过分盈余，并根据情况变化及时进行调整，保证营运资金战略实施的有效性。

2. 现金精细化管理。现金精细化管理能为企业财务人员提供较为精准的数据，有益于发现营运缺陷，规避财务风险，方便高管做出更有效的决策。企业应当根据自身发展目标，遵循相关法律法规，将现金管理做到"细化、量化、流程化、智能化和动态化"，提高营运资金战略的实施效率。

"细化"注重对现金的分类。在日常营运中，可将现金的收、支分为两个部分，将核心与非核心资金进行精细化管理，严格控制现金的流动，落实现金的横向、纵向对比及责任的细分等。

"量化"注重金额的准确性。企业开展各项生产经营活动都会有现金的流入与流出，对于每个项目资金的投入与产出要具体量化，以便相关部门对营运资金进行后续跟踪与分析。

"流程化"注重现金流动的标准性。根据不同业务的类别来建立健全针对化的流程（如授权、审验、批准等环节），规范每笔现金的流向记录，方便财务人员进行同类别资金的整合、分析、反馈与优化。

"智能化"注重信息传递体系的建设。现代企业交易较为复杂，划拨资金频繁，引入智能化的财务管理软件，将软件平台与硬件流程相结合，智能化的运用能在很大程度上节约企业资源，减少对营运资金的不良占用。

"动态化"注重对现金战略的调整。随着企业发展壮大、市场动态、国家政策等变化，营运资金战略也要不断调整，现金战略的具体内容需要随之发生变动，企业财务人员及相关管理人员要注意总结经验，扬长避短，使之适应营运资金总战略。

除此之外，在现金战略的制定过程中，企业应当注意使财务人员做到不相容职务分离，规范现金涉及人员的职责与权限，便于企业管理人员进行检查和监督，及时发现现金流动问题对营运资金战略实施可能存在的不良影响，也能在一定程度上控制腐败舞弊现象的发生。现金的精细化管理能够保障资金的专款专用与后续跟踪，减少现金的浪费，为现金战略发挥最大效用打下基础。

3. 落实现金预算工作。有效的现金预算工作能在一定程度上帮助企业整合资源、规避风险，是营运资金战略中的重要内容。现金预算按照流动方向可分为现金收入预算和现金支出预算，按照时间长短可分为现金长期预算和现金短期预算。为了使营运资金战略有效实施，现金预算工作必须得到重视。事前，财会部门要与其他部门充分沟通，科学合理地制定年度预算与月度现金流预算，将年度与月度相结合，做好资金日常统筹安排、周转规划。事中，严格控制银行账户余额，对现金进行监督、记录、控制等，如按需申请资金、每日结零、平衡资金收支、减少营运资金波动。事后，对现金使用、周转、升值情况仔细分析，寻求有效降低成本、减少现金流失的方法，完善现金相关的内控制度和风险管理体系，并采取相关现金调控手段优化管理，始终将现金量维持在确保企业安全经营的最低水平，减少资金流失，把现金战略落到实处。

4. 提高现金的增值能力。一般而言，货币只有进入市场流通，才可能产生增值。大量现金在库会增加机会成本。由于市场上产品鱼龙混杂、质量良莠不齐，加大广告投入不仅能够吸引消费者目光，并且消费者普遍认为大量投放广告的产品质量品质相对更值得信赖。这对于企业宣传产品、建立品牌效应、扩大产品销售市场、树立产品形象来说发挥着举足轻重的作用。在不考虑其他因素情况下，广告宣传费通常与未来产生的经济收益呈同向变动，企业可以划拨部分资金加大产品的广告投入，以客户为导向，通过电视、社交媒体、建筑广告位等多种渠道来宣传产品，使营运资金在广告宣传这方面的利用得到实效，增强自身盈利能力。表5-9选取2016~2018年三个不同行业上市公司内蒙古伊利实业集团股份有限公司（以下简称伊利集团）、苏宁易购集团股份有限公司（以下简称苏宁易购）、比亚迪股份有限公司（以下简称比亚迪）的广告费用与当年销售额的情况。

表5-9　　　　2016~2018年上市公司广告宣传费与销售额的关系

公司名称	年份	广告宣传费（亿元）	广告宣传费增减率（%）	销售额（亿元）	销售增减率（%）	广告费占销售额比重（%）
伊利集团	2016	76.34	—	603.12	—	12.65
	2017	82.10	7.60	675.47	12.00	12.15
	2018	109.55	33.43	789.76	16.92	13.87
苏宁易购	2016	32.70	—	1485.85	—	2.20
	2017	46.60	42.51	1879.28	26.48	2.48
	2018	63.14	35.49	2449.57	30.35	2.58
比亚迪	2016	10.46	—	1034.70	—	1.01
	2017	11.75	12.33	1059.15	2.36	1.11
	2018	12.20	3.83	1300.55	22.79	0.94

资料来源：根据伊利集团、苏宁易购、比亚迪2016~2018年年报整理。

表 5-9 可以看出，上述三家上市公司都比较重视广告投入，通过品牌宣传扩大了在消费者中的知名度，广告宣传费的投入都在逐年加大。2016~2018年，伊利集团的广告投入都在 76 亿元以上，3 年增长 43.58%，占同期销售额比重均高于 12%；销售额也实现同步增长，从 2016 年的 603.12 亿元增长至 2018 年的 789.76 亿元，涨幅近 31%。苏宁易购在此 3 年间，广告支出每年都大幅增长，其中 2017 年同比增长最高，达到了 42.51%，有付出就有收获，其在 2018 年达 2449.57 亿元的销售业绩，比上期增长 30.35%。比亚迪的广告费投入也在小幅增长，2018 年在广告费同比增长仅 3.83% 的情况下，销售额却实现 22.79% 的较大幅度增长，表明前期的广告宣传已起到长期作用，提高了现金的增值能力，其营运能力实现大幅度增长。上述各公司广告宣传费和销售额的变化情况说明了加大广告宣传可以帮助企业在消费者中打响知名度，增强企业的盈利能力，增加未来经济利益的长期流入。这对于现金战略来说必不可少。

5. 优化现金安全。在竞争激烈的大数据时代，保证现金安全成为营运资金战略的一个重要内容，企业可"因企制宜"采用多种手段和方法优化现金安全，规避资金风险。

积极开展"业财融合"。促进业务流程与财务管控相互渗透，鼓励财务人员积极参与业务全程，形成管理合力，为领导者的决策提供有用的信息支持，完善营运资金战略的部署。

利用新兴技术建立并完善自上而下的现金管理体系。利用新兴技术加强对现金使用的监督，扩大现金管控范围，坚持开展围绕现金的定期检查、突击检查和自查工作，规范现金管理行为。同时完善现金相关的内控制度和风险管理体系，明确现金管理的授权与审批制度，不得越权，保证营运资金战略的顺利实施。

定期进行绩效考核。企业应注意设置不相容职务分离，规范职责与权限，便于内部监管层进行检查和监督，对资金管理人员引入定期考评、绩效激励等机制来规范员工行为，提高及时发现现金流问题的能力，以便及时调整现金战略适应企业发展。

二、存货战略

存货战略是指企业从材料采购、产品研发、销售及在库管理等方面入手制定的存货长期策略。对于任何企业而言,存货都是非常重要的流动资产,在公司营运资金中占很大的比重,但同时存货的流动性较差,周转快慢影响着企业流动资金的占用量,进而影响到企业营运资金占用水平和资产运作效率。因此,存货战略的各项具体策略都会在一定程度上影响营运资金总体战略的制定。通过制定正确的存货战略,能够帮助企业提高存货周转速度,避免存货不足或积压造成的问题,提高经济效益,最终提高企业营运资金战略的使用效率。

(一) 存货战略的目的

存货战略的主要目的是保障正常生产、销售前提下,加速存货周转,降低存货成本占用营运资金的比例,提高营运资金战略的正确性。

(二) 存货战略的内容

1. 做好存货采购计划。采购部门和采购人员要与市场部、财务部等充分沟通,根据以往采购数据、材料实际用量、计划与实际匹配度、目前消费者偏好变动情况等,选择适用的科学计量方法准确预估所需材料的品类、数量及价格区间。在每次编制存货预算进行大型采购之前要认真清查库存,了解各项材料存货余量。在验收入库时,仔细筛查,避免出现供应商数量克扣、以次充好等情况。实行存货采购标准化管理,在保证库存的同时尽量降低采购成本和储存成本,减少存货占用营运资金比例,实现从采购源头控制存货战略质量的目标。另外,材料存货的质量关乎到后续产品质量。采购时,要重视材料质量,对供应商可采取定期评估、优胜劣汰的办法,认真筛选合格且值得信赖的供应商,商谈对企业有利的采购价格,并在签约后对采购合同履行情况进行有效跟踪。沃尔玛的全球采购模式始终坚持"从供应商那里为顾客争取利益"原则,既能以较为低廉的价格完成采购,还可以与质量达标的供应商建立紧密关系,稳定材料质量,以较低交易价签订长期合同。把控好材料存货的质量是后续存货战略得到有效实施的前提之一。

2. 加大存货研发支出。随着生活水平的提高和生活节奏的加快,消费者对产品的要求越来越多样化和精细化,传统标准化产品已难以满足客户个性化需求。这时市场调研对企业产品定位来说异常重要,是企业抢夺市场份额的重要手段,也是营运资金战略的重要内容。契合顾客偏好才能稳中求胜,通过大量市场调研，了解消费者需求的变化规律以及对其产品或服务质量的期望和建议，发掘新想法新创意，再针对性地加大研发投入，从而改善产品质量，找准产品定位，才能在高度同质的市场厮杀中脱颖而出，创造更高销售业绩，这也是存货战略中的重要部分。

从表5-10可知，2016~2018年，宝钢钢铁股份有限公司（以下简称宝钢股份）、TCL科技集团股份有限公司（以下简称TCL集团）、美的集团股份有限公司（以下简称美的集团）3家公司投入的研发费用逐年增加，营业收入也随之呈增长趋势。3年间，年研发投入均高于36亿元，其中美的集团在2018年的研发费用高达98.11亿元，在2017年营业收入环比增长率达51.35%。3家公司的研发费用环比增长率都在10%以上，其中宝钢股份研发投入在2017年达46.10%的环比增长率，营业收入在2018年达3055.06亿元；TCL集团的研发费用占营业收入比重是3家公司中最大的，2016~2018年均高于4%，营业收入也年年增长。

表5-10　　　　2016~2018年上市公司研发费用与营业收入

公司名称	年份	研发费用（亿元）	研发费用环比增长率（%）	营业收入（亿元）	营业收入环比增长率（%）	研发费用占营业收入比重（%）
宝钢股份	2016	36.62	—	2464.21	—	1.49
	2017	53.50	46.10	2894.98	17.48	1.85
	2018	70.31	31.42	3055.06	5.53	2.30
TCL集团	2016	42.66	—	1066.18	—	4.00
	2017	47.21	10.67	1117.27	4.79	4.22
	2018	56.71	20.12	1134.47	1.54	5.00
美的集团	2016	60.46	—	1598.41	—	3.78
	2017	85.00	40.59	2419.19	51.35	3.51
	2018	98.11	15.42	2618.20	8.23	3.75

资料来源：根据宝钢股份、TCL集团、美的集团2016~2018年年报整理。

上述公司营业收入与研发支出所呈现出的正相关关系，说明大量投入的研发支出产生成效，使得企业盈利能力有所增加，促进了业绩增长，营运能力得到增强，也揭示了产品研发是存货战略制定中不可或缺的一部分，是营运资金战略的重要内容。

3. 善用规模经济和范围经济。规模经济是指企业在生产方式、技术水平不变的情况下，扩大生产规模，增加处于同一环节的材料投入，最终使得产品平均成本得到降低。范围经济是指将材料或生产技艺相似的多种产品同时生产，所花费的总费用低于分别生产情况下的总费用。在制定存货战略时，企业应当根据每期生产实情合理采用这两种方法来达到节约存货成本的目的。

企业生产部门应当确定处于同一生产阶段的存货类型，识别和运用相同产品或关联产品的相似性，进行规模生产，从而实现产品规格的统一和标准化，抵销一部分的成本风险。同时，企业在经营状况稳定的情况下，可以通过扩大经营范围、增加产品种类的方式，合理采用范围经济来降低单位产品成本和关联成本，从而达到压缩成本的目的。在利用规模经济和范围经济时要注意避免产生关联风险，完善营运资金战略部署。

与此同时，要加强内部库存协调，通过存货资源信息共享来有效降低储存成本对营运资金的占用。生产部门和存货管理人员要实时监控存货状态，掌握原材料、在产品、半成品和产成品的数量及质量等情况，加快各生产环节中存货的流转速度，缩短生产周期以节省成本。充分运用科学技术对生产过程中的存货进行全程监控，使材料单与产成品入库单一一对应，在生产环节实现精益管理，加快存货信息（如市价、销量等）流通，以方便企业结合规模经济和范围经济具体实施情况进行调整，保障存货周转信息为营运资金总战略制定所提供的贡献。

4. 选取存货管理模式。存货管理模式的选择是企业营运资金战略制定中重要的一个步骤。它影响到企业内部存货长期以来对整个营运资金的占用比重，因此也就影响到存货战略的制定。在选择存货管理模式时，企业要注意结合自身与市场需求状况谨慎考虑。比较常用的两种存货管理模式如下：

第一，ABC 管理法。把存货按照价值和类别分为 A、B、C 三类，重要程度依次递减，实行差别管理制度。由于企业资源有限，ABC 存货管理费能够帮助企业分清侧重点，减少管理费用，使存货战略的制定更有针对性。但这种存货管理方法的盘点清查比较困难、准确性也存在主观性，存量的控制相对也比较困难。

第二，零库存管理模式。需要生产管理者高度精确地掌握市场需求变动，并与供应商、零售商之间建立高度契合的联系，使得存货管理更加透明化。

海尔智家股份有限公司（以下简称海尔）采用的"零库存下的即需即供"就是这种战略模式，让存货管理与销售状况相结合，根据客户订单快速生产，用时间消灭空间，降低存货对营运资金的占用，缩减整个存货战略的成本支出。

企业要结合其行业发展动态、政治经济环境、供应链物流水平以及品牌效应等选择适合的存货管理模式，以降低营运资金占用水平，扩大收益。需要注意的是，无论企业选择哪种模式，都应该在提高存货周转率的同时，保证库房内存货的长期动态留存，保障最低存货量能够应对长期需要，降低每年的季节性影响，促进存货战略的有效实施。

5. 按需开展产业链。全产业链是指企业存货从采购、运输、生产与加工、品牌建立、产品销售等多个环节构成的完整的系统。企业合理利用产业链不仅能够高效率整合资源，降低相关交易成本；还能发挥协同效应，帮助企业实现新的利润增长点，实现上下游企业的共赢。产业链已成为大势所趋，它给存货管理带来的好处日益突显，对于部分企业而言，产业链已经成为制定存货战略的重要内容。

国内上市公司充分应用产业链打造纵向一体化，减少产品库存，获得超额收益的例子并不少见。青岛金王应用化学股份有限公司（以下简称青岛金王）从2013年开始全产业链运作，随着产业链发展的不断推进，市场份额和盈利能力得到很大提升。

如图5-2所示，青岛金王自2013年起，通过收购方式向上下游飞速扩张、整合资源，打造了一条包括研发、生产、宣传、营销全阶段的产业链，在很大程度上降低了经营成本和交易费用，并且扩大了企业规模，多渠道整合有助于分散风险，减少营运资金的占用，在2013年产业链实施之后的4年里，其营业收入等财务指标逐年向好发展。

从表5-11可以看出，青岛金王在施行全产业链前后的相关财务指标发生了较大变化。虽然总资产周转率对比之前有所下降，但它的存货周转天数从转变前2012年的85.84天逐年下降至2015年的63.14天；营业收入从2012年的14.25亿元实现微小增长，升至2015年的14.77亿元；净利率在2015年达7.66%，比2012年增长了近1.09倍。2013年和2014年由于油品贸易和香薰蜡烛等传统业务的盈利能力较低，净资产收益率有所下降，但后续整体呈上升趋势，2015年很快扭转局势，增幅较大。这些数据变化都说明

第五章 营运资金战略

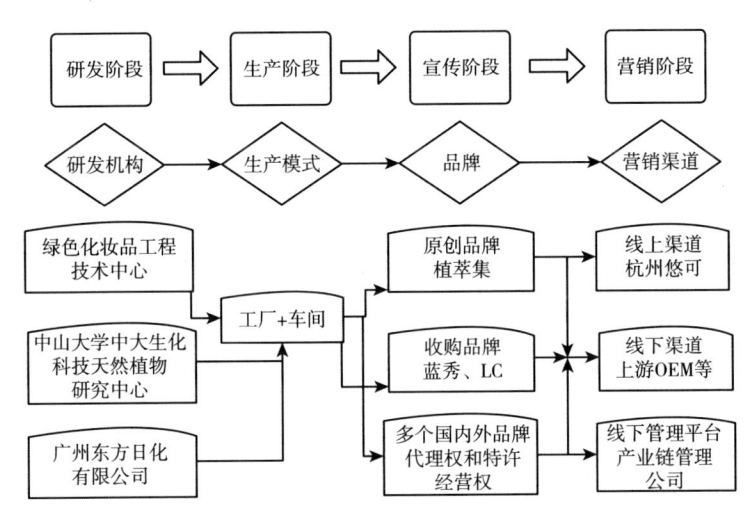

图 5-2 青岛金王产业链布局结构

资料来源：根据青岛金王2015年年报整理。

了全产业链模式的有效性，能够在很大程度上降低存货对营运资金的占用。总的来说，青岛金王通过布局产业链实现存货的快速周转，不断提高盈利能力，减少存货对营运资金的占用。

表 5-11　　　　　2012~2015 年青岛金王重要财务指标

项目	2012 年	2013 年（开始全产业链运作）	2014 年	2015 年
营业收入（亿元）	14.25	14.54	12.24	14.77
净利率（%）	3.67	3.74	4.02	7.66
存货周转天数（天）	85.84	78.94	72.35	63.14
总资产周转率（次）	1.34	1.31	1.05	0.94
净资产收益率（%）	9.96	9.41	7.96	13.01

资料来源：根据青岛金王 2012~2015 年年报整理。

企业使用全产业链进行存货的采购、生产、营销，极大促进了存货在各阶段的周转。这种模式能够极大地降低交易成本，提高获利能力，企业在制定存货战略时可根据自身战略版图合理采纳。

6. 多渠道销售存货。居民收入增加、生活水平提高意味着对生活质量的更高要求，企业利用互联网升级转型，拓展业务市场已是大势所趋。零售、物流方式也应该与时俱进，引入云计算、大数据等，将各种零售渠道相结合，从消费者角度进行思考，让消费者"便利"最大化。企业可以通过线上线下等多种方式与消费者签订个性化订单进行生产、销售外包、就近派货等。格力电器在2013年开始采取O2O零售模式，强化其营销能力。以线下销售为主，线上交易为辅，共有网店4万多家，其2018年年报显示实现营业收入1981亿元。[①] 苏宁易购和阿里巴巴旗下的新零售平台盒马鲜生更是将O2O与LBS相结合，开创新零售模式，都获得了很大的成功，苏宁易购2018年实现营业收入2449.57亿元，[②] 阿里巴巴2018年投资者大会上披露的数据显示：截至大会当日，店龄1.5年以上的盒马鲜生线下实体店铺单店坪效超过5万元，销售额单店日均在80万元以上。此外，线上销售额超过销售总额的60%，均远超传统超市，其成熟门店的线上订单量占比达60%。[③] 这些成就都体现了零售模式多样性的好处，企业要想避免商品贬值，在营销阶段要及时学习新技术、新政策，利用新资源促进产业一体化，设立专门的信息部门，针对不同客户群体制定个性化营销方案，培养O2O人才，降低存货对营运资金的过多占用。存货的营销情况好坏与营运资金的占用水平之间存在密切联系，为了保障企业可持续性发展，重视存货营销应当作为存货战略的一个重要组成部分。

[①] 格力电器2018年年报。
[②] 苏宁易购2018年年报。
[③] 阿里巴巴官网，https://www.alibabagroup.com/cn/global/home。

第六章

股利战略

　　股利是企业根据股东所持股份的多少分配给股东的利润，股利分配是企业按照《中华人民共和国公司法》（以下简称《公司法》）的有关规定向股东派发股利的活动。股利战略是企业管理者为了实现企业价值最大化、股东财富最大化的目标，而对企业股利分配进行的全局性、长期性的指导与谋划。其主要包括：在对企业管理的内部和外部因素做全面分析的基础上，通过科学、合理的决策，来决定企业采取何种有利于长期发展的股利战略、股利采取何种方式支付、股利支付率确定为何种水平等问题。股利战略作为企业财务战略的三大组成部分之一，随着经营理念的不断更新和资本市场的不断完善，它最终将成为实现企业总体战略的重要目标，充分协调股东利益与企业发展关系的重要手段。

　　与西方发达国家相比，我国对企业财务理论的研究和实践探索还处于较低的水平。因此，从我国国情出发，借鉴西方先进的理论和研究方法，对于我国企业财务战略管理中的主要问题进行深入研究十分必要。本章以公司股利战略为研究对象，旨在研究中国和西方理论与实践基础上的股利分配，试图总结出对我国上市公司分红有指导意义的战略思想，并借鉴企业战略决策过程，形成一套实用的股利战略模式，探索股利战略应该如何在我国上市公司中具体应用。

第一节　股利战略概述

一、股利决策与企业战略

　　企业的股利决策是企业战略的核心，它可以加快企业发展步伐，保持企业的竞争优势。

（一）股利决策有效保障企业战略资金

当企业不派发红利时，企业内部资金来源＝净利润＋折旧，当企业派发红利时，企业内部资金来源＝净利润－股利＋折旧＋摊销＝留存收益＋折旧＋摊销，股利发放的数额决定企业内部资金来源的多少。内部资金是企业总资本的一个重要组成部分，总资本是企业战略实施的必要前提，是企业战略成功的决定性因素。2018 年我国企业成长资金来源的相对重要程度数据如表 6-1 所示。企业股利发放水平直接影响企业资金整体水平，关系到企业战略资金能否得到保障。高市场份额的公司留存收益在全部资金占比达 40%，低市场份额公司占比只有 22%。从年销售增长率及投资报酬率也可以看出，高市场份额的公司皆高于低市场份额的公司。由此可见，留存收益占比高，导致年销售增长率（18.20%）及投资报酬率（15.50%）高，股利发放少了，高市场份额公司采取低正常股利战略，使其内部留存收益保持在较高水平。这些内部留存收益为龙头企业的战略资金提供了坚实的保障，促进了企业战略顺利实施。市场份额较低的公司留存收益比例低，留存收益也较少。虽然它支付了更多的股利，但是采取了持续增加的股利战略，这可能会给公司带来一定的财务压力。

表 6-1　　2018 年我国企业成长资金来源的相对重要程度　　单位：%

项目	高市场份额公司	低市场份额公司
留存收益	40	22
储备金	16	12
权益	4	2
负债	40	64
总计	100	100
年销售增长率	18.20	12.30
投资报酬率	15.50	9.80

资料来源：国家统计局 2018 年数据，https：//data.stats.gov.cn/easyquery.htm？cn＝C01。

因此，资金是企业战略实施的必要条件，融资是企业战略成功的重要因素。股利决策涉及企业战略是否能得到充足资金支持的重要问题，股利决策的好坏将对企业战略的顺利实施产生直接而重要的影响。

(二) 股利决策影响企业外部战略环境

外部战略环境是制定战略时对面临的外部环境进行分析，从而寻求机会，明确风险，找出优势和劣势，这是制定战略的基础和前提。主要包括：政治和法律方面，如一个国家社会制度，执政党性质，政府原则和政策；经济方面，如宏观经济、微观经济等；社会文化方面，如一个国家或地区居民的教育文化水平、宗教信仰、风俗习惯、审美观、价值观等。企业管理者和外部投资者之间存在信息不对称，股利是经理人给外部投资者传递内部信息的一种方式，如果经理人希望公司有很好的发展前景，未来业绩有明显提高，就会通过增加股利的方式来将这些信息传递给股东和潜在的投资者。相反，如果该公司的发展前景不是很好，预期未来收益将持续不够理想，管理者倾向于维持甚至降低现有的股利水平，这等于向股东和潜在投资者发出了一个利空的信号。股利决策会改变或影响企业的投融资环境，影响企业形象，改变企业整体战略的环境，最终对战略的实施产生影响。因此，为了给企业战略提供一个良好协调的外部环境，必须谨慎进行股利决策。

股利决策与企业战略有着密切的关系。为了保证企业的健康发展和企业战略的成功，股利决策不应该独立于企业战略之外，而应该成为企业整体战略决策的一个有机组成部分。

二、股利战略的含义

(一) 股利战略的概念

股利战略是指根据企业战略的要求和企业内外部环境的影响因素，对股利分配进行全局性和长期性的谋划。生产决定分配，分配又反作用于生产，上市公司能否分配、分配多少股利直接影响公司未来的筹资能力和经营业绩，拥有一定数量的内部留存收益是公司能得以长期发展的重要资金来源，而股利为股东提供了当期收益，股东对未来股利的不同偏好，直接影响公司股票价格，从而间接影响公司发展。因此，在股利战略的实施中，上市公司经常权衡制定的股利战略是否能够保证公司效益的同步增长与股本扩张，是否会对股票价格在短期内造成影响，以及税收政策是否会对股利分配产生影响等。

同时，确定上市公司股东的收益分配方案将对投资者的投资决策起到重要作用。股利战略被誉为"骨力之谜"，是企业融资与公司财务的十大难题之一，股利分配问题一直是中国资本市场关注的焦点，股利分配战略是上市公司财务管理的核心内容，是否分配和如何分配又透过中国资本市场反映出了一系列与之相关的制度因素。

（二）股利战略的特点

股利战略不同于一般股利决策，具有以下特点：

1. 长远性。股利战略涉及股利分配，着眼于企业的长远发展，而不是过于关注企业的短期情况，具有长期性。为了使股东权益的长期稳定性最大化，股利分配有时会牺牲暂时的利益，而不考虑偶尔或暂时的股价下跌。因为从长远来看，只要企业发展，股价虽然在短期内可能下跌，但最终会上涨。众所周知，格力电器连续9年上榜美国《财富》杂志"中国上市公司100强"，其股价走势如图6-1所示。格力电器的股价在2018年呈现出持续下降的趋势，从该企业的公告可以看到，格力电器在2017年未进行分红，而是将资金用作产能扩充及多元化发展，为谋求公司长远发展及股东长期利益，公司须做好相应的资金储备。从2019年开始，格力电器的股价缓慢回升，这也说明此次的多元化战略取得了阶段性的成功。

图6-1 2017~2020年格力电器股价走势

资料来源：根据格力电器2017~2020年年报整理。

如果公司股价只是短期飙升，不顾未来涨跌，那么暂时的上涨最终会被企业管理不善、规模萎缩、效率低下改变。在此基础上，企业的每一个股利分配计划和每一个股利战略决策，都不需要以股价最高和股东利益最大化为目标，只要企业的财务目标能够在长期内实现即可。

2. 整体性。股利战略不仅从股价或收益的角度决定股利分配政策，还要从企业的整体情况出发，集成化地制定股利分配计划，是一种具有全局观的谋划。有时为了让企业有足够的资金进行高回报率的投资，企业决策者往往牺牲股东的股票收益，不支付或少支付股东红利，以确保企业投资的资金需求。此外，为了创造一个良好的股利战略环境，给企业所有利益相关者一个完美的印象，企业倾向于超额支付股利甚至放弃一些优秀的投资机会，这也是股利战略从整体利益出发的角度考虑。

三、股利战略的方案

股利战略是财务战略的重要组成部分，而财务战略又服从于企业战略的需要，所以公司最终能够选择的股利战略必然是适应自身类型的整体经营战略。一般来说，股利战略有如下四种类型：

（一）剩余股利战略

剩余股利战略是指在支付股利时优先考虑投资需要，投资后有盈余时支付股利，没有盈余时不支付股利的一种长期策略。剩余股利战略的核心思想是优先考虑公司的投资和发展的需要，这也符合股利战略的长期性和整体性。公司能够得以长远发展是至关重要的。

如果企业采用剩余股利战略，则股利战略的分配应遵循以下四个步骤：第一步，决定最好的投资预算。最优投资预算由内部收益率曲线与加权平均资本成本曲线的交点决定。第二步，以最佳的基金结构为目标，然后找出股利战略下投资项目的权益资金需求额。第三步，尽量使用留存收益来满足股利战略投资预算中要求的权益资本，从而降低权益资本的成本。第四步，企业在满足投资计划所需的权益资金后，如有盈余，企业才将这些盈余收益作为股利支付给股东。如果没有盈余，就不会支付股利。综上所述，剩余股利战略是基于这样一种理念，即只有当现有收益大于公司投资所需的资本时，公司才会以股利的形式分配剩余收益。否则，企业将不会进行股利分配。

剩余股利战略使保留盈余优先保证再投资的需要，有助于降低再投资的资本成本，实现公司长期性和最大化的价值。但是完全遵照执行剩余股利战略，会使得每年的股利支付随着投资机会和利润水平的波动而波动。这种战略忽略了股利战略的其他因素，如法律、股东意愿等，缺乏一定的稳定性，难以向投资者传达适当的信息。

(二) 稳定或持续增加的股利战略

稳定的股利战略是指公司的股利分配在很长一段时间内保持不变，而持续增加的股利战略是指公司的股利分配每年以固定的增长率持续增加的一种长期策略。如果公司采取的股利战略是稳定增长或持续增长，股利增长率应低于利润增长率，以确保股利增长在长期内是可持续的。

采取稳定或持续增加的股息利战略的优点表现在三个方面：第一，如果公司支付的股利是稳定的，那么传递给投资者的信息表明公司的经营业绩相对稳定，经营风险较小，投资者对股票回报率的要求较低，这有利于股价的上涨。第二，稳定的股利战略有利于投资者有规律的定期安排股利收支。因此，这种股利战略尤其受到希望每期都有固定收益的投资者欢迎，既能满足这些投资者的生活对资金的需求量，又能留住投资者。第三，如果公司能够确定一个稳定的股利增长率，实际上就是将公司经营业绩稳定增长的信息传达给投资者，这将降低投资者对公司风险的担忧，从而使股价上涨。

但是，稳定或持续增加的股利战略会使公司的股利支付与公司盈利分离，可能会给公司带来很大的财务压力。特别是当公司净利润下降或现金紧张时，为保证股利的照常支付，公司很容易出现资金短缺，财务状况恶化的情况。因此，这种股利战略一般适用于企业处于稳定经营或成长期，而不适合初创或衰退期。

(三) 固定股利支付率战略

固定股利支付率战略是指公司将每年净利润按固定股利支付率发放现金股利给股东的一种长期策略。这与剩余股利战略正好相反，优先考虑的是股利，然后考虑保留盈余。在这种战略下，公司各年的股利随经营状况的好坏而上下波动，盈利高的年份股利高，盈利低的年份股利低。实施固定股利支付率战略，使股利与公司收益紧密匹配，以体现多盈多分、少盈少分、不盈不分的原则，真正公平对待每一位股东。图6-2显示了贵州茅台酒股份有限公司（以下简称贵州茅台）2015~2019年的每股收益（EPS）与每股股利的走势，每一年都稳定增长。股利发放率都稳定在50%左右，采取了固定股利支付率战略，股利随公司经营业绩"水涨船高"，盈利状况好，则每股股利就高；盈利状况不好，则每股股利就低，不会给公司造成较大的财务负担。

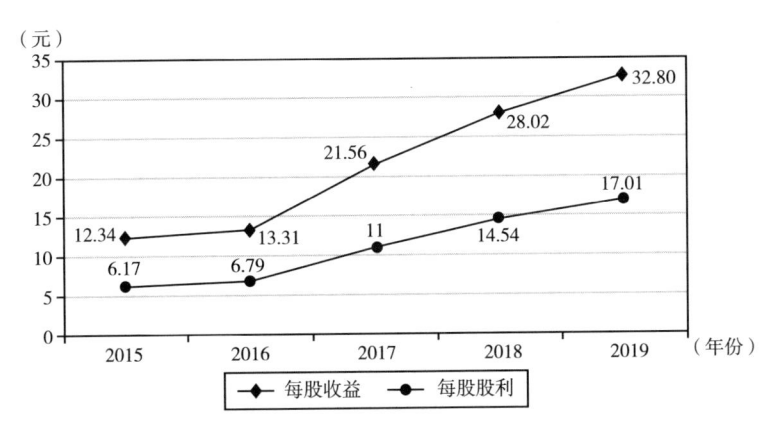

图6－2　2015～2019年贵州茅台股利战略特征

资料来源：根据贵州茅台2015～2019年年报整理。

固定股利支付率战略也存在一定的局限性。首先，企业股利可能变动较大，向投资者传递了经营不稳定的信息，使股票价格容易波动较大，影响投资者对企业的信心，不利于树立良好的企业形象，也不利于实现企业价值最大化的目标。其次，企业每年从净利润中按固定比例分红，缺乏财务灵活性。最后，企业很难确定一个合理的固定股利支付率，股利支付率过低，不能满足投资者的需求；股利支付率过高，或给企业自身带来一定的压力。由于企业每年面临的投资机会、筹资渠道和盈余金额都不同，所以在实际中采用固定股利支付率战略的企业较少，这种战略适用于财务状况较为稳定的公司。

（四）低正常股利加额外股利战略

低正常股利加额外股利战略是指公司事先设定一个较低的经常性股利额，一般情况下，公司都按此金额发放股利，只有当累积的盈余和资金相对较多时，才支付正常以外的股利给股东的一种长期策略。这种战略吸收了稳定或持续增长股利战略及固定股利支付率战略的优点，摒弃了不足，使公司在股利发放上有较大弹性，可充分考虑其他投资理财活动的资金需求。此外，这也可使股东既有一个最低收益保障，又有可能分享公司盈利的成果。

低正常股利加额外股利战略具有更大的灵活性，是企业收益和现金流不稳定时的最佳选择。由于企业股利支付水平较低，即使企业收入很少或需要将较多收益用于留存时，企业仍然可以维持既定的股利支付水平。如果一家公司有多余的现金，它可以通过支付额外的股利将现金转移给股东。这种股利战略让依赖股利生活的投资者至少每年能够获得数额较低但稳定的股利，同时还能得到一笔额外的股利。

然而，低正常股利加额外股利的股利战略仍然缺乏稳定性。如果公司长期支付额外的股利，股东会误认为这是正常的股利。一旦取消，很容易向投资者发出公司财务状况恶化的信号，从而导致股价下跌。

在实践中，有很多因素可以影响股利战略，比如税法对红利和资本利得的不同处理方法、未来可供企业利用的投资机会、各种不同的资金来源及其成本以及股东对当期收益与未来收益的相对偏好等。这些因素还将随着时间或企业的不同而有所变化，所以事实上不存在一成不变的最佳股利战略。中国的上市公司要想使其理财行为更能有利于公司财务目标的实现，必须选择恰当的战略实施，这种战略可以是单一的，也可根据财务环境的变化而调整或组合。

四、股利战略的内容

（一）股利支付率

股利支付率一般用来评估公司净利润中有多少用于向股东支付股利。股利支付率反映了公司所采用的股利战略是支付较高的股利还是支付较低的股利。

股利支付率，也叫股息发放率，是指净利润中股利所占的百分比。它反映了公司的股利分配政策和股利支付能力，通常处于初创期的公司和规模较小的公司的股利分配比例较低。分配比例高，说明公司不需要更多的资金进行再投资，公用事业股的分配比例高。股利支付率的计算公式为：

$$股利支付率 = 每股股利/每股净收益 \times 100\%$$

$$或 = 股利总额/净利润总额 \times 100\%$$

$$股利支付率 + 利润留存率 = 1$$

公司处于不同的发展阶段，会选择不同的股利战略。一般来说，公司处于快速成长阶段，由于资本性支出高，需要大量现金，通常不支付现金股利或采取低股利支付率战略。处于成熟阶段的公司，拥有足够的现金流，通常采取高股利支付率战略。

（二）股利的形式

在股利战略中，股利分配是很重要的一个环节，在发放股利时，形式也多种多样。股份有限公司分派股利的形式一般有现金股利、股票股利、财产股利和负债股利等。后两种形式应用较少，我国有关法律规定，股份有限公司只能采用现金股利和股票股利形式。

1. 现金股利。现金股利是以现金支付给股东的股利。从投资者的角度来看，投资股票的初衷是为了获得丰厚的现金股利。从公司董事会的角度来看，为了企业的发展，需要保留足够的现金来增置设备和补充营运资金，希望将股利限制在一个相对较低的水平。然而，企业支付的股利数额直接影响公司股票的市场价格，进而影响公司筹集资金的能力。因此，公司董事会必须权衡权重，制定合理的股利战略。发放现金股利时，必须同时具备以下三个条件：有足够的留存收益；有足够的现金；有董事会的决定。董事会的决定要建立在前两个条件的基础之上。

上市公司发放现金股利主要出于以下原因：（1）《上市公司证券发行管理办法》规定，公司公开增发证券时，当前3年以现金方式累计分配的净利润不得低于公司前3年平均可分配利润的30%。（2）保持分红的连续性和稳定性回馈股东。一些运营成熟、利润稳定的上市公司，目前并没有获得更有利的项目投资，为了提高股价和回报投资者，他们倾向于发行现金股利。（3）首次公开募股（IPO）时公司章程的规定。（4）现行证监会要求新近申报的 IPO 明确现金股利政策，各拟上市公司在招股说明书和公司章程中均明确现金股利计划，未来正常情况下，可定期发放现金股利。

由于现金股利是从公司实现的净利润中支付给股东的，支付现金股利会减少公司的留存利润，所以支付现金股利不会增加股东的财富。

2. 股票股利。股票股利又称"股份股利"，是公司以股票的形式支付给股东的股利。当采用股票股利时，公司通常将应付股东的股利数额转为资本金，发行等额的新股，并按股东的持股比例进行分配。一般来说，普通股股东被分配给普通股,而优先股股东被分配给优先股。这样既不改变公司的结构,也不改变股东所持股份的比例,反而增加了股数。

采用股票股利支付形式的要求:公司必须分配的收益;股东大会必须做出决定;必须符合发行新股的有关规定。由于股票通常以高于其面值的价格交易,股东可以通过支付股票股利而不是现金股利获得更多的投资收益。但是,过多的股票股利分配会增加股份总额,影响公司未来的每股股利水平和股票市场价格,不利于公司市场形象的改善和流动资金的增加。

使用股票股利的优点:(1)节省公司的现金。(2)降低每股的市场价格,促进股票的交易和流通。(3)公司在未来发行新股时,可以降低发行价格,有利于吸引投资者。(4)提供公司未来发展前景的良好信息,增强投资者信心。(5)当股票股利降低了每股的市场价格时,会吸引更多的投资者成为公司的股东,使公司的股权更加分散,从而防止其他公司的恶意控制。

股票股利不会导致现金流出或公司资产的减少,而只是将公司的留存收益转换为股本权益。但是股票股利增加了流通股的数量,降低了每股的价值。它不会改变公司的权益总额,但会改变权益的构成。从表面上看,股票股利的分配似乎并没有给股东带来直接利益,而只是增加了股东持有的股票数量。事实上,市场和投资者普遍认为,公司支付的股票股利往往意味着公司有更大的发展和成长,这样的信息传递不仅会稳定股价,甚至会使股票价格上涨。

(三)股利的稳定性

股利战略实质上是在解决"按公司总体战略的要求,公司该如何分配股利"的问题,股利的稳定性即决定股利分配是采用稳定不变的政策还是变动的政策。上市公司为保持股票价格的稳定,一般情况下都是实行连续和稳定的股利政策。这种情况在一些具有成熟资本市场的国家中比较常见,因为如此可防止由于股利政策的不规律变化导致的股价不正常波动。然而在我国恰恰相反,对一些国家来说很常见的连续和稳定的股利政策在中国上市公司中很难见到。表6-2是从965个中小板上市公司中随机抽样的10家中小板公司,并分析2015~2019年的股利支付形式。可见,我国上市公司的股利支付形式不完全是现金股利,还有派现送股、派现转增及未分红。连续5年支付现金股利的仅有联发股份一家，神剑股份、巨轮智能连续4年采用现金股利，友阿股份、金新农、高德红外连续3年采用现金股利。同时，像百润股份、金新农这种存在不连续分红现象也是屡见不鲜。因此，上市公司的股利分配政策是不具有稳定性和连续性的，且变动频繁，常常由于融资和投资活动而影响到股利分配，投资者在利用股利政策来决定在中国证券市场的投资决策时应慎用这些信息。

表6-2　　　　　　10家中小板公司2015~2019年分红方案

公司名称	2015年	2016年	2017年	2018年	2019年	现金股利比例（%）
伟星股份	现金股利	派现转增	派现转增	现金股利	现金股利	60
华兰生物	派现送股	现金股利	现金股利	派现送股	派现转增	40
百润股份	派现转增	未分红	未分红	现金股利	现金股利	40
友阿股份	现金股利	派现转增	现金股利	现金股利	现金股利	80
神剑股份	派现转增	现金股利	现金股利	现金股利	现金股利	80
巨轮智能	派现送股	现金股利	现金股利	现金股利	现金股利	80
飞龙股份	派现转增	现金股利	现金股利	派现转增	现金股利	60
联发股份	现金股利	现金股利	现金股利	现金股利	现金股利	100
金新农	现金股利	现金股利	现金股利	未分红	派现转增	60
高德红外	现金股利	现金股利	现金股利	派现转增	派现转增	60

资料来源：根据各公司2015~2019年年报整理。

（四）股利的信息内容

股利的信息内容即在实施股利战略时希望通过股利分配传达何种信息给投资者。股利增加表明公司管理层有信心保证以后年度股利均能维持较高水平，高水平的股利需要有高额的利润来源，因此股利增加说明公司未来较好的盈利前景；反之，股利减少说明公司未来的盈余将下降，可见，股利政策传递公司未来盈余的信息，这也被称为股利的信息内容。由图6-2可以看到贵州茅台2015~2019年的每股股利随着每股收益的增长而稳定增长，投资者接收到这样的信号后，便可以选择加大投资以获取更多的收益，市场这双"看不见的手"便可以将好货卖到有需求的买主手中。因此，股利战略通过股利分配所传达出的信息内容，能帮助信息劣势方回避逆向选择，改进市场运行状况，提高市场效率。

第二节 股利战略的影响因素

一、内部因素

（一）变现能力因素

上市公司分配现金股利要以足够的现金流量为前提，公司的可变现资产越多，资产的变现能力越强，则说明该公司的变现能力好，资金的灵活性强。变现能力对企业股利战略的实施有着重要的影响，对企业正常运行所产生的资金而言，当企业的资产周转率常年保持较高的状态，它将更好地利用自有资金，使资产能够得以快速变现，并防止出现资金周转的僵硬，从而保证企业的高效运转。变现能力直接关系到现金股利的分配，如果企业因为销售面覆盖和扩张规模等活动需要消耗大量的资金，企业会受到比较大的损失；反过来，又会影响资产的实际流动性和资金的运行效果。当资金周转不畅通时，甚至会面临资金链断裂的风险，企业很难稳定地为投资者带来大量的红利。反之，如果企业拥有充足而稳定的现金流，则可以快速实现资产变现，发挥资本的灵活性，提高现金收支。这样，企业往往具有较强的派息能力，可以采取稳定或持续增加的股利战略。

（二）筹资能力因素

从筹资方面来说，一个公司筹资能力的高低直接影响股利分配。筹资能力低的公司为了长远发展，倾向于将利润留存，不发或者是少发现金股利。对于总体规模大、获利丰厚、经营期长、财务状况良好并且在本行业中处于优势地位的公司而言，其筹资能力较强，即使遇到突发的投资需求或是必须要承受某种不可规避的风险损失，也可以通过多种筹资渠道筹集到所需要的资金，因此可以采取相对较高的股利支付率而不必太担心资金的筹措。但是，对于规模小且刚刚起步的公司而言，往往经历一段时间后，才能较容易地从外部取得资金，这样的企业因经营风险大、筹资渠道有限而且筹资成本较高，一般会采取股利支付率为零或较低的股利战略。

(三) 投资机会因素

上市公司开展某项投资活动的前提条件是公司投资项目的投资收益率高于股东的期望收益率，一旦达到这个标准，公司就会将长期资金投向该投资项目以期获得较高的回报率并且避免资金闲置带来的损失。在此种情况下，公司一般会优先考虑满足投资需求而不是采取高的股利支付率，这样便会影响股利分配。

股利战略的确定在很大程度上受投资机会因素的影响。如果一家企业有更多盈利的投资机会，且需要大量的资金，它往往会采取高留存收益和低股利支付率的战略。反之，如果企业的投资机会较少，资本积累较多，则可以采用高股利支付率的战略。对处于发展中的企业来说，因其投资机会较多，则分给股东的红利较少。发展中的企业在采用低股利战略的同时，财务人员应把控好股东们的短期收益、股利支付和长远利益、增加内部积累之间的关系，并且从长远来看，增加留存收益和投资高利润项目可以使股东的收入更大。

(四) 盈利能力因素

根据林特纳 (Lintner, 1956) 提出的股利模型理论，通过对企业股利政策的研究发现，股票收益可以直接影响股利政策的方向。中国著名学者胡庆平 (2002) 研究发现，拥有较高每股收益的企业更偏好于现金股利，公司的营业利润越高，越有可能发放高额股利。目前，大多数企业采取的股利支付政策是以税后收入为基础，也就是说，公司的每股股利数额不会超过每股现金流量，否则就会出现超额派现，从而损害大股东的利益。同时，一旦超额分红获得的资金来自外部融资，那么大股东就会通过分红进行套利。

对大多数中国股东来说，最可靠的股利分配方式是现金，但是如果上市公司长年缺乏良好的收益水平，就很难充分保证有效的资金来源，也很难发放现金股利来安抚投资者。然而，仅仅依靠利润水平是远远不够的，还需要保证企业利润水平的稳定性和连续性，具备稳定的现金流量，如果企业缺乏较高的现金流，就会面临更大的财务压力。

盈利能力是一项重要的能力指标，同时也对其分派股利的多少有着非常重要的影响。在一家企业盈利能力比较弱的情况下，其盈余要保留下来进行对自身的再投资与建设来维系其企业的持续发展。盈利能力较强的公司，资金较为充沛，自身发展的资金足够，筹资能力也比较强，可以负担分派给股东较多的股利。因此，投资者常会以企业支付股东的股利数额来判断这家企业的盈利能力，企业的管理者也可以以此来向投资者传递其盈利能力较强的信息，但同时无法避免的是管理者很可能为了达到某种目的而对股利政策进行不合理的操作。盈利能力强的公司则会倾向于选择高股利支付战略，对于盈利能力较弱的公司则会倾向于选择低股利支付战略。

（五）创新能力因素

创新能力是一家企业的核心要素，创新的产品能吸引到投资者的投资，有了充足的资金也能让企业的运营状况更佳。当企业的利润增加率趋于平缓时，关键问题是需要关注其产品的创新，因为当一项产品在市场上的持续时间过长，其市场份额会逐渐下降，当这项产品的新颖度下降时，其能获得的利润也会降低非常多。所以，为维持企业在同行业中的市场竞争以及获得强大的财务支撑，企业迫切地需要开发新的产品来提高其竞争力。如果此时企业不顾实际情况分配股利，采取稳定股利战略或固定股利支付率战略，只会导致企业的资金成本不断提高，而无法空闲出资金来对新的业务产品进行研发，最终会导致企业整体盈利状况的削弱。为了使企业保持相对较好的竞争力，必须要有足够的资金投入新产品的研发，巧妙地运用剩余股利战略，优先考虑投资和研发的需要，由此企业也能创造未来更多的利润，实现股东利益最大化。

二、外部因素

（一）政策因素

我国上市公司从事各项活动必须遵守相关的法律法规，中国证监会规定的相关政策才能在上市公司中发挥决定性作用。法律可以通过合同限制性条款来保护企业的利益，获得最大的利润，保护企业的资本结构，保护债务人。我国法律法规的制定严格根据上市公司的具体情况和我国证券市场的发展，并有一定的法律修订，这也是影响我国上市公司股利战略实施的直接因素。股利战略受到公司所在国公司法、税法、商法等有关公司股利分配规定的影响。只有在不违反法律强制性规定的前提下，公司才能决定如何独立实施股利战略。

目前，相关法律法规包括《中华人民共和国公司法》，以及关于上市公司配股相关问题等。这些法律法规的主要目的是维护各方的基本利益。当企业实施股利战略时，法律法规会对其利润分配规则、留存收益处理、资本灵活性、资本充足率、债务偿还等方面进行规范。例如，《中华人民共和国公司法》一般规定，当年公司的税后利润只有在弥补以前年度亏损和提取一定比例的法定公积金后才能分红。股利战略的实施必须合理合法，并在法律法规允许的范围内进行。

（二）契约因素

股利理论认为，支付股利将资本从债权人转移到投资者。随着股利分配水平的提高，债权人利益得到保护的程度会降低，这样会在一定程度上损害债权人利益。因此，债权人在签订合同时，会添加一定的合同条款来保护自己的利益，这些规定也会影响公司的股利战略。

当上市公司进行融资时将和债权人签署合同，债权人为了提高资金归还的可能性、保障自己的利益，将会在合同中附加一些对于上市公司的现金股利政策的限制。因为当公司提高现金股利支付水平将导致归还的资金减少。这些制约因素导致我国上市公司现金股利分配不连续、不稳定，导致现金股利支付减少。限制条款的内容通常包括：(1) 营运资金（流动资产减流动负债）低于某一水平，企业不得支付股利。(2) 企业只有在新增利润的条件下才能进行股利分配。(3) 企业只有先满足累计优先股股利后才可进行普通股股利的分配。

这些条款在一定程度上保障了债权人和优先股东的权益，促进公司增加留存收益，扩大再投资规模，从而增强公司的经营能力，使股利战略发挥出实质性的作用。

（三）股东因素

1. 保证控制权。股东投资的目的是希望分配更多的股利以及获得公司更大的股权以参与公司决策甚至达到控制公司的目的，如果公司分配了较高的股利给股东，那么一旦留存收益和债务筹资方式筹集的资金不足以满足投资需求，那么公司就会发行更多的股票筹集资金导致上市公司股数总额增加从而稀释原股东的控制权，并且在公司盈利水平一定的前提下，由于股数增加，导致每股盈余降低，股东的切身利益也会受到不利影响。因此，这些大股东宁愿少分现金股利，也不希望看到自己的控制权被稀释。当他们不能获得足够的现金来认购新股时，他们会投票反对分配现金股利的计划，从而影响股利战略对于现金股利的分配。

2. 避税要求。按照《中华人民共和国个人所得税法》的有关规定，对于个人取得的股利、股息，以每次取得的收入额为应纳税所得额，适用税率为20%。一般而言，由于大股东通常承担的税负比较重，通常大股东都不希望公司采取高的固定股利支付率战略。基于"一鸟在手"理论①的相关考虑，小股东反而希望较高的股利支付率。结合我国证券市场目前的发展状况，个人投资者所进行的主要是短期交易，进行交易的目的主要是获取股票买进卖出的差价，大股东则是依旧保持长期持股策略，原先考虑的税收差异依旧存在，大股东依旧会尽量控制现金股利支付率以获取避税的好处，而股利支付率作为股利分配的重要依据，必定会对股利战略的实施产生影响。

3. 收入稳定。根据"一鸟在手"理论，股东对股本利得和股利收入的偏好是不同的。投资者一般偏向于实际派发到手的股利分配所得而不是取决于公司未来财务状况和盈利水平并受不可预期风险因素影响的资本利得收入。同样，有的股东依赖于公司发放的现金股利维持生活，比如一些退休的老员工，他们往往希望公司能采取稳定型股利战略，定期支付稳定的现金股利。

（四）宏观经济因素

纵观我国资本市场的发展历程，我国上市公司股利分配表现出来的特点是：当国家宏观经济形势运行良好，国家实行积极的财政政策和稳健的货币政策，刺激投资、拉动内需、鼓励银行贷款给企业，则上市公司经济效益较好，资金渠道畅通，现金股利发放比例大幅上涨，多分配股利而少留存收益往往成为多数公司的派现策略。这是因为在这种情况下，公司的筹资能力和资产变现能力都会比其他时期更加强大。公司对收益的留存需求也并非十分强烈，选择派现政策往往可以增强投资者信心，为公司未来的资本扩张奠定基础。一旦经济发展过热，国家实行紧缩的金融政策，尤其是证券监督部门出台有关政策，如关于上市公司的股东减持和分红挂钩的提案，直接限制上

---

① "一鸟在手"理论又称为"在手之鸟"理论，该理论可以说是流行最广泛和最持久的股利理论。

市公司对其股利的派现,此时公司内部留存收益较高,很难从外部筹集到充足的资金用于公司规模扩张甚至是正常的经营需求,会面临着投资机会较少、筹资渠道狭窄并且筹资条件更为严苛的情况。在这种情况下,公司一般会选择采取低正常股利加额外股利战略,少发放股利而多留存税后盈余以供公司的正常资金需求。

第三节 股利战略的应用

一、股利战略的原则

(一) 一般性原则

1. 规范性原则。所谓规范性原则是企业在进行分配时,应遵守国家有关法律法规的规定,按照法定的程序进行分配。股利战略在分配股利时也要遵守相应的法律法规。企业必须就其利润交纳所得税,所得税是国民经济发展的经济保障,任何单位和个人都有义务和责任按照国家有关规定缴纳所得税。企业只有依法纳税后,剩余利润才能分配给所有者、债权人和其他有关人员。首先确定企业的收益,其次要遵守国家制定的《公司法》《会计法》《证券法》《企业财务会计报告条例》《企业会计制度》及其他法规的规定。其中重要的是遵守国家规定的股利分配顺序和各种公积金、公益金的提取比例。

2. 公平性原则。公平性原则是指企业在实施股利战略时应当符合市场经济要求,红利的分配要按照市场经济的原则进行,在分配过程中要坚持等价交换、公正合理、公平竞争的原则。企业无论经济构成和规模大小,都要遵守相同的法律法规,承担相应的社会责任,站在同一起跑线上,公平竞争,避免造成人为的不合理的股利分配,以保证企业公平竞争。股利战略应兼顾企业出资者、经营者、劳动者等各方利益,能调动各利益主体的积极性,既要重视全局利益,又要注重局部利益;既要着眼当前利益,又要注意长远利益。

3. 资本保全原则。资本保全原则是企业在实施股利战略时,必须以利润为基础,必须是企业资本增值的分配,避免因利润分配进行资本回报行为的发生,在没有利润甚至亏损的情况下也不应该进行股利分配。

4. 效率性原则。所谓效率性原则，是指在遵循公平原则的同时，兼顾企业管理者和员工的利益，确保股利战略有利于社会经济的发展。国税和企业上缴的利润都要考虑企业的合理负担和生产发展的需要。如果企业负担过重，会挫伤企业和员工的积极性，限制企业发展，严重时还会影响社会的发展。股利分配涉及国家、企业和个人三者的利益，企业的股利分配就像"分蛋糕"，在蛋糕的分配上，国家分多了，企业和个人就会分得较少，这样自然就会影响企业和个人的积极性；如果企业和个人分得过多，国家就必然分得较少，这样虽然可以提高企业和个人的积极性，但是会影响国家财政的收入，对国家的建设造成负面影响。因此，在实施股利战略时，坚持效率性原则就是要正确处理企业利润在国家、企业、个人之间分配的合理比例，既要有利于提高企业和个人的积极性，又要做到不损害国家的利益，从而使"蛋糕"越做越大，这便是效率性原则。

（二）战略性原则

1. 处理好企业内部积累与消费的关系。企业依法缴纳所得税，按规定上缴利润后，应当有一定比例的留存收益。企业留存收益主要包括盈余公积和未分配利润。企业的利润积累主要用于扩大再生产、抵御经营风险、弥补亏损和员工福利。企业必须依照法律法规规定留存收益的使用，合理安排企业内部积累与消费的比例。在股利战略的实施中，要防止重消费轻生产的现象，尤其要严格限制企业管理者的行为，尽量避免"内部人控制"带来的弊端。

2. 产权明晰且分之有据。在市场经济体制下，明晰而规范的产权关系是现代企业的基本特征，是保证企业正常运行的基础。只有如此，企业才能根据产权中索取权的大小来确定分配参与者对企业收益的索取程度，即分之有据原则。由于企业实施股利战略的各主体（企业所有者和企业法人）都具有不同的经济利益，因而股利战略的不公平就会引起各方矛盾。减少矛盾的办法就是在分配前制定分配的客观标准。索取权大小是制定标准的主要依据，因此若想分配顺利进行，产权明晰且分之有据必不可少。

3. 保护债权人权利。企业股利战略中对债权人权利的保护体现在股利分配之前，不能以拖欠债务为代价进行分配；股利分配后还应保持一定的偿债能力，不能因分配而造成企业财务枯竭，而在日后产生财务危机，损害债权人利益。此外，如果企业与债权人有长期债务契约，其股利战略方案还应征得债权人的同意。

4. 效率第一且比例合理。股利战略要求分配效益最大化，表现为能充分调动出资者的投资积极性，使其所投资本的贡献得到合理评价；能充分调动管理者的积极性，使其管理才能得到合理评价；能充分而全面地维护企业法人财产权，使企业长远发展得到重视。在企业股利战略中必须理顺积累与消费的比例关系，它是保证生产发展的留存收益和分配给分配参与者的收益之间的比例。在收益既定的情况下，积累与消费此消彼长，消费注重当前利益，积累注重长远利益，两者之间应协调一致。

二、股利战略的制定

（一）股利战略应有利于公司总体战略的实现

股利战略作为财务战略内容之一，从根本上讲应是服从于公司总体经营战略的，是要为总战略提供必要条件、创造恰当环境的。而且在这个过程中，股利战略还应与其他子战略相协调，适时地进行一些取舍，加速总战略的实现。如日本 20 世纪六七十年代的快速扩张战略就有着一份日本公司低股利分配战略的支持。

（二）股利战略应有利于股东财富最大化

制定股利战略必须最大限度地满足股东财富最大化这一目标的要求，这是股利战略的前提和出发点之一。无论何种战略方案，决策者都应预见它对股东财富的影响。

（三）股利战略应有利于资本结构的调整

股利发放方式对公司资本结构有着直接的影响，良好的股利战略有助于改善资本结构，使其趋于合理。从表 6-3 可以看出，雅戈尔集团股份有限公司（以下简称雅戈尔）在实施股利战略时考虑到了股利发放方式与资本结构间的协调关系。一般认为，一个公司的资产负债率的适宜水平在 40% ~ 60%，2015 年时，雅戈尔资产负债率有所升高，达 69.27%，同年股利总额较前一年发放减少 3.12 亿元，每股股利也相应减少。2016 ~ 2018 年，资产负债率呈逐步降低的趋势,发放的现金股利呈现逐渐增加的态势。如果公司的资产负债率较前一年有所增高,则应考虑将股利留在公司或配股增资,以改善资本结构、增强其财务力量、降低财务风险。反之,若资产负债率较前一年有所降低,则应派发现金股利,同时考虑增加负债,提高财务杠杆效应。故股利战略能够按照公司自身情况调节资本结构,如果公司有良好的投资方案,在确定投资方案所需资金的基础上,可以按照最佳资本结构相应确定留在公司的盈余及相应的负债。

表 6-3　　　　　　　2014~2018 年雅戈尔资本结构与股利情况

年份	总资产（亿元）	总负债（亿元）	资产负债率（%）	增高/降低	股利总额（亿元）	股利增减额（亿元）	每股股利（元）	留存收益（亿元）
2014	47.62	308.80	64.84	—	25.07	—	0.54	190.73
2015	66.28	459.09	69.27	增高	21.95	-3.12	0.47	204.00
2016	63.91	410.20	64.18	降低	24.92	2.97	0.54	240.59
2017	66.92	424.90	63.50	降低	29.74	4.82	0.64	220.62
2018	75.61	472.31	62.46	降低	31.82	2.08	0.69	230.17

资料来源:根据雅戈尔 2014~2018 年年报整理。

三、股利战略的目标

(一)股利战略保障股东权益

由于现代股份公司股权的分散性和股东的复杂性,股东可分为控股股东、关联股东、零星股东。控股股东和关联股东侧重于公司的长远发展,零星股东倾向于近期收益。如果股利分配仅限于满足控股者和关联股东的利益,则会使零星股东产生不满,行使"用脚投票"的权利,即不长期持有一种股票,使股价下跌,严重时将导致诉讼事件,影响公司声誉。因此,在实施股利战略时,必须保障股东权益、平衡股东间利益关系通过创造实实在在的高效益以回报投资者。

(二)股利战略促进公司长期发展

股利战略实质上就是探寻股利与留存收益之间如何进行长远的合理有效的

分配，它是公司有关权益分配和资金运作方面的重要战略。股利战略的基本任务之一是要通过股利分配这种方式为企业增强长期发展后劲，为扩大再生产的进行提供足够的资金。如表6-4所示，作为中国最大的两家一体化能源化工公司，2017~2019年中国石油天然气股份有限公司（以下简称中国石油）和中国石油化工股份有限公司（以下简称中国石化）所分配的现金股利相当高，特别是中国石化2017年分配的股利总额达484.28亿元，股利分配率高达94.74%；2019年股利总额最少也分配了230.04亿元，远远高于处于竞争地位的中国石油。然而中国石油这3年分配的股利也不少，在2017年分配的股利总额最少也有111.09亿元，股利发放率达48.76%。两家企业的经营现金流稳定，利润优质，采取的高股利支付率的战略，使公司的发展状况良好。

表6-4　　　　2017~2019年石油行业领头企业股利与公司发展数据

项目	中国石油			中国石化		
	2017年	2018年	2019年	2017年	2018年	2019年
每股股利（元）	0.06	0.09	0.07	0.40	0.26	0.19
每股收益（元）	0.12	0.29	0.25	0.42	0.52	0.48
股利总额（亿元）	111.09	164.72	120.79	484.28	314.79	230.04
股利发放率（%）	48.76	31.33	26.44	94.74	49.89	39.94
经营现金流量净额（亿元）	3666.55	3515.65	3596.10	1909.35	1758.68	1534.20
利润总额（亿元）	530.83	1152	1032.13	865.73	1005.02	900.16
股利分配方案	10派0.61元（含税）	10派0.9元（含税）	10派0.66元（含税）	10派4元（含税）	10派2.6元（含税）	10派1.9元（含税）
股利战略	高股利战略			高股利战略		

资料来源：根据中国石油及中国石化2017~2019年年报整理。

反观创业板的两家企业，如表6-5所示，通源石油科技集团股份有限公司（以下简称通源石油）作为石油行业中稳定上升的一家企业，股利发放率在2017~2019年分别为20.37%、43.55%、79.92%，呈现出稳定增长的态势，2018年股利总额达5135.30万元，利润总额高达16528.30万元。该公司采取了持续增加的股利战略，现金流量及利润都稳定且有上升趋势，已具备持续支付较高股利的能力。同样作为创业板中石油企业的兰州海默科技股份有限公司（以下简称海默科技）则不太乐观，表6-5显示，2018年时该公司利润总额最高，为7679.62万元，每股收益也高达0.17元，该年却未进行分红。2017年与2019年发放了相同数额的股利，然而2017年每股收益为

0.03元，股利发放率为44.78%；2019年每股收益为0.09元，股利发放率为16.7%。收益少时分配股利多，收益多时分配股利少，收益最多时不分配股利，可见该公司的股利分配不稳定，没有运用合适的股利战略。从该公司2020年部分公告来看，经历了控制权变更、募集资金、计提资产减值准备后，利润总额也发生了大额亏损。因此，在企业的发展过程中，找到适合企业自身的股利战略非常重要，确定好长期的股利分配与留存收益间的关系，分红的资金比例合适，才能为企业提供充足的资金，使企业得到长期稳定的发展，势头逐渐强大。

表6-5　　2017~2019年创业板企业股利与公司发展数据

项目	通源石油			海默科技		
	2017年	2018年	2019年	2017年	2018年	2019年
每股股利（元）	0.02	0.1	0.08	0.015	—	0.015
每股收益（元）	0.10	0.23	0.10	0.03	0.17	0.09
股利总额（万元）	1027.06	5135.30	4108.24	577.15	—	577.15
股利发放率（%）	20.37	43.55	79.92	44.78	—	16.70
经营现金流量净额（万元）	1313.42	2018.85	1700.06	4581.62	3767.84	3458.91
利润总额（万元）	4122.96	16528.30	6302.94	2877.82	7679.62	5756.55
股利分配方案	10派0.2元（含税）	10派1元（含税）	10派0.8元（含税）	10派0.15元（含税）	不分配不转增	10派0.15元（含税）
股利战略	持续增加股利战略			—		

资料来源：根据通源石油及海默科技2017~2019年年报整理。

（三）股利战略稳定股票价格

股利战略通过调整股利分配来保证股票价格的稳定。在公司股价过低时，采取稳定或持续增加的股利战略，向投资者传递出公司经营业绩比较稳定，经营风险较小的信号，有利于股价上升。在公司股价过高时，可以采取低正常股利加额外股利战略，长期发放的额外股利会被投资者认为是正常股利，一旦停止发放额外股利，容易给投资者传递公司财务状况变差的信号，会导致公司股价下降。一般而言，公司股票在市场上股价过高或过低都不利于公司的正常经营和稳定发展。股价过低必然影响公司声誉，不利于今后增资扩股或负债经营，也可能被趁机收购、兼并；股价太高会影响股票的流动性，并留下股价骤跌的隐患；股价时高时低波动剧烈，将影响投资者的信心，成为投机者的投机对象。股价稳定即在一个较长时期内公司股价稳定并呈上升态势,在整个股市动荡之时,公司股票市场波动幅度相对较小。因此,保证股价的稳定势必会成为股利战略的目标。

第四节　股利战略环境分析

中国的上市公司在股利战略方面的研究起步较晚,股利支付大多是基于短期角度的行为,而股利战略作为上市公司今后要重点关注的一项主要内容,具有长远性。如今中国正处于经济高速发展的阶段,有很多因素会给股利战略的环境造成影响和制约。如股权结构、过度投机、市场监管、税收制度及金融环境等。充分考虑这些因素所带来的影响和冲击,制定出的股利战略才是最适合市场发展的。

一、股权结构决定企业股东利益

股权结构约束企业的生成和发展,对企业的未来发展可以产生重大影响,也决定企业股东的利益。在股利战略中,配股发行已经成为大股东实现自己利益的有效手段,第二大股东持股比例高,相对分散的股权将有利于限制大股东的自利行为。站在上市企业发展的角度,股利战略与股权结构研究是现代财务理论的重要组成部分。

一般来说,上市公司盈利的多少决定了现金股利发放的多少,我国有些上市公司存在没有分配股利给股东的情况。上市公司连续分配现金股利的情况少之又少,且不连续分红的现象也时有发生。对于这种现象的产生,一些公司解释是由于将资金拿去做项目投资,为了保障公司的长远发展从而不进行分红或分配较少现金股利。其实这种现象往往是由于我国上市公司的股权结构不合理,导致中小股东的利益没有受到上市公司主要管理者的重视。

由于股利战略中的分配制度尚不完善,股权结构的不合理,部分上市公司利用这个制度漏洞来逃避现金股利的分配。投资者拥有股票就意味着享有关于股票的资本利得和股利的权利,投资者相对公司的股利政策更加关注公司股价的波动是因为如果公司没有进行股利分配,那么投资者获得的收益或损失只能来自资本利得。由此带来的不利影响就是我国的市场上侧重短期投资、短线操作,使之收益更具不确定性,风险较大,从而有些人对投资望而却步。然而,股利战略注重公司发展的长期性,必须考虑股权结构的合理性。合理的股权结构可以对大股东的各种违法行为,特别是控股股东想要通过股利战略侵占公司和投资者利益的行为进行抑制。

为了合理化股权结构,上市公司可以降低国有股比例,引入机构投资者和战略投资者。因为机构投资者更关注上市公司股利战略所获得的长期收益和发展,能够更好地保持股价的稳定。同时,还可以使上市公司的股权结构多元化,使公司的股权比例达到一个合理的范围,从而实现相互平衡,杜绝上市公司大股东控股的现象。在这个过程中,可以有更多的投资者参与,对中小投资者实施有利的股利战略,从而使公司进一步发展壮大,最终实现公司价值的最大化。

二、过度投机阻碍信号传递

在我国上市公司中,不合理的股权结构和低股利收益率使得支配证券和收益证券无法发挥应有的作用,从而使以投机为最终目的成为投资者的必然和唯一选择。投资者频繁地进行短线交易为从股票价差中获利,这与股利战略的长期性背道而驰。事实上,对于整个证券市场而言,投机行为的存在是不可避免的,投机行为具有激活市场、增强股票流动性、价格发现等功能,有利于资源的优化配置。但是,股票市场的投机必须在一定的范围内,否则就会产生过度投机,而过度投机又会阻碍上市公司股利战略的有效实施。

(一) 过度投机影响股票市场的资源配置功能

在过度的股票投机中,股票价格往往脱离了公司的基本价值,即股票价格与公司的经营业绩和盈利能力无关。长此以往,资本市场的资源配置功能将越来越弱,社会资源将无法高效转移。质量好的产业和企业,反而转移到那些容易被炒作、有投机空间的企业,浪费社会的财富,市场这双"看不见的手"无法发挥其作用,短期行为过剩会导致股利战略也发挥不了实质性作用。

（二）过度投机加大投资者投资风险

过度投机会导致市场价格不断变化，剧烈波动。投资者不关注上市公司的基本经营业绩和股利回报，只希望通过买卖股票的差价获利。公司一旦上市，股价因投机而上涨，企业可以通过股票市场再次循环资金，投资者的投资风险将持续增加。这样一来，股利战略的信息内容就显得无足轻重，股价的剧烈波动掩盖了很大比例通过正常途径传递的有关信息对股价产生的真实影响。

如果上市公司在股利战略中普遍采取现金股利的分配形式，投资者相对来说较易于把握股票的风险，股价波动可以缩小到一个合适的幅度；如果上市公司多采取股票股利形式，则给市场增加了不明朗性，对于投机炒作起到推波助澜的作用。因此，在股利战略环境中，过度投机造成了极大的负面影响，会使股利战略的信息内容无法发挥作用，也给投资者们带来了风险。上市公司在实施股利战略时必须杜绝过度投机的行为发生。

三、金融发展促进现金股利发放

金融是企业生存和发展的重要基石。金融发展环境的好坏也将对股利战略产生重要影响。其中一个明显例子就是金融发展水平的提高会显著改善公司的融资环境，缓解融资约束，减少信息不对称，从而影响公司股利战略的制定。

对外支付现金股利将占用公司内部自由现金流，提高资金的外部需求，增加公司的资金成本，但随着外部金融发展水平的提升，企业内部融资和外部融资成本差异的缩小，企业可以减少依赖内部资金，从而使它使用自有资金对外支付现金股利。

在信息不对称的情况下，企业为了应对外部不确定性带来的风险，会在公司内部保留更多的资本冗余，提高公司的财务灵活性。这种做法的缺点是，它给了管理层更多的回旋余地，可以用他们的权力来操纵公司的自由现金流，从而加剧了管理层和股东之间的代理问题。然而，随着公司外部财务发展环境的改善，公司可以以相对较低的成本获得外部融资，从而降低公司采取预防性措施应对不确定性风险的动机。此时，为了降低代理成本，股东有动机要求公司向外部支付现金股利。

金融发展可以改善企业的公司治理。因为在高水平的金融发展领域，企业将受到外部金融机构的影响，更严格的规定只有在信用评级高的前提下，良好公司治理的公司更容易获得外部融资。为了提高公司治理水平，减少代理问题，公司将有对外支付现金股利的动机。

由此可见，上市公司在实施股利战略的同时，应该充分考虑金融环境对股利战略环境的冲击，金融发展增加了上市公司的融资成本、降低了信息不对称性、提升了公司的治理水平。这些都为企业制定股利战略提供了充足的资金、减少了代理成本、降低代理问题的产生，进而使公司能发放更多的现金股利。

今后我国经济仍将高速发展，新的市场机会也会不断出现，中国企业将进入实行积极财务战略的黄金时期。企业如果墨守成规、不思进取，必将最终丧失有利的竞争地位。上市公司在这样一种发展前景当中，如能充分考虑上述环境因素对股利战略的影响与制约，那么制定出的股利战略必将是最现实、最可行、最能促进公司长期发展的。

第七章

财务战略与财务风险

　　财务战略作为企业的职能战略之一，与市场营销战略、人力资源战略并行。从大处着眼，财务战略探求企业资金良性循环，并对企业资金运动进行全面性、长期性规划，致力于调节企业风险与收益的矛盾、发展能力与盈利能力的冲突，找到企业负债经营和权益经营的平衡点。适宜、科学、有效、灵活的财务战略能强有力地支撑企业发展，给企业注入勃勃生机与朝气，使得企业茁壮成长。

　　财务战略的显著特征之一是风险性。风险高低的影响因素包括财务战略制定团队，决策者的知识、经验和视野，企业内外部经营环境以及企业总体战略的合理性等。财务战略失败会加快企业走向财务困境、资不抵债，甚至破产清算。

　　财务风险是在企业资金活动和物资活动的过程中，企业由于客观因素和主观因素而发生损失和破产的可能性。其贯穿于企业发展历程并主要以货币资金形式显现出来，基于财务战略的风险性特征，运用合理有效的方法，在制定、选择、实施财务战略的全过程识别并评估财务风险，并确立行之有效的应对措施以降低财务风险，增强企业财务战略制定、实施成功的可能性。

第一节　企业财务风险的含义、特点及其分类

一、财务风险的含义

　　"风险"一词由来已久。远古时期，以打鱼捕捞为生的渔民们在长期捕

捞实践中，深深体会到"风"带来无法预测的危险。在出海捕捞打鱼的生活中，"风"就意味着"险"，即"风险"。如今，"风险"的概念随着人类经济活动复杂化，其内涵更加宽泛。"风险"不再是危险、损失的代名词，而是更多的代表机会、危险并存。本书谈风险，主要侧重于研究财务风险造成企业活动财务损失的可能性。

何为财？何为务？财通常指资金和物资，务代表企业活动。财务风险可定义为在企业管理人员进行有关企业资金活动和物资活动的过程中，企业由于客观因素和主观因素，发生损失和破产的可能性。财务风险根源于法律环境、经济环境、社会环境的变动性，公司制度、所处行业、管理决策的局限性，经营管理活动、投融资活动的不确定性。财务风险贯穿于企业投资、筹资、利润分配、营运、生产经营等各项活动，主要包括融资风险、投资风险、股利分配风险等。

二、财务风险的特点及其分类

（一）财务风险的特点

1. 客观性。企业的资金活动和物资活动必不可少。其中，财务风险客观存在，不因主观意识而消失。它是客观环境和经济活动交叉作用的事实。这一特点提醒人们在分析财务风险时，应该从国内外宏观经济环境和行业趋势等方面入手，并结合科学理论、实践经验对财务风险进行识别。

2. 不确定性。风险本质特征是不确定性，不确定性指的是企业进行资金活动和物资活动中，其收益、损失大小与概率的未知性。财务风险的不确定性是企业需要利用不同工具对其进行识别和评估，并事前做出防范策略的原因之一。

3. 可衡量性。财务风险并非无迹可寻，在考虑衡量成本的前提下，企业可以利用单一财务指标评估法、风险矩阵法、敏感性分析法，对企业的财务风险进行衡量。

4. 全面性。从财务风险的定义可知，财务风险不仅仅是债务风险，在企业投资、融资、利润分配等资金运动过程中，均会涉及财务风险，它全面贯穿于企业经营管理活动中。

(二) 财务风险的分类

狭义财务风险特指债务风险，即企业由于债务融资而需要承担的风险。本书主要研究广义财务风险，即在企业资金活动和物资活动的过程中，企业由于主、客观因素，发生损失和破产的可能性。财务风险可分为融资风险、投资风险和股利分配风险。根据不同种类风险所涉及具体业务内容，企业财务风险进一步细分，如图7-1所示。

企业财务风险
- 融资风险
  - 股权融资风险
  - 债务融资风险
- 投资风险
  - 系统风险
  - 非系统风险
- 股利分配风险

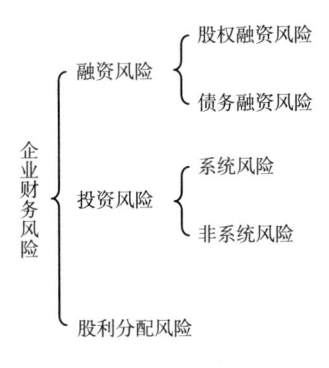

图7-1 财务风险分类

第二节 融资战略与融资风险

融资战略是企业财务战略中不可或缺的组成部分。搞好企业的融资战略，可以降低企业的融资成本、控制融资风险、实现企业的战略目标，从而提高企业的经济效益。

一、识别及评估融资风险

融资风险是指企业利用各种筹资方式后导致收益或损失变动的风险，可以通过了解企业及其融资环境、熟悉"四阶段症状法"以识别债务融资风险。

（一）识别融资风险

1. 了解企业融资环境。了解企业性质、行业状况、所处生命周期及其融资环境等是识别融资风险的首要工作。

(1) 企业性质。不同性质的企业融资环境不同，常见的企业性质包括国有独资、控股企业、外资企业、合资企业、民营企业等。一般来看，民营企业比国有企业融资相对困难、融资规模低；短期债务融资风险比国有企业更高，我们可以从了解企业的性质及其相关信息来分析企业融资环境，从而识别企业的融资风险。

(2) 行业状况。行业状况包括企业所处行业的类型、行业竞争状况、企业主营产品生产周期性及其核心生产技术、行业融资方面的国家扶持政策，了解企业行业状况有助于在宏观层面上判断企业融资的难易程度、融资风险的高低、融资环境的优劣。一般来看，房地产业相较于批发零售业等民生行业的债务融资风险更高。因为房地产行业融资规模大而且投资项目资金回收期长，而批发零售业作为产业链末端其产品周转期限短，经营风险较小，企业的债务融资风险相对较低。

(3) 所处企业生命周期。企业生命周期包括初创期、成长期、成熟期和衰退期。通常，企业初创期比成熟期要承担更高的融资风险，特别是创新型、高新技术类初创企业更是如此，原因主要有两方面：一是该类企业没有历史数据，缺乏抵押资产和政府担保等材料支撑；二是该类企业研发风险大，债务融资风险不确定性较大，风险较高。成熟期企业一般拥有能够带来稳定现金流的产品，拥有一定资金实力，融资渠道广泛，对融资方式具有一定的选择权，能够合理安排企业融资结构，降低企业的融资风险。

2. "四阶段症状"法识别债务融资风险。通过对企业进行初步了解后，利用相应方法可以对企业债务融资风险进行进一步识别。如图7-2所示，"四阶段症状"法包括四个阶段，即隐蔽期、发作期、转恶期及爆发期。债务危机隐蔽期的特征包括企业主营产品缺乏竞争力、市场前景，企业并未针对采取积极有效的措施，内部管理混乱，融资渠道有限。债务危机发作期表现在企业可能已经有资金问题，企业有息负债比例较多，非标融资渠道运用较多、企业融资成本高。债务危机转恶期的特征包括企业日常经营资金周转困难、债务到期违约不支付、企业股权、资金遭受冻结等。债务危机爆发期表现在企业将面临破产清算、退市、投资人和债权人诉讼等局面。有效利用企业债务危机四个阶段进行风险识别，企业可以对自身的债务融资风险有初步的评估，有利于企业进行融资风险管理。

债务危机隐蔽期	债务危机发作期	债务危机转恶期	债务危机爆发期
主营产品缺乏竞争力，消费者需求灵敏度差，市场营销效益低下，缺乏有效的风险管理制度、内部管理混乱，研发能力低下	自有资金不足，过分依赖外部资金、非标融资渠道，利息负担较重，融资利率高	企业流动性风险大、日常经营资金周转困难、债务到期违约不支付、企业股权、资金遭受冻结等	企业面临破产清算、退市、投资人和债权人诉讼等局面

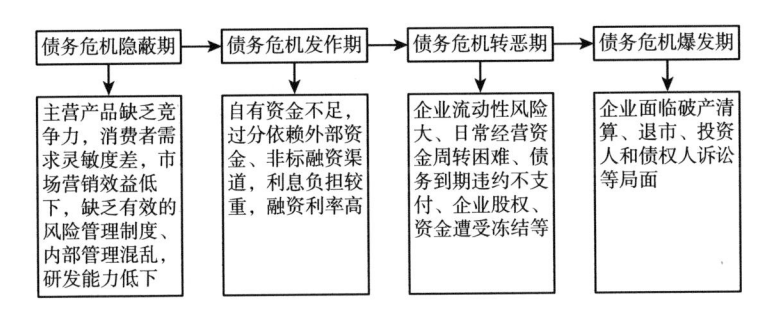

图7-2 企业债务危机"四阶段症状"法

资料来源：赵瑞. 秦皇岛耀华玻璃股份有限公司财务困境预警研究[D]. 北京：华北电力大学，2009.

(二) 评估融资风险

1. 单一财务指标评估法。企业的债务融资风险承担主体包括股东和债权人。衡量企业债务融资风险的高低，可以参考企业资产负债率、速动比率、流动比率，以及金融负债率和企业的综合盈利能力等指标，其计算采用公式如表7-1所示。

表7-1 偿债融资风险单一评价指标体系

类别	指标	计算公式
长期偿债风险	资产负债率	总负债/总资产×100%
	长期资本负债率	非流动负债/(非流动负债+股东权益)×100%
	产权比率	总负债/股东权益×100%
	权益乘数	总资产/股东权益=1+产权比率
	现金流量与负债比率	经营活动现金流量净额/负债总额×100%
	利息保障倍数	息税前利润/利息费用
	有息负债率	有息负债/负债合计×100%
	现金流量利息保障倍数	经营活动现金流量/利息费用
	金融负债率	(非流动负债合计+短期借款+一年内到期的非流动负债+交易性金融负债+衍生金融负债)/负债合计×100%
短期偿债风险	流动比率	流动资产/流动负债
	速动比率	速动资产/流动负债
	现金比率	货币资金/流动负债
	现金流量比率	经营活动现金流量净额/流动负债

(1) 长期偿债风险。企业的资产负债率能够衡量长期偿债能力,一些业内专家认为,70%的资产负债率是风险警示临界点,此观点具有一定的说服力。根据《上市公司章程指引》第四十一条规定,企业在对外为资产负债率超过70%的企业提供担保时,不仅要董事会审批通过,还必须经过股东大会通过。另外,考虑债务总量的同时还应该结合企业具体的债务结构、债务性质来分析企业的债务融资风险,在部分企业的债务组成中,有息负债比例较低即金融负债率低,即便企业的资产负债率较高,其偿债能力也不一定低。

　　此外,利息保障倍数也能用来衡量企业的长期偿债能力,如表7-1所示,该指标分子采用的息税前利润。值得注意的是,企业获取利润的能力强并不能够代表企业获取现金的能力强,需要观察企业的应收、预收账款的管理,在这个层面上来看,经营现金净流量利息保障倍数更具有说服力。

　　(2) 短期偿债风险。速动比率和流动比率,通常用来衡量企业的短期偿债能力,但是这两个指标的分母中预收账款较多并表现企业对下游的议价能力时,企业的负债则容易被高估,指标被低估,因此也要结合流动负债的组成来看,而一个企业的流动比率是否应该要在2∶1以上才比较安全? 这一点无法确定,因为没有具体的评判标准,最好的办法是将该衡量指标在同行业进行横向对比、标杆对比,再根据企业生产经营特点、情况评估。另外,在判断企业的债务融资风险高低时,可能会忽视偿债能力的一些支撑因素,即综合盈利能力和获利能力。因此关注企业主营产品的销售毛利率、营业净利润、权益净利率,以及每股收益、销售现金比率等实属重要,这些也是银行等金融机构决定是否贷款给企业的关键指标。单一的财务指标分析方法获取数据较为容易、计算过程相对简单,但不易准确、全面地评估企业的债务风险。

　　2. 财务杠杆分析法。财务杠杆分析是指运用产出、收益、息税前利润、每股收益等变量之间的相关性分析来进行企业风险分析,主要用来研究收益波动过程中财务风险的高低。财务杠杆系数会因为企业资本结构中有息负债利息的增加而加大。财务杠杆有正效应和负效应,当资产收益率大于有息负债利率,效应为正,当然财务风险也会增加;反之为负,负效应会导致企业具有还本付息风险、资不抵债风险。财务杠杆系数计算方式如下:

$$DFL = (\Delta EPS/EPS)/(\Delta EPIT/EBIT) = EBIT/(EBIT - I - D/(1-T))$$

(7-1)

二、三种融资战略的融资风险

制定企业的融资战略一般遵循以下流程：先分析企业融资环境、确定资金需求量，再确定可供选择融资渠道、衡量融资成本和融资风险，最后实现融资结构的最优化，提升企业的经济效益。从企业融资战略的制定流程中可以看出，衡量融资风险的大小是做出选择融资渠道的关键一步，企业在制定融资战略前期就要对融资风险进行识别。企业融资战略包括保守型融资战略、平稳型融资战略、积极型融资战略等。当然，企业融资战略并不单一化，也并非一成不变，可能会随着其经营情况和外部环境变化而做出一些战略性的动态调整。

（一）保守型融资战略的融资风险

保守型融资战略的特点是股权融资占比大，有息负债占总负债比例较小、融资成本较高，一般情况下融资风险较低、财务杠杆系数小，资本的属性结构合理性较弱。

采取这类融资战略的企业常见的一类是前期负债融资困难的初创期企业；另一类是现金流量充足，经营状况上佳的成熟期企业，这类企业融资方式运用单一，债务融资风险很低。

佛山市海天调味食品股份有限公司（以下简称海天味业）采用的就是这种融资战略，如表7-2所示，海天味业负债95%以上是由流动负债组成的，并且在流动负债构成中，2016～2019年预收款项占比流动负债超过50%，2017年高达59.34%，流动负债其他组成部分也只是应付职工薪酬、应交税费等经营性负债，只有在2014年使用过短期融资券进行小额负债融资，企业的有息负债占比极低。海天味业的流动比率稳定在2.5左右。基于流动负债的构成内容，用流动比率等常规财务指标高估了海天味业短期还本付息风险。

表7-2 2014~2019年海天味业偿债能力情况

项目	2014年	2015年	2016年	2017年	2018年	2019年
流动比率	2.10	2.65	2.59	2.61	2.57	2.54
预收账款占流动负债比率（%）	60.38	41.38	53.16	59.34	52.65	51.36
流动负债占总负债比率（%）	95.33	98.42	98.66	98.74	98.28	97.82

资料来源：CSMER经济金融研究数据库，https://www.gtarsc.com/。

支撑海天味业使用该种融资战略的是企业在产品市场和资本市场的有利地位，具体表现为其财务数据优良，能够通过 IPO 融集资金，而且企业生产酱油、蚝油、调味酱等主营产品供不应求，毛利率较高。如表 7-3 所示，食品饮料行业销售净利率均值在 11% 左右，海天味业销售净利率在 25% 左右，高出行业水平大约 14 个百分点，加上企业运用大额预收收款、应收账款余额为零的快速回笼现金政策，企业的现金流量充足。总之，海天味业的经营风险较低，能够承受一定程度的还本付息风险，但是受其选择的保守型融资战略影响，企业的债务融资风险很低。

表 7-3　　　　　　　2014~2019 年海天味业盈利能力情况

项目	2014 年	2015 年	2016 年	2017 年	2018 年	2019 年
销售净利率（%）	21.29	22.22	22.82	24.21	25.63	27.06
行业平均（%）	11.21	11.55	12.11	11.34	13.16	13.47
权益净利率（%）	33.0	32.00	32.00	31.12	32.66	33.69
行业平均（%）	16.70	19.10	22.30	17.50	19.12	15.88

资料来源：Wind 经济数据库，https：//www.wind.com.cn/NewSite/edb.html。

（二）平稳型融资战略的融资风险

平稳型融资战略是一种较为理想的融资战略，旨在使资产使用周期和负债到期日相配合，其稳健性体现在负债期限结构安排和融资方式上。根据企业的流动资产和长期资产的特性对长期负债和短期负债进行有机配合能够在一定程度降低企业的融资风险。

针对实施该类战略风险的企业，可以在了解企业基本情况的基础上从两个方面来识别并衡量企业的融资风险：一是行业周期性的稳定性。当行业周期稳定，企业每年季节性高峰期的临时性流动资产就会较为固定，预测性就会较强，就会降低企业短期筹资来满足临时性波动资产的困难性，该行业内企业的融资风险就会较低。譬如，调料味业，该行业属于弱周期行业，产品属于快消品，逢年过节需求可能旺盛一些，需求预测性强，该类企业的融资安排较为容易。二是企业短期筹资的来源和长期筹资的能力。当企业使用经营性负债等商业融资方式来支撑企业的临时性流动资产，那么企业是没有付息压力的，债务融资风险较低，当企业使用金融性短期筹资渠道，需要结合企业的融资成本、现金流量保障倍数等财务指标来衡量企业还款能力，进而衡量企业的短期偿债风险。长期筹资能力需要对企业的所处行业情况、企业生产经营效益、存货周转率，应收账款回款速度，销售净利率，企业发展战略、成长能力等进行综合分析，识别并衡量企业的长期偿债风险。

（三）积极型融资战略的融资风险

积极型融资战略的典型特征就是资产负债率、金融负债率均处于高水平，融资渠道多样化，资本结构较为合理，融资风险较高。一般而言，实行此种战略的企业短期偿债风险与长期偿债风险兼高的不在少数。

华孚时尚是一家上市企业，主营纤维、纱线、面料等纺织品、印染品的制造、进出口贸易等。如表7-4所示，华孚时尚股份有限公司（以下简称华孚时尚）资产负债率常年高达60%以上，大量举债经营，特别是短期借款占企业流动负债比例70%以上；金融负债比率更是居高不下，常年在80%左右，2018年高达84.83%；流动比率2014～2019年也只有1左右。值得注意的是企业现金流量利息保障倍数从2017年的5.13降至2019年的2.34，这可能是企业受外部环境影响，导致企业的经营风险增加，从而形成连环效应，对企业短期和长期偿债风险造成不利影响。

表7-4　　　　　　2014～2019年华孚时尚偿债能力情况

项目	2014年	2015年	2016年	2017年	2018年	2019年
短期借款（亿元）	30.48	33.09	46.40	62.57	90.00	81.81
短期借款占流动负债比例（%）	70.57	65.00	74.80	73.60	83.88	78.21
资产负债率（%）	60.84	60.14	61.50	54.84	60.50	63.57
流动负债与负债比率（%）	80.11	90.08	91.70	96.59	95.93	89.70
金融负债比率（%）	78.96	83.54	77.57	77.78	84.83	81.60
流动比率	1.16	1.04	0.99	1.15	1.11	1.08
现金流量利息保障倍数	2.03	2.63	3.76	5.13	4.22	2.34

资料来源：CSMER经济金融研究数据库，https://www.gtarsc.com/。

总的来看，企业采用过于激进的融资战略，财务杠杆利用程度高，降低了企业加权资本成本。但无论是负债期限结构还是负债规模上均存在不合理之处，再加上外界环境对企业经营造成不利影响，企业短期偿债风险大，属于"四阶段症状"法的债务危机发作期,即自有资金不足,过分依赖外部资金,利息负担较重。

为避免进入财务危机转恶期以及爆发期,华孚时尚2019年公告称企业在积极考虑发行可转换债券等混合融资方式,以偿还企业的短期银行借款并能在后期转换为股权资本,降低企业的短期还本付息风险,并筹划在越南建设新型纱线项目,寻找利润增长点和经营突破点,以降低企业长期偿债风险。

三、融资风险控制

融资风险受企业资本供求、内部负债期限结构、负债利率水平、资本结构、债务存量、负债规模与现阶段的现金流量是否匹配,以及企业经营风险的影响。我们应该如何控制企业融资风险?

(一) 运用多种融资工具,分散融资风险

常见的融资途径包括银行贷款、融资租赁、发行债券、上市融资、私募投资等,而通过员工持股、供应链金融平台、政策性金融等方式筹资也逐渐盛行。企业可以结合自身现实情况,拓宽融资渠道,在利用债务筹资获得杠杆效应提高资产收益率的同时享受较低的债务利息率。当企业财务风险已经爆发,资产负债率过高,又不能进行股权融资时,可以考虑与债务人协商进行债转股、债权人让步等债务重组方式,或者进行"磨债",即多方债务人和债权人集中在一起互相抵销符合条件的债务,降低融资风险。

(二) 确定合理的筹资规模

企业债务规模越大,还本付息量就越大,压力也随之产生。一旦资金链断裂,企业就会面临退市、破产清算的风险,这对民营企业来说尤为明显。因此,在进行融资规划,实施融资战略时,要根据企业发展方向、发展战略实时地对企业产品销售规模、经营资金需求量、资本性支出量编制相关预算。企业资金筹集量既要满足企业对内经营和对外投资的需求,也不能过度融资使得资金利用效率低下。

（三）保持均衡、清晰的债务期限结构

债务期限结构不仅受制度环境的约束，也受自身特征因素影响。一般而言，企业创造现金能力强，即存货周转率高、应收账款回收速度快，现金周转期较低，可以选择短期债务来安排生产和投资，降低资金成本。根据期限匹配理论，当企业固定资产占总资产比例较高，资产使用期限越长，对长期资金来源需求越高，可以选择较长期限的债务；成长机会较多的企业经营风险较高，可以尽量选择期限较长的债务，降低企业短期还本付息风险。

（四）建立融资风险预警体系

企业管理人员应该了解所在行业的融资状况、国家产业贷款扶持政策、大范围收集国内外因为融资风险失控影响企业经营状况的案例，并站在企业发展战略和融资战略高度，定期分析企业有息债务、或有负债等债务状况，善于运用上述识别、评估融资风险的工具，咨询外部专家或者融资服务机构，建立融资风险预警体系，动态控制融资风险。

第三节　投资战略与投资风险

投资战略的主要内容包括投资目标的设立，投资方向和类型、时机、规模、地点以及筹资策略的选择。

投资战略决策流程一般是在战略层面上根据发展方向和行动宗旨确定投资对象及其规模并分析投资风险，再调动组织可供分配的人力、财力、物力，最后做出具体投资对象的相关决策。

由于内、外部因素的不确定性，投资战略的选择、实施总是伴随着投资风险。投资风险是指企业将资金资产投入后由于决策因素，市场需求变化等因素导致实际收益偏离预期收益的风险。该风险贯穿于企业开始投资决策起到投资结束的全过程。

投资风险的表现形式可能随着投资进度的变化而不断变化，需要在投资过程中动态监督、实时评估。企业应该具有风险意识，学会对其进行识别和评估，并采取应对策略。

一、投资风险分类及成因分析

(一) 投资风险的分类

企业投资分为直接投资和间接投资。直接投资包括对固定资产、无形资产等进行的项目投资，通过新设、吸收合并、收购等方式对其他公司形成的权益性投资。间接投资是企业购买交融性金融资产、债券、股票等证券资产。本节基于投资战略的长期性特征，主要涉及企业的直接投资。

不同投资方式面临的投资风险评估方式、应对方法相差较大。根据图7-3所示，根据企业是否能够影响、控制风险的高低把投资风险分为非系统风险和系统风险，系统风险包括利率风险、行业风险、自然风险和环境风险；非系统风险有制度风险、管理风险、生产风险、技术风险、资金不足风险。

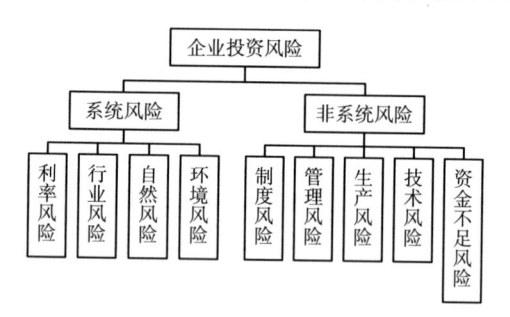

图7-3 投资风险分类

由表7-5可知，投资风险分类的定义。

表7-5　　　　　　　　　　投资风险分类定义说明

投资风险种类	说明
环境风险	由企业所处的整个市场环境，包括经济环境、政策环境、法律环境所引发的风险
行业风险	由企业所处行业，投资行业的前景状况不佳所导致的风险
自然风险	由自然灾害等不可预测的情况导致投资失败的风险
利率风险	利率变动对投资者收益或资本的价值发生的波动所产生风险
制度风险	企业投资管理内部控制制度等不完善不规范引起的风险
管理风险	在投资经营过程中，由于项目可行性研究分析不当，决策失误，投资主体能力局限性所引发的风险

续表

投资风险种类	说明
资金不足风险	由企业投资过程中资金不足、资金链断裂所导致的资金不足风险
生产风险	企业投资组织生产流程中在原材料、设备、人员等方面出现障碍而引发的风险
技术风险	由于投资项目所用技术革新、不确定性因素导致的风险

（二）投资风险的成因分析

根据投资风险的分类和具体含义，可以看出投资风险通常受宏观环境、企业自身经营状况、管理决策、管理人员素质等多种因素影响。系统、深入地剖析投资风险成因，有助于识别企业的投资风险。

1. 企业宏观经济环境影响。无论企业是投资原本的行业还是进入新的行业，投资都在经济大环境中进行，受宏观环境的支配，只是所受影响程度有高低之分，譬如，当国家经济萧条，旅游业、航空运输等行业会受到较大影响，企业作为投资者，投资项目回报率可能会达不到预期，投资风险会增高。

2. 投资主体投资出发点不明确。投资的根本目的是在未来可预见的时期内获得收益或使资金增值，而一些投资主体却忽略投资实质，一味追求企业规模，欲打造所谓的"生态链"，盲目跟风投资、四处以过高溢价并购其他企业，导致最后投资回报率达不到预期，甚至拖垮企业的主营业务，影响企业健康发展。

3. 企业管理人员投资风险意识不够。风险与收益往往是成正比的，但获得高收益的前提是企业能够承担投资失败所带来的后果。企业进行项目投资时往往可能会过于乐观，高估市场容量和预期效益而低估项目营业期的环境维护成本、意外损失等现金流出量，使得企业的投资回报率与预期出入较大，这是不够谨慎、风险意识不够的表现。另外，由于委托代理、信息不对称等现实情况存在，企业管理人员可能开展超过企业风险承受能力的投资活动，进行高杠杆投资、杠杆并购以获得超额收益时，一旦投资失败，企业将可能处于危墙之下，很难"东山再起"。

4. 企业投资管理制度不健全。制度往往都起着顶层设计的作用，如果企业在投资审批权限、决策程序、投资项目转让与收回、投资原则、对投资的监督等制度方面没有缜密设计，相关责任部门（如财务部、法务部、投资发展部、内部审计部门）可能存在"钻空子"的情况，会增加管理越权投资的概率，从而增加企业投资风险。

5. 产品市场和资本市场波动。企业通过投资固定资产、无形资产来研发生产产品，以求得预期的收益。在产品市场上，企业的效益受上游企业经营情况的影响，如果上游供应商原材料价格、配件价格受供求、自然灾害等原因波动上升，就会增加企业生产成本，影响企业投资预期。与此同时，消费者需求的大幅度变化也会使企业各种产品畅销度不同，从而影响企业投资效益。在资本市场，企业筹集资金进行投资，资金供求会影响企业筹资利率、成本高低变动会影响企业的投资成本，从而增加企业的投资风险。

二、识别与评估投资风险

具有不确定收益和损失特征的任何形式投资都伴随着风险。风险承受能力和风险接受度取决于投资主体本身和投资主体的预期投资回报率。企业应该尽可能掌握足够的信息，以定性分析识别投资风险因素，再运用层次分析法、风险矩阵风险法、敏感性分析法、净现值分析等方法有效评估企业投资风险水平、划分风险等级，进行投资项目可行性分析和风险收益分析。

（一）识别投资风险

熟悉投资风险的定义、分类及其影响因素后，对投资风险形成初步认识，常规的识别投资风险流程如图 7-4 所示。

首先，要先收集相关资料，资料一般包括：（1）本企业主要客户、供应商及竞争对手的有关情况并用波特五力模型分析、SWOT、PEST 等分析工具分析的相关资料。（2）投资项目所涉及行业状况，国家产业投资政策，最新技术、科技情况，对并购、收购目标企业管理团队、业务模式、盈利模式等所作尽职调查的资料。（3）投资项目所对应具体产品或服务的市场需求情况、消费者偏好趋势。（4）本企业投资规划、战略，年度投资目标、经营战略，以及编制这些战略、规划、计划、目标的有关依据。（5）本企业对外投资流程中曾发生或易发生错误的业务流程或环节，相关专家问卷调查表及其咨询建议的记录表。

第七章 财务战略与财务风险

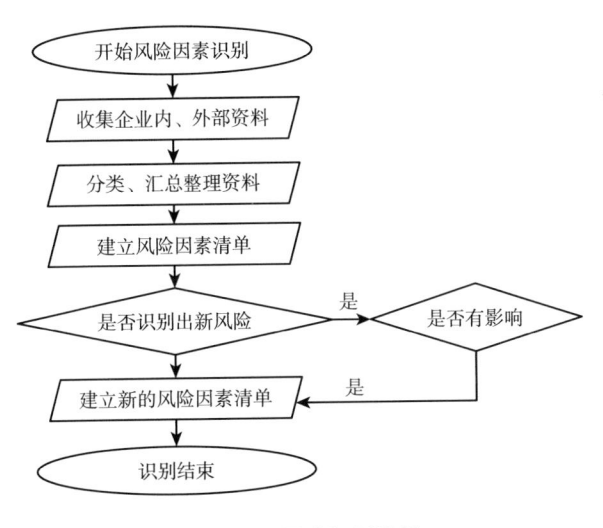

图7-4 风险识别流程

其次，要对整理收集的资料进行分类和汇总。再次，根据资料罗列初步风险因素清单，备注其影响是否具有广泛性，以及企业是否需要高度关注、追踪、评估。最后，需要由专门负责人对风险因素进行实时识别，判断其是否会对现有投资产生影响。判断是，则需要增加到风险因素清单，并建立新的风险因素清单。

（二）评估投资风险

1. 风险矩阵法。1995年，美国空军电子系统中心（ESC）首次提出风险矩阵法。风险矩阵法对风险发生的可能性和风险发生后果的严重程度进行评级，并借助风险矩阵图综合判断风险为低等、中等、高等风险。该种方法为企业确定各项风险重要性等级提供了可视化的工具。但是，需要对风险重要性等级标准、风险发生可能性、后果严重程度等做出主观判断，可能影响使用的准确性。如图7-5所示，体现风险后果严重程度的横坐标定性描述为"微小""较小""较大""重大"，为方便直观观察，本书用半定量数值1、2、3、4分别代表风险严重程度等级；体现风险发生可能性的纵坐标等级定性描述为"不太可能""偶尔可能""可能""很可能"，同理，用1、2、3、4分别代表风险发生可能性等级，从而形成4×4个方格区域的风险矩阵图。根据矩阵中每一个方格对应的横纵坐标数值相乘，可对该风险进行定量评估，数值相乘小于等于 3 为较小风险，数值在 4~6 为中等风险，数值在 8~16 为重大风险。

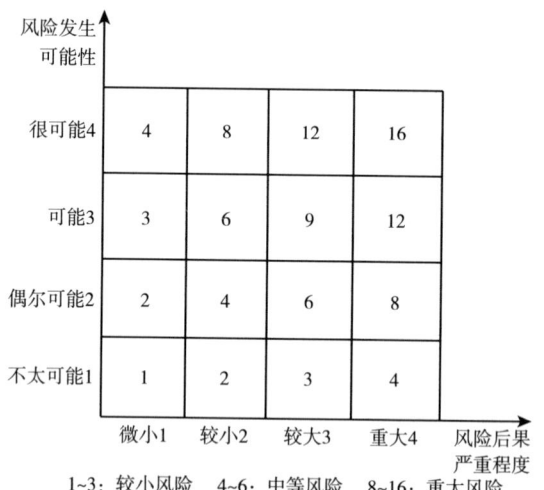

风险发生可能性	微小1	较小2	较大3	重大4
很可能4	4	8	12	16
可能3	3	6	9	12
偶尔可能2	2	4	6	8
不太可能1	1	2	3	4

1~3：较小风险　　4~6：中等风险　　8~16：重大风险

图 7-5　风险矩阵图

资料来源：郑琳，董倩文，刘思好. 风险管理和风险矩阵的应用——以苏宁易购为例 [J]. 中国商论，2019（2）：163-165.

2. **敏感性分析**。在企业项目投资决策中，敏感性分析在假设其他因素不变时，衡量一个或两个特定相关不确定因素变化对投资项目绩效（如净现值）的影响程度。某一相关因素在较小幅度内发生变动，如果对项目绩效指标（如净现值）造成较大影响，则表明投资绩效指标对该因素敏感性较强，即敏感性系数较大；反之则弱，计算公式如下：

$$相关因素的敏感性系数 = \frac{项目投资绩效指标（净现值）变化百分比}{相关因素变化百分比}$$

（7-2）

敏感性分析的作用是考虑项目投资可行性下，从多个不确定性因素中逐一分析、测算敏感性因素对项目绩效指标的影响程度和敏感性程度，进而判断项目承受风险的能力。

3. **层次评估法**。20 世纪 70 年代，美国匹茨堡大学教授萨蒂（Saaty，1980）首次提出层次分析法，简称 AHP，指将与决策相关的元素分解成目标、要素、准则、方案等层次，再利用专家模糊打分、矩阵分析法、概率统计法确定每一层次的权重，在此基础之上进行定性和定量分析的决策方法。将层次评估法运用于投资风险评估，通常目标层是投资风险评估。要素层是投资目标、投资地点、投资方向、投资领域、投资方式、投资时机、筹资策略、投资规模。次要素层包括：（1）外部宏观环境风险要素，具体包括政治、经济、法律等；（2）外部微观投资环境风险要素，具体包括竞争状况、供应商情况、股东态度、用户压力、金融机构等；（3）内部投资环境风险要素，具体包括组织管理能力、企业文化、企业资产、营销能力等；（4）投资专项方案财务指标，具体包括投资利润率、投资回收期、内部报酬率、净现值、借款偿还期等。

三、三种投资战略的投资风险

企业的投资战略可分为发展型投资战略、稳定型投资战略、退却型投资战略。企业可以通过综合考量自身市场地位、市场占有率、所处行业发展阶段、企业生命周期、财务战略、经营战略、公司发展战略等因素确定投资目标、选择投资战略类型或将几种投资战略混合使用，并对投资风险进行识别、评估和管理。

（一）发展型投资战略与投资风险

企业持续性地通过投资固定资产、无形资产来大幅度扩大生产规模、新设子公司等方式以提高市场占有率，通过收购、兼并其他企业进行垂直扩张、水平扩张等，均属于发展型投资战略的具体表现形式。实施该种战略的投资风险高低与否，需要根据企业的具体情况进行分析。如果企业通过投资非相关多元化产品、项目或是投资并购跨行业的企业来实现发展战略，则未来发展的不确定性较大，企业的投资风险也较大，特别是在相关产品、项目的市场前景不可预测时。而当企业资金充足、行业前景良好、产品供不应求时，企业建设新的生产线扩大现有生产规模，意图占据更大的市场份额时，企业的投资风险往往是较小的。

海天味业是一家主营业务为酱油、蚝油、调料酱的调味业龙头企业。其产品供不应求，常年实现产销平衡，但是相比较日本调味业龙头企业龟甲万在日本30%的市场占有率，海天味业仅有6%，其进步空间还很大，海天味业为扩大企业生产规模、满足市场需求、提高市场份额，自2004年来，投资规模逐渐增大，其2010年投资"海天高明150万吨酱油调味品扩建工程"项目,该项目的建设期为2010~2015年,2015年全面验收,产能达150万吨生产能力,此后据企业估测具有15年的运营期。

结合上述识别和评估投资风险的思路,分析外部宏观环境、微观环境以定性识别和评估投资项目的行业风险等系统风险,分析内部投资环境并定性评估投资项目的技术风险、管理风险等非系统风险。

一方面,调味业属于民生行业,调味品特别是酱油是我国居民日常生活中不可或缺的刚需消费品。根据中国调料品协会的统计,自从改革开放以来,我国调味业已经连续7年保持10%以上的增长,2008年的行业销售额已经突破千亿元,其中酱油占比高达30%以上。[①] 随着居民消费水平的提高、食品加工业和餐饮业的发展,我国调味业的集中度会进一步增加,因此该投资项目行业风险较低。

另一方面,根据2014年海天味业招股说明书披露,企业在考虑环保、未来市场和历史数据的基础上,测算的净现值为598186万元,并对销售收入、经营成本、建设投资初始额相对财务净现值进行敏感性分析测试。如表7-6所示,销售收入对海天味业"海天高明150万吨酱油调味品扩建工程"项目的影响最为敏感,经营成本次之。当海天味业经营成本提高10%,企业的净现值为488359万元;当海天味业销售收入降低10%,企业的净现值为362102万元。可以看出,企业风险承受能力较高,项目的可行性分析到位,因此企业管理风险较低。

表7-6 2014年海天味业调味品扩建项目敏感度测试分析

项目	变化范围 (%)	财务内部收益率 (%)	财务净现值 (万元)	投资回收期 (年)
基准收益率(12%)	0	44.80	598186	5.60
销售收入	10	57.06	834271	4.80
销售收入	-10	32.40	362102	7.00
经营成本	10	38.52	488359	6.20
经营成本	-10	52.18	721720	5.00
建设投资额	10	42.46	589612	5.80
建设投资额	-10	47.53	606760	5.40

资料来源:海天味业2014年招股说明书。

[①] 中国调味品行业协会,http://www.chinacondiment.com/。

除此之外，在资金方面，2014年海天味业利用上市筹资大量资金为该项目提供资金支持。在技术方面，企业现有的生产研发技术包括食品快速检测技术、风味检测技术、生物工程育种技术、多因子调控制技术等，均处于国际领先水平，为该投资项目提供技术支持。总体来看，该投资项目的资金不足风险、技术风险均较小。

发展才是硬道理，既符合国家战略，也适用于企业的投资战略。但为避免投资失败，即便企业资金充裕、行业前景良好，企业在制定、实施投资战略过程中也切勿掉以轻心，应该时刻警惕投资风险。

（二）稳定型投资战略与投资风险

稳定型投资战略适用于企业现有产品市场规模已经难以大幅度扩张，致力于寻找新的投资机会的企业。这类企业往往只是维持现有的投资规模和投资水平以获取利润从而积累资本，为以后更好的投资机会提供资金支持。

这类企业在没有找准投资机会时投资风险较低，因为维持现有投资规模的预期收益与实际收益偏差较小。而后期的投资风险高低取决于企业的风险偏好程度、投资行业风险，以及企业前期做的产品调研、市场分析等具体情况。企业必须要依靠向内发展和向外扩张才能够立于行业不败之地，实施稳定型投资战略通常只是在一个时间段，因此并不能掉以轻心，必须对未来投资项目的系统风险做出整体评估，在能够接受的前提下利用企业优势把握新的投资机会，即利用现有渠道、现有生产线或者人力资源等选准新的产品，公司进行投资，降低非系统性投资风险。

（三）退却型投资战略与投资风险

企业实施退却型投资战略实际上是通过出售技术、固定资产、子公司股权，进行裁员、削减企业部门等方式来缩减投资规模、撤出某些领域或者转移投资方向。实施该种投资战略的企业可能是为回笼资金以筹谋下一阶段的投资部署计划，实现投资良性循环、进行更高层次的价值增值。也有企业是由于经营不善、过度投资，企业财务状况恶化后资金链断裂，急需生产周转流动资金，被迫选择退却型投资战略。这类企业可能面临管理风险、行业风险、资金不足风险等投资风险。

海航控股股份有限公司（以下简称海航控股）于1993年1月成立，1999年于上交所上市，公司主营业务包括国际、国内航空客货邮运输业务，与航空运输相关的酒店服务行业，以及金融业务、地产业务，物流业务等，自上市以来，海航控股陆续运营及投资国内外酒店8000余家、商业门店逾1600家、旅游门店280余家，还先后运营管理了天津航空、首都航空、乌鲁木齐航空、福州航空等航空公司。截至2020年，海航控股及旗下控股子公司共运营国内外航线近1800条，其中国内航线1500余条（含港澳台航线14条），国际航线266条，航线覆盖亚洲、欧洲、北美洲、南美洲和大洋洲，通航境外86个城市。由于企业不能按期偿还到期债务，海南省高院已于2021年2月裁定债权人对公司的重整申请，2021年4月12日，海航控股重整案第一次债权人会议通过全国企业破产重整案件信息，2021年8月，海南省高院裁定海航控股及子公司重整计划草案提交期限延长至2021年11月10日。

如表7-7所示，2018年海航控股净利润突然大幅下降，为-36.48亿元，当年海航控股若干借款及融资租赁款未按照相关借款协议及融资租赁协议的约定按时偿还，累计未按时偿还本金7577606千元（"逾期偿还事项"），由此，公司资金流动性风险爆发。2018年，海航控股出售持有 AzulS.A. 20.00%优先股股权，出售2架B767飞机及1台备用发动机；2019年，海航控股内部持续抛售资产，于6月出售2架自有B737-800飞机，控股子公司于6月出售自有的4架A319飞机、8架B737-800飞机及4架A319飞机，除此之外，当年还转让控股子公司北京国晟物业管理有限公司75.10%的股权；2020年，海航控股出售海南天羽飞行训练有限公司100%股权，其子公司云南祥鹏航空有限责任公司转让持有的海南国善实业有限公司、海南国旭实业有限公司、海南航鹏实业有限公司100%股权。公司2018年公告称加快处理非航空主营业务资产，不断优化公司资产结构，获取更多现金回流，以上可以看出海航控股由发展型投资战略转向退却型投资战略。

表7-7　　　　　　　　2016~2020年海航控股部分财务指标

指标	2016年	2017年	2018年	2019年	2020年
货币资金（亿元）	215.9	363.9	379.3	201.4	82.36
净利润（亿元）	34.10	38.82	-36.48	7.331	-687.4
流动比率	0.899	0.632	0.438	0.487	0.371
现金流量比率	0.374	0.19	0.073	0.105	-0.003
资产负债率（%）	54.18	62.52	66.42	70.76	113.52

资料来源：根据海航控股2016~2020年年度报告整理。

对海航控股的行业风险、资金不足风险、管理风险进行定性评估进而对企业投资风险进行定性评估。

1. 行业风险。海航控股主营业务为航空运输业,属于周期性强的企业,随着我国经济发展、居民人均消费水平的提高,民航客运量自2000年来持续上升,2018年超过55000亿人次①,即便新冠肺炎疫情对旅游业、航空运输业影响较大,但是后期该行业依托于经济发展和居民消费升级,市场前景较为良好,所以我们把风险发生可能性设定为偶尔可能,即为2,风险后果严重程度设定为2,即较小,相乘则对应风险矩阵图(见图7-5)中的中等风险。

2. 资金不足风险。海航控股前期进行大量债务融资来维持企业跨国投资的发展战略,财务杠杆风险和资金流动性风险不断增加,偿付能力逐渐丧失,如表7-7所示,2020年企业资不抵债,资产负债率从2016年54.18%攀升到2020年113.52%,而且当年账面货币资金82.36亿元中有57.48亿元资金受限,为长短期借款、应付票据、保函、信用证及关联方借款的质押金。因此,我们将企业资金不足风险发生可能性设定为4,即很可能,风险后果严重程度设定为4,相乘对应风险矩阵图(见图7-5)中的重大风险。

3. 管理风险。海航控股旗下子公司分布全球,企业管理本身就具有一定的难度,企业前期过于注重发展速度、忽视企业内部优化及协同,即便如今实施退却型投资战略,剥离了相关资产,但是由于企业内部管理烦琐复杂,经营受阻,我们将企业的管理风险的风险发生可能性设置为3,风险后果严重程度设置为3,相乘则对应风险矩阵图(见图7-5)中的重大风险。

综合来看,海航控股采取退出型投资战略、缩小投资规模属于正确的战略转型,但是由于前期发展战略过于激进、企业偿债能力过低,导致企业后期资金缺口大、投资管理难度大、风险较高,最终导致破产。

四、投资风险管理

进行投资风险管理一般需要明确企业的具体目标,整合企业目前拥有的

---

① 中国民航局,http://www.caac.gov.cn/index.html。

人力、物力、财力等资源，初步判断风险事件发生前、中、后所采取的应对措施以及风险管理工具。企业制定风险管理解决方案，应注重成本与收益的平衡，根据企业的投资风险种类、投资风险因素识别和评估情况及其投资者的风险偏好程度，可以选择具体的、不同的风险应对措施。风险应对办法一般包括以下4种方式。

（一）风险承担

对于投资过程中，政策法规的变化风险，污染及其安全规则约束、自然灾害发生风险等环境风险难以预测时，企业只能根据外界的变化来调整自身行为，并承担一定的风险。除此之外，企业所在行业不景气所带来的行业风险，企业也可以根据成本效益来衡量是否选择紧缩型投资战略，削减人力成本与开支的同时承担一定投资风险。

（二）风险转移

对于企业所可能面临的战乱和战争等环境风险，企业可以选择到大型保险机构购买针对性的保险，将风险转移一部分到保险公司，企业对自身不擅长的投资项目也可以选择外包出去，将投资风险转移一部分给外包公司。

（三）风险规避

当企业所在行业或者进入时间较短的行业出现危机，企业可以选择出卖资产或者卖出股权以直接退出某项投资项目，以规避投资风险。当然，当企业前期投资资金规模大，企业的退出壁垒将会较高，完全退出该行业只是一种及时止损的方式。

（四）风险控制

管理风险、制度风险、技术风险等是企业自身素质问题导致的，并且这些风险贯穿于投资全过程，企业应该在投资事前、事中、事后进行全方面的风险控制管理如表7-8所示。

表 7-8　　　　　　　　　　投资风险管理措施

投资风险种类	主要阶段	风险因素	风险应对办法	采取的措施
环境风险	投资全过程	政策法规变化	风险承担	
		战乱和战争	风险转移	购买保险
		通货膨胀导致的购买力风险	风险承担	
		污染及其安全规则约束	风险承担	考虑污染成本，增加现金流出量预算
自然风险	投资全过程	自然灾害，病毒等	风险承担	
行业风险	投资全过程	行业不景气、夕阳行业	风险规避与风险承担	直接退出某类业务或卖出股权以规避风险或者是采取紧缩型财务战略，削减人力成本与开支，维持利润
制度风险	投资全过程	对外投资制度、公司章程等制度不完善	风险控制	可以参照证券交易所发行的文件、《中华人民共和国公司法》的规定并结合公司具体情况完善公司在项目投资、股权投资、证券投资的各类审批、转让、退出制度，降低制度风险
管理风险	投资全过程	企业管理人员风险意识不够，投资决策不科学，主观臆断，素质低下	风险控制	企业管理人员应该定期参加培训，增强风险意识和自身素质，人力资源部门也应该建立科学考核体系引进高素质人员，建立科学决策模型协助决策，企业监事会人员、审计人员及其独立董事应该发挥其监督作用，以进行投资风险控制
技术风险	投资事中、事后	由于核心技术落后、没跟上技术迭代的步伐或者过于依赖某项核心技术而导致的风险	风险承担与风险控制	企业可以根据自身条件和外部形势考虑是否要加大研发力度，提高消费者需求变化敏感度，来降低技术风险。此外，如果企业进入技术壁垒过高，企业也可以选择承担此类风险，提高市场、品牌等其他核心竞争力，以顺利施展投资进度

第四节 股利战略与股利分配风险

股利分配风险是企业的股利分配政策没能平衡好各方关系,导致企业出现再筹资风险、股东不满风险、股价波动风险等。

股利战略致力于解决三个问题,即采取怎样的股利分配形式、确定股利支付率以及想要传递给投资者怎样的信息。这三个问题折射出股利分配实际既要考虑短期消费与长远发展,又要考虑企业内部需求与外部声誉;既要平衡股东间利益关系,又要促进公司可持续性发展,稳定股票价格。当股利分配政策制定与执行效果偏离既定目标,就存在股利分配风险。企业应该根据自身发展战略、筹资战略、投资战略等对股利战略做出长远规划布局,并提高风险防控意识。

一、三种股利战略的股利分配风险

在常见的四种股利战略中,由于低正常股利加额外股利战略灵活性较大,涉及股利分配风险也相对较低。因此,再次主要讨论其他三种股利战略及其股利分配风险。

(一)剩余股利战略与股利分配风险

剩余股利战略的"剩余"两个字代表企业股利是否分配。如何分配是在投资预算、目标资本结构后才会考虑的,这是创业和成长机会较多的企业常采用的股利战略,相比稳定或持续增加的股利战略,该战略涉及的再筹资风险较低,并且能够在企业经营效益一般、偿债能力欠佳时在一定程度上缓解企业的资金压力。

唐山冀东水泥股份有限公司(以下简称冀东水泥)上市于1996年,主营硅酸盐水泥、熟料及相关建材产品的制造、销售。其采取的是剩余股利战略,具体分红政策如表7-9所示。企业进行现金分红的条件,需要优先考虑企业未来一年以上已确定的投资、扩建项目,并且企业还会综合考虑行业特点、发展阶段、自身经营模式、盈利水平,以及未来是否有重大的资金安排支出以调整当年现金分红占本次利润分红的比例。

表7-9　　　　　　　　　2015~2019年冀东水泥股利分配策略

股利分配内容	具体政策
利润分配原则	公司分配当年税后利润时，要提取利润的10%列入公司法定公积金。公司法定公积金累计额为公司注册资本的50%以上的，可以不再提取。公司的法定公积金不足以弥补以前年度亏损的，在依照前款规定提取法定公积金之前，要先用当年利润弥补亏损
公司利润分配形式	公司采用现金、股票或者现金与股票相结合的方式分配利润。在符合利润分配原则的基础上，优先采用现金分红的利润分配方式分配股利
公司现金分红的条件	1. 年度实现可供股东分配的利润为正值且可以实际派发； 2. 公司聘请的审计机构为该年度财务报告出具标准无保留意见的审计报告； 3. 公司未来12个月内已确定的投资项目、扩建项目、收购资产等所需资金总额不超过公司最近一期经审计净资产的30%
剩余差异化股利分配策略	公司董事会应当综合考虑行业特点、发展阶段、自身经营模式、盈利水平以及是否有重大资金支出安排等因素，区分下列情形，并按照公司章程规定的程序，提出差异化的现金分红政策： 1. 公司发展阶段属成熟期且无重大资金支出安排的，进行利润分配时，现金分红在本次利润分配中所占比例最低应达到80% 2. 公司发展阶段属成熟期且有重大资金支出安排的，进行利润分配时，现金分红在本次利润分配中所占比例最低应达到40% 3. 公司发展阶段属成长期且有重大资金支出安排的，进行利润分配时，现金分红在本次利润分配中所占比例最低应达到20%

资料来源：根据冀东水泥2015~2019年年报整理。

如表7-10所示，冀东水泥2015~2017年没有分配股利，2019年每股现金股利0.5元，共分配67376.15万元。可见冀东水泥股利分配策略稳定性欠佳，会降低对投资者的吸引力。

表7-10　　　　　　　　　2015~2019年冀东水泥股利分配情况

报告期	每10股派发现金股利（含税）	现金分红数额（万元）	归属于上市公司股东普通股东的净利润
2015年	不分配不转增		-17.15亿元
2016年	不分配不转增		5289万元
2017年	不分配不转增		5.044亿元
2018年	4	53900.92	19.04亿元
2019年	5	67376.15	27.01亿元

资料来源：根据冀东水泥2015~2019年年报整理。

图 7-6 是冀东水泥 2015~2019 年流动比率均在 1 以下，2017 年才 0.51，表明企业的偿债能力欠佳，且企业短期借款、长期借款和应付债券等有息负债常年居高不下。2018 年短期借款达 137.5 亿元，表明企业资金需求量大，而采用剩余股利战略能够帮助企业减轻资金压力，提升企业的偿债能力，降低企业的筹资成本和再筹资风险。

	2015年	2016年	2017年	2018年	2019年
短期借款	92.95	117.6	138.2	137.5	76.01
长期借款和应付债券	72.52	48	38.86	28.51	58.66
冀东水泥流动比率	0.43	0.52	0.51	0.80	0.78

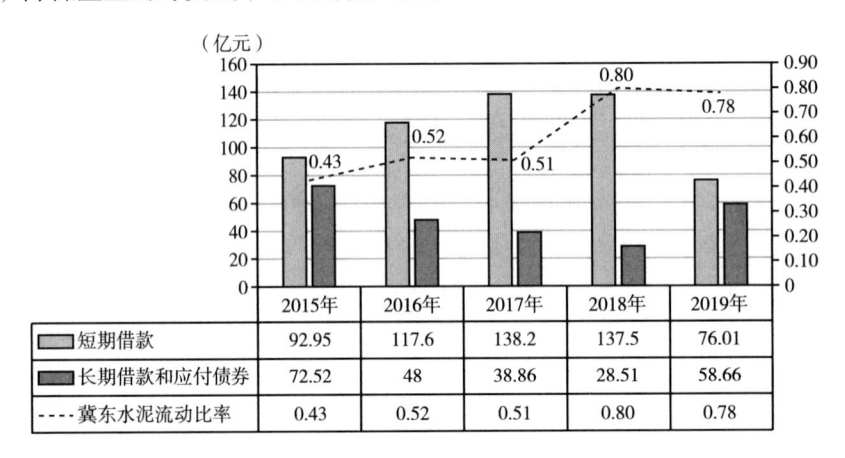

图 7-6　2015~2019 年冀东水泥偿债能力情况

资料来源：CSMER 经济金融研究数据库，https：//www.gtarsc.com/。

（二）稳定或持续增加股利战略与股利分配风险

一般选择稳定或持续增加股利战略的企业给外界传递的是具有一定盈利能力和现金实力的信息，这有利于企业股价上涨、提升公司整体吸引力，尤其是对股利较为看重的股东而言，投资这类公司无疑是优良选择之一。这种股利战略优点明显，但是可能与公司的利润、经营性现金净流量、权益净利率相关性太弱。当企业盈余较少或利润较多，但是现金回款速度慢、应收账款坏账准备计提比例大导致企业可供支配的现金流量少，此时企业依然要分配固定、高额的现金股利，会引发企业再筹资风险，导致企业再筹资成本高、财务状况每况愈下。因此如何设定固定股利的具体金额，并结合公司财务状况、公司发展战略、投资战略，在一定年限内调整固定现金股利支付额是实施该种战略的公司必然要考量的。

采取此种战略的一些企业的确是经营状况良好，为回馈广大股东而采取正常的逐渐增加的高派现股利策略。但是，资本市场也出现一些企业采取异常的持续增加的高派现股利策略的现象。如华宝香精股份有限公司（以下简称华宝股份）2017年每10股派2股现金股利，共分配1.23亿元；2018年采取每10股派40股的现金股利策略，共分配现金股利24.64亿元，控股股东分配将近20亿元。如表7-11所示，企业2015~2019年归属于母公司股东利润在11亿元左右。但是企业的净利润、营业收入、每股收益却逐年降低，这表明企业的现有盈利能力并不能支撑起企业的股利政策，可能会引发企业的再筹资风险。另外，在互联网时代，网络舆论四起，中小股东们在各大股吧议论纷纷，猜测如此激进的股利政策是基于股东套现的动机，对公司声誉造成严重负面影响，这也是信息时代股东不满风险所带来的后果。

表7-11　　　2015~2019年华宝股份收益指标与股利分配情况

项目		2015年	2016年	2017年	2018年	2019年
营业收入（亿元）		27.92	26.5	21.98	21.69	21.85
其中：归属于母公司股东的净利润（亿元）		13.27	12.63	11.48	11.76	12.36
每股收益（元）		—	2.46	2.07	1.94	2.01
股利分配政策	分配方案	—	—	10股派2元（含税）	10股派40元（含税）	10股派19.8元（含税）
	分配现金股利（亿元）	—	—	1.23	24.64	12.9

资料来源：根据华宝股份2015~2019年度报告整理。

（三）固定股利支付率股利战略与股利分配风险

固定股利支付率股利战略特点在于企业股利与当年盈余紧密联系。尽管如此，在实施过程中也可能会导致再筹资风险和股东不满风险。发生这种风险的原因是当寻求到对外投资或对内投资机会时，采取固定支付率股利战略不能够满足企业的筹资需要，引起企业的再筹资风险；而不当的战略调整可能会对企业造成一定的负面影响，引起股东的不满。如图7-7所示，海尔智家、美的集团以及格力电器在2014~2016年，股利支付率较为稳定。海尔智家股利支付率为22%左右，美的集团在40%左右，格力电器则偏高，股利支付率在65%左右。由于格力电器在2017年企业战略调整，意欲扩大对外投资，实施多元化投资战略，为降低筹资风险，留存足够的资金投资，当年并未分配股利，引起投资者不满，相关股东的反对声音甚嚣尘上，相关利益者在各大财经网站、微博官网传播公司各种新闻，议论公司股利政策和投资战略，导致公司声誉受到损害。为此，格力电器在2018年将股利分配率调整到34.21%，在一定程度上缓解了压力。总之，采用固定股利支付率股利战略容易给股东们形成稳定的股利分配预期，当分红过多导致企业内部存在再筹资风险，想大幅度调整股利支付率时，面临阻力较大，企业可以选择小幅度调整，降低股东不满风险。

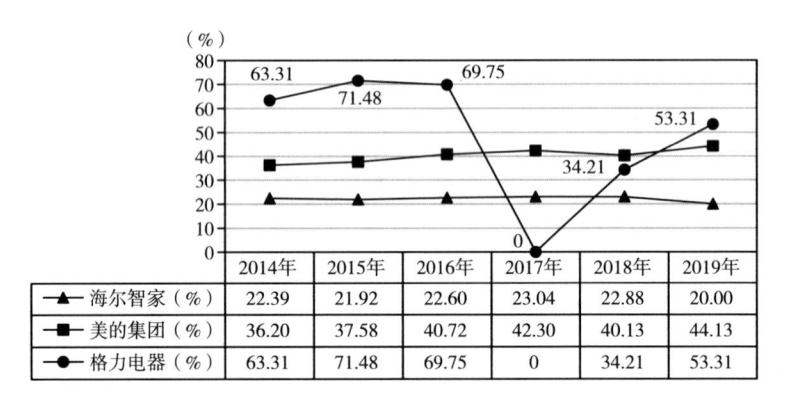

	2014年	2015年	2016年	2017年	2018年	2019年
海尔智家（%）	22.39	21.92	22.60	23.04	22.88	20.00
美的集团（%）	36.20	37.58	40.72	42.30	40.13	44.13
格力电器（%）	63.31	71.48	69.75	0	34.21	53.31

图7-7 2014～2019年三家家电企业股利分配率

资料来源：CSMER经济金融研究数据库，https://www.gtarsc.com/。

二、股利分配风险防范策略

设定股利支付率的高低要考虑众多因素，包括企业内部经营情况、产品获利能力、回款速度、投资战略、融资环境、企业外部股东的诉求，以及想通过股利分配政策传递给外界的信息等。因此，选择怎样的股利分配战略，并平衡这些目标是一项长期且极困难的工作。

（一）提高企业的盈利能力和获现能力

股利分配是企业收益分配的最后一个环节。企业必须解决生存问题才能够给股东相应的回报，因此最重要的还是提升自身的盈利能力和获现能力，即净资产收益率、销售现金比率、全部资产现金回收率，发掘业务盈利点并寻找企业利润增长点，在会计利润高的同时提升应收账款回款速度，拥有与之匹配的现金流量，才能够满足企业股利分配需求。

（二）提高股利政策实施稳定性

股利支付水平和支付形式的稳定性是股利政策稳定的两个基本因素。公司管理层如果没有站在战略性高度对股利策略进行长远规划，股利政策制定和实施就带有随意性和波动性，缺乏连续性。只有具备一定稳定性股利策略才能提高公司吸引力，提升公司价值。企业实施剩余股利策略、固定股利支付率策略时，在具有一定的现金股利支付能力的条件下应该避免常年不分配股利，或者突然大幅度降低企业股利支付率并转变企业的股利政策，企业可以选择在对外投资多的年份，降低每股现金股利金额或者采用股票股利回馈投资者，提高股利政策实施稳定性。

（三）优化企业股权结构，适当分配股利

实施持续增加的股利战略本身能够吸引投资者，但是当公司内部一股独大并一边大量融资一边高额派现时，通常会引起外界的关注，认为公司上市融资圈钱。为避免这种情况，企业可以优化自身股权结构或者将每股股利控制在当年实现的每股收益之下，这能够有效降低企业的再筹资风险和股东不满风险。

（四）股利策略与企业生命周期相匹配

可以根据企业的生命周期综合考虑以采取恰当的股利分配政策从而降低股利分配风险。当企业处于初创期，资金需求量高，但缺少历史数据、政府担保、抵押资产时，其融资能力较低，因此可以采取股票股利而非现金股利的方式，以降低企业由于分配导致的资金不足风险。当企业处于成长期，可以采取股票股利和现金股利相结合的方式。当企业现金流不十分充足且在高速成长的阶段，企业可以采用以股票股利为主，辅以较低的现金股利支付率或支付额，以降低再筹资风险。当企业处于成熟期，一般情况下，企业的核心产品会有比较强的获利能力，企业现金较为充裕，这时可以采取适当较高的股利支付率回馈股东，提高股价的同时也塑造公司正面形象。处于衰退期企业一般可以维持以往股利政策，回馈投资者，并后续根据企业情况做出一些调整，降低股利分配风险。

第八章

竞争力与财务发展战略

竞争是永恒的主旋律。本章的重点是企业竞争力、企业的财务战略选择，以及对二者之间的关系进行研究。

无论是理论还是实践研究，我国这方面的研究都处于起步较晚的状态。直到 20 世纪 80 年代，我国的实际情况融于国外优秀的经验和先进的理论成果，开始了对竞争力的学习和研究，按照由宏观到微观的顺序一步一步拓展。

从 20 世纪 90 年代至今，在学术界和理论界无数专家学者孜孜不倦的探索中，我国关于企业竞争力的研究向前迈进了一大步。企业竞争力是指企业为了在竞争性市场中生存下来，不断挖掘内外部可用资源，并使其发挥最大效用，既为顾客创造价值，又为自身带来丰厚回报的综合性实力，通过不断地累积其效果，积攒财富和威望。

第一节 企业竞争力的影响因素

企业的生活环境并不是真空的，总是或多或少、或轻或重地受到某些因素的影响。企业竞争力在形成和发展的过程中，也存在各种影响因素，总的来说可分为以下 4 个方面，每个方面又可以细分为多个不同的子因素。

一、环境因素

这里主要是指外部环境，包括以下几个方面：

（一）国际关系因素

是否存在进出口壁垒、其他的国家市场准入条例、全球汇率变动、是否存在价格歧视，以及不同国家在政治、文化、宗教等方面存在的差异，抑或是辐射范围深远的重大国际事件等都会对企业的发展产生影响。在稳定的国际市场中，企业通过公平竞争，以优质的产品和服务开拓全球市场，扩大销售，增强竞争力；当国际关系发生动荡，也会对企业的业务开展造成限制。因此有进出口业务或者意愿的企业，一定要对国际关系保持高度敏感，及时调整战略。

（二）国家和政府相关的政策

包括国家以及地方政府在经济、政治、金融、贸易、税收、进出口、人才引进和培养、生态环境保护、高新技术扶持等与企业经营活动相关的方面所发布的规章制度。对于企业有利的，要大力发扬，如果企业的行为与政策规定相左，要及时采取措施进行整改，官方政策对企业的生产经营和战略制定起着至关重要的导向作用，要时刻保持关注。好的政策能为企业带来宽松的市场环境，投融资等战略能够实施得更容易，让企业发展更具竞争力。

（三）企业所在的区域（省域、城市）因素

如果企业处于北上广深等大城市，天然具有更多经济资源。同样，西部地区、沿海地区、"一带一路"沿线地区，也得到国家的大力扶持。还有地理环境、自然资源、交通情况、教育情况、文化传统等同样会对企业的发展产生影响。当企业具有了地理优势，再加上国家政策的优惠，为企业发展增加活力，能吸引大批的投资者和优秀人才，财务战略的制定和实施都会跨上新台阶，有力地参与市场竞争。

（四）企业所属的行业环境

优势产业还是非优势产业？支柱产业还是普通产业？新兴产业、成熟产业还是夕阳产业？劳动密集产业还是资本密集产业？行业内的竞争性如何？行业处于生命周期的哪一阶段？在国际市场上是否具有竞争优势？优势产业、支柱产业、新兴行业等国家相应的就会加大扶持力度，位于这些行业中的企业会更具竞争力，而对于非优势产业或者夕阳产业相对的投入就会较少；企业可以

在参与市场竞争的过程中分析自身的优劣势,并不断改正和优化,将优势扩大;当整个行业处于成长期或成熟期时,行业内的企业要把握住机会,积极寻求各种资源和机会并有效利用,不断提升竞争力,成为行业翘楚。因此,进行行业环境分析能帮助企业找准自身定位,并通过有效的财务战略强化自身竞争优势。

(五)企业与利益相关者的关系

以企业为中心,往往能向外辐射出无数条链条,这些链条上联系着上游的供应商,下游的经销商、消费者,股东、债权人、员工以及竞争对手、银行等金融机构。上下游企业影响着成本、收入以及资金流动;股东、债权人和银行作为企业重要的资金来源,如果与三者之间关系恶劣导致融资受限,会对企业的流动性造成严重影响;员工是企业力量的源泉之一,优质的员工能够拔高企业发展的上限;在竞争的环境中,与竞争者的博弈尤为重要,无论是现有的还是潜在的,合作的还是对抗的,都会对企业产生重要影响。因此,协调与利益相关者的关系,会对企业的财务战略产生重要影响。一旦协调得当,企业能从每一段关系中获益,竞争力将大大增强。

与自然选择学说类似,环境对于企业也存在选择作用,适者生存。外界环境中存留有许多对企业具有战略性意义的资源和机会,企业适应得越顺利,便能够更多地挖掘这些资源;利用得好,自然能够获得竞争优势。对企业而言,了解自己所处的环境非常有必要,国际关系、国家政策、区域因素、行业环境以及关联关系,在企业竞争力的形成和加强具有举足轻重的地位。

二、文化因素

文化因素主要指企业文化。企业文化是指源于企业,又反过来指导企业的生产经营和管理的、富有企业特色的精神理念和物质形态。可以具体细化为企业愿景、价值观、道德规范、行为准则、历史传统、企业制度、文化环境等。任何一家优秀的企业必定会坚定不移地贯彻企业文化。华为的"狼群"文化,特点是有远大的追求、求实的作风;阿里巴巴的使命是让天下没有难做的生意,一直秉承客户第一、团队合作、拥抱变化、诚信、激情和敬业的价值观。企业文化影响员工的价值观和行为方式,将企业凝聚起来,最终提高员工能力和绩效,增强企业竞争力。企业文化在不断的改善之中推动企业未来的发展。

三、资源因素

（一）按取得方式分为自创资源和外部资源

自创资源是指那些企业自行开发、研制的资源，可以是新产品、新包装，或者是某些新的专利技术等。这些资源在一段时间内难以被其他企业模仿或复制，能为企业带来一定的竞争优势，但通常需要付出时间和金钱成本。外部资源是指那些通过购买、债务重组、接受捐赠、投资者投入等方式获得的资源。相较于自创资源来说，外部资源通常付出的成本较少，并且可以较快地为企业所用，尽早投入使用，也就能更快带来价值，但是生产出来的产品同质性较大，竞争优势不明显。

（二）按存在形式分为有形资源和无形资源

有形资源是指肉眼可见且能够量化的资源，包括土地、房屋建筑、机器设备、资金等；无形资源是指不具有实物形态，但能为企业所用的资源，包括专利技术、人才储备、员工熟练度、品牌价值、企业形象等。

（三）按通用程度可以分为专有资源和通用资源

专有资源是指那些只有本企业才能获取或者使用，难以被模仿或复制的资源，包括企业的商标、形象、专利技术或者高级工人等。还有独特的自然资源，如优越的地理位置以及水质条件为有利于酿造茅台酒的多种微生物提供温床，注定了茅台酒的与众不同。通用资源是指无差别的资源，所有企业都能取得和使用，如资金、设备以及普通工人。这些资源没法给企业带来大的飞跃，或许只有在其积累达到了一定程度，量变引起质变，进而提升企业的竞争力。

企业进行筹资能够快速获得需要的资源，投资、营运管理以及股利分配能够帮助资源实现合理配置。在一定程度上，资源的多寡和利用率对企业的规模、生产能力、议价能力、创新能力，以及抗风险能力等方面存在重要影响。拥有充足资源并且善于使用的企业在市场竞争中能够表现得更加从容，通过调整战略，加强对资源的控制管理，尽可能多的拥有自创资源和专有资源，以提高自身竞争力。

四、管理因素

在竞争性的市场环境中,企业能否以及多大程度地获取资源并将其转换为满足消费者需求的产品,增加企业的价值,主要取决于企业的融资、营运及研发创新等程序的运行,通过在以上方面取得优势,竞争力能获得快速提升。这就要求企业管理层在生产运营体系构建、投融资、统筹规划、决策执行、沟通协调、人才管理、构建企业文化、树立企业形象等方面具有过人之处。表8-1中的指标是由《中国经营报》联合中国社科院的专家提出的一种评价企业竞争力的方法,表中所罗列的指标都是可量化的,如利润总额、总资产贡献率、近三年技改投资与信息化建设投资占销售收入的比重等。第二三列表示指标性质和含义,与企业的战略管理、生产经营密不可分。这些指标越优秀,企业的竞争能力越强,想要提高这些指标,与企业管理层的能力分不开。通过比较其增减变动、行业所处位置,也能够检验管理者的管理能力。

表8-1　　　　　　　　　企业竞争力评价指标体系

指标名称	指标性质与主要含义	可反映的其他含义或者影响
销售收入	规模	市场份额
近三年销售收入年平均增长率	业务增长	市场份额、成长性
利润总额	盈利水平	规模
近三年利润总额年平均增长率	持续盈利能力	成长性
净资产	资本实力	融资能力
净资产利润率	资本盈利和增值能力	负债的影响
总资产贡献率	资金利用效率	负债的影响、融资能力
全员劳动生产率(或者劳动效率)	劳动效率	销售收入及冗员
总收益率	价值创造能力	人才竞争中的优势
出口收入占销售收入比重	出口竞争力	国家化
近三年技改投资与信息化建设投资占销售收入的比重	技术实力	投资与提高竞争力的融资能力
R&D占销售收入的比重	潜在的技术竞争实力	技术密集程度
拥有专利数	自主知识产权	技术优势
公众评价(人气指数)	品牌影响力	广告效果
财经记者评价	企业家及管理水平	不可直接计量的因素
行业分析师	资本市场表现	不可直接计量的因素

资料来源:金碚. 中国企业竞争力报告2003——竞争力的性质和源泉[M]. 北京:社会科学文献出版社,2003:22.

企业管理层就好比人体大脑，是核心所在，负责统筹规划企业的全局发展。优秀的管理者对企业可持续发展有着重要意义，善于结合企业自身优势，制定正确的财务战略，积极领导员工完成任务，解决难题，最后通过指标反映出来的趋势，用经验为未来保驾护航，循环积累，扩大竞争优势，保证企业的可持续发展。

第二节　企业提升竞争力的途径

企业从无到有，需要一定的筹备，从初创期到成熟期，需要一定的经营。同样，企业的竞争力也存在一个从无到有、从弱到强的发展过程。市场情况不断变化，企业始终处于竞争环境中，当对手在进步时，企业只有更加努力才能保持住自己的优势地位，企业可以从两个不同的方面来提升竞争力。

一、非核心层面

（一）产品层面

1. 提升企业产品品质，扩大竞争优势。对于消费者来说，最直观的方式是通过企业提供产品的质量对企业进行评价。企业经营的目的是盈利，要获得收入，就要依赖于广大的消费者，只有能够满足消费者意愿的产品，才能促使消费者购买。产品的品质体现在多方面，不仅包括外观、功能、价格、成本，以及售中和售后的服务，还有产品所具有的文化内涵和代表意义。好的产品更能够获得消费者的热情追捧，帮助企业抢占市场、扩大竞争优势。为了使产品在各方面具有竞争优势，对企业提出了以下要求：首先要有先进的生产设备，不仅能更好更快地生产产品，节约成本，减少不合格产品，还能够降低排放，减少污染；其次要有完善的质量检测制度，对产品质量进行严格的检验，实施标准化管理，绝对不能让劣质产品流向市场；最后是系统的规章制度和考核奖惩制度，相关部门的管理者要具有质量意识，制定有效的规章制度、坚决执行、严格监督，并且对员工有各种激励和约束，更好地把控质量大关。海天味业作为调味品行业的龙头，旗下产品无不具有一流品质,集"中国驰名商标""中国名牌产品"等国家级荣誉于一身。海天味业具有一套完备的生产工艺,严格选种,从全国各地运回优质大豆,经过全自动、封闭式的超高温连续蒸煮,锁住黄豆中的营养,专业的制曲工艺培育出了独特的"海天菌",使海天酱油更具风味,位于北回归线上的天然晒场,使酱油口味更佳,最后通过全自动物理压榨、灭菌澄清、极速罐装,发往全国。全过程都使用 ERP 管理,质量控制关键点的原始数据必须要达到标准,即使在罐装之后仍然要通过国家实验室的检验才能发往市场,以"钢化"的管理模式来确保每一瓶海天酱油的质量安全和放心品质。海天味业在产品品质管理上所下的功夫,也为自己带来了丰厚回报。酱油是海天味业的核心产品,如表 8-2 所示,2015~2019 年,其销量和收入实现同步增长,2016 年之后销量和收入增长都保持在 10% 以上;同时毛利额和毛利率也在不断上升,2018 年和 2019 年毛利额突破 50 亿元,毛利率也突破 50%。正是对品质的坚持,海天味业依托严格的生产工艺流程,形成了得以独步市场的质量优势,产品质量好,自然能够受到市场的欢迎,更具竞争优势。

表 8-2　　　　　　　　2015~2019 年海天味业酱油销售情况

项目	2015 年	2016 年	2017 年	2018 年	2019 年
销量（万吨）	134.26	148.03	163.62	187.80	217.13
比上年增减（%）	3.87	10.26	10.53	14.78	15.62
收入（亿元）	67.16	75.78	88.36	102.36	116.29
比上年增减（%）	6.62	12.84	16.59	15.85	13.60
毛利额（亿元）	29.77	36.03	43.76	51.74	58.58
比上年增减（%）	12.77	21.00	21.47	18.23	13.22
毛利率（%）	44.33	47.54	49.53	50.55	50.38
比上年增减（%）	2.42	3.21	1.99	1.02	-0.17

资料来源：根据海天味业 2015~2019 年年报整理。

2. 实行差异化战略,增强竞争优势。随着时代发展,人们的生活水平不断提高,生活需求也变得复杂多样。企业必须不断地推陈出新,无论是优化外观、完善功能还是推出全新的产品,一定要紧跟时代的步伐,即使是百年老字号,也不是靠着一成不变的产品延续下来的。对于产品单一化的企业,或许能够求得一时的安稳,当消费者喜好或市场需求改变时,会对企业带来较大的冲击。而那些实行差异化战略的企业,当某一产品出现衰退迹象时,其余的产品能够补足收益缺口,维持企业生存,不在竞争中被淘汰。再者差异化战略的核心是要做到有特色,人无我有,这也能从侧面说明为什么限量款商品虽然价格昂贵但仍然供不应求。要实行差异化战略,需要以顾客为中心进行各种决策,营销部门要做好顾客细分,并针对主要的顾客群体提供不同的产品,利用有限的资源生产出更独特的产品,满足更多人的需要,也能够提升品牌效应,让企业在市场中更具竞争力。

3. 加强成本控制,强化竞争优势。众所周知,成本是影响企业经济收益至关重要的因素,要想增加企业收入,就要做到开源节流,节流指的就是企业要实行低成本战略。

企业的成本包含制造成本和期间费用两大类。制造成本是指生产产品需要的材料、机器设备、动力、人力等支出;期间费用是指管理、财务及销售这三大费用。公司应该从目前的竞争形式和自身发展需要出发,有意识地进行成本管控,优化产品从设计到售后服务的全流程体系,做好预算管理;进行组织结构瘦身,减少非增值环节,去掉不能带来价值的部门和人员,提高员工的工作效率;提高固定资产利用率,降低库存等方式都能帮助企业有效控制成本。当低成本战略发挥效用后,价格接近的产品能获得更多的利润,在市场竞争中更有底气打价格战。对于那些比较同质的产品,较低的成本能够使得其比竞争对手更具有优势。

在表8-2中,虽然海天味业的毛利额和毛利率在上升,但是其增长速度在下降,毛利额2017年较上年增长率为21.47%,而2019毛利额增长率仅有13.22%,下降超过8个百分点;毛利率在2019年甚至出现负增长,相较于2018年下降了0.17%,而毛利额和毛利率的增长放缓有可能是成本上涨导致的结果。

从表8-3中可以看到,2015~2019年,海天味业的营业成本不断上升,2017~2019年连续三年超过百亿元,除了2016年外,营业成本增长率都超过了10%。从成本构成来看,直接材料是其主要成本构成,2015~2019年都超过了55亿元,三项成本费用在2016年控制得较好,直接材料和直接人工较上年仅分别增加了3.29%和0.04%,制造费用较上年有所下降。从表8-2中可以看到2016年海天味业的毛利率增长幅度是最大的。从表8-3中可以看到2017~2019年,直接材料都保持着10%以上的增长幅度,这源自海天味业为了保持产品的高品质,一直都采用最优质的原材料,制造费用和直接人工在经历了2018年的高比例增长之后，2019年增长幅度下降较大。综上所述，海天味业的成本上升较大导致毛利额和毛利率增长放缓，企业应该要注重对成本的控制，其中又应该重点关注直接材料这一成本构成，控制好企业的采购成本。海天味业的成本情况也提醒其他公司，在企业规模扩大、产品品质提升的同时也不要忘记成本控制。控制好成本，企业能够获得更多的利润，在竞争市场中更有优势。

表8-3　　　　　　　　海天味业2015~2019年成本相关情况

项目	2015年	2016年	2017年	2018年	2019年
营业成本（万元）	837581	914367	1056110	1213101	1375148
比上年增减（%）	13.00	9.17	15.50	14.87	13.36
直接材料（万元）	560846	579295	657841	740392	878982
比上年增减（%）	11.44	3.29	13.56	12.55	18.72
制造费用（万元）	67404	65796	737559	83898	86388
比上年增减（%）	10.35	-2.39	12.10	13.75	2.97
直接人工（万元）	17167	17174	17943	22681	24709
比上年增减（%）	13.79	0.04	4.47	26.41	8.94

资料来源：根据海天味业2015~2019年年报整理。

（二）制度层面[1]

1. 完善企业运行机制，提高竞争优势。企业的运行机制是指在企业系统中，通过推进、调动、平衡各个生产要素的正常运行，达成企业目标和使命的功能体系，是企业经营机制中非常重要的部分，涉及企业采购、生产、销售等环节的预决策，以及组织、计划、管理、控制的全过程，也是企业文化等建设的基础。完善的企业运行机制，有助于保障企业内部各个系统良好运作，加强彼此之间的联系和制约，还可以提高各个投入要素，比如劳动力、资本等的使用效率，为企业的前进增添动力，在市场竞争中拔得头筹。完善企业的运行机制不是一个容易的过程，需要通过划分权力、明确责任、调整利益，将企业内部涉及权、责、利的环节有机地统一起来，建立良好的管理制度、组织制度、分配制度、奖惩制度、内部控制、决策体系等，保障企业

---

[1] 范林根. 企业财务战略研究［M］. 上海：同济大学出版社，2014：148.

其他方面建设的顺利实行。一旦企业形成完善的运行机制，各种投入要素组成的生产、经营、管理等结构各自履行职能，并相互影响，使参与其中的人、财、物形成最佳组合，发挥最大的作用，让企业保持旺盛的生命力，在竞争中持续发展与进步。

2. 加强价值链管理，开拓竞争优势。如今的市场形势越来越难以预测和把握，加上经济全球化的加深、互联网技术的发展以及知识经济的兴起，企业间关系愈发密切，竞争蔓延到了价值链。企业通常具有内外部价值链，外部价值链又可分为横向和纵向价值链。由图8-1可见，企业的内部价值链涉及研发、采购、生产、销售各个环节，了解内部价值链可以帮助企业在每个环节实现资源最大化利用，避免浪费；了解纵向价值链能明确企业与供应商和经销商之间的关系，明白该如何提高自身的议价能力；了解横向价值链让企业清楚与现有竞争对手之间的差距，并辨认可能的潜在竞争者，帮助企业判断在竞争市场中所处的位置，同时，政府和银行也对企业的价值链影响重大。

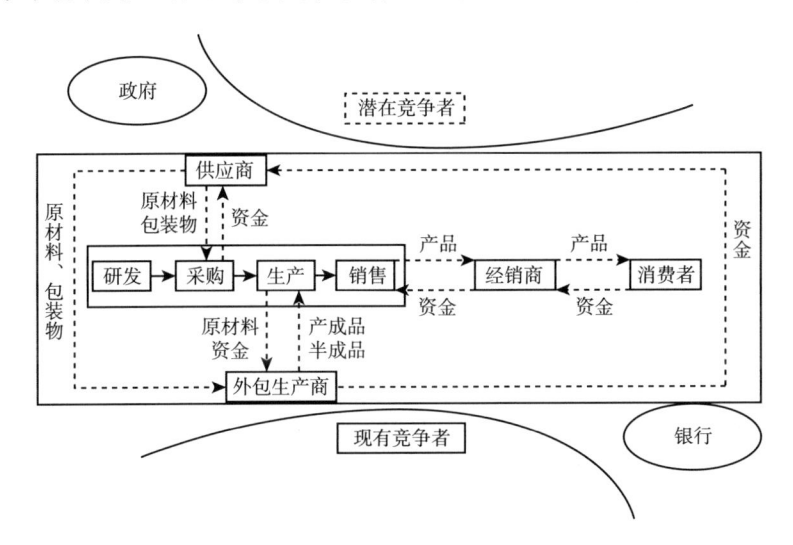

图8-1 企业价值链

一旦企业将价值链管理得当，可以有效实现供需的良好结合，减少库存，降低成本，还能够充分发挥供应链上其他企业的竞争优势，从任何一个环节都可以获得价值增值。因此，企业有必要建立一套完整和系统的供应链管理体系，进行资源整合，与其他企业共享优势，实现互补，提升自身的竞争力。

随着世界一体化的加深，各国之间的贸易越来越方便和快捷，企业的价值链已经辐射全球，国家的"走出去"战略，包括改革开放、"一带一路"倡议等政策，为企业构建全球价值链，参与全球性竞争提供了诸多便利，继续在更大的市场中开拓竞争优势，在全球经济市场中占有一席之地。

3. 扩大企业规模，加强竞争优势。企业规模是指按照相关的标准和规定对企业进行划分。2018年1月3日国家统计局印发的《统计上大中小型企业划分办法（2017）》，将不同行业的企业按照从业人员、营业收入以及资产总额分为大型、中型、小型、微型四种规模。不同行业同样类型的公司员工人数、营业收入、资产总额方面相差较大；在同一行业中，不同规模企业的收入和员工人数也相差较大。

扩大企业规模，可以从两方面来考虑：一是从企业内部扩张，扩大生产销售，这就需要更多的员工、机器设备、厂房；也可以增加研发管理部门，完善人员配置，提高效率。二是从企业外部扩张，如今各种兼并和收购层出不穷，对于收购一方来说，既可以选择兼并同类型的企业，也可以是上下游企业，甚至是完全不同类型的企业从而进入一个新的市场。外部扩张能帮助企业快速获得所需的资源和资产，提高生产效率，进而抢占更多市场，产生规模经济效应，还有利于企业走多元化道路，增强抗风险能力，在做大的基础上再做强，企业的知名度和品牌价值上去了，在竞争中显得游刃有余，从容不迫。但是需要注意的是，企业的扩张也需要有个"度"，不能过于贪婪，只顾着规模的扩大，忽略了产品经营和资本运营之间的平衡。最好是抓住核心竞争力这一重点，围绕其实行相关性扩张，做到大而专，并逐渐向外渗透。规模越大的公司，人员配置、资本积累以及资源关系等方面都更有优势，企业的根基越牢固，在激烈的市场竞争中，面对各种风浪时更稳得住，因此，企业在步入正轨之后都会不断扩大自身规模，通过做大来加强竞争优势。

二、核心层面

（一）形成以企业价值观为核心的企业文化，赢得竞争优势

企业文化是每一家企业不可获缺的组成部分，用于指导生产经营、管理员工，是企业的灵魂所在，其中企业价值观是其核心。企业文化能够将企业价值观念渗透到员工个人，让员工对企业产生认同感和归属感，有着一致的

目标，企业文化的激励作用让员工根据企业价值观调整自身行为，使个人目标与企业目标协同一致，在实现企业目标的过程中不仅能使个人得到升华，也能够获得物质上的奖励。同时，企业文化也能够对员工的行为起到约束作用，有时人们为了追求个人利益最大化可能会损害集体的利益，这时企业文化就能发挥督导作用。一旦员工的行为与企业文化相悖，不仅良心会有所愧疚，也会受到他人的谴责乃至企业的惩罚。企业文化中还蕴藏着企业应尽的社会责任，将切实履行社会责任贯穿企业的生产经营管理全过程，是非常积极的正面营销，能够帮助企业赢得社会的赞赏甚至是政府的支持。在内部将员工团结起来，在外部又获得了声誉，企业的竞争力将大大增强。

华为1998年发布的《华为基本法》是中国企业第一次将其价值观完整系统地整理成册，对我国的企业文化建设具有重大意义。书中详尽地介绍了华为的核心价值观，包括企业的追求、技术、精神、文化以及社会责任。在华为发展的过程中，其核心价值观也在不断发展和完善，也形成了如今著名的"狼性文化"，可以用以下四个词来概括：学习、创新、获益、团结。华为在招聘、培训、用人、激励、业绩考核等方面始终按照企业文化的要求来进行。由表8-4可见，2015~2019年，华为的收入、净利润以及手机发货量都保持上升趋势，2019年收入再创新高，突破8000亿元，收入增长率达19.1%，不过净利润和手机发货量的增长率对比过去几年下降较大，2019年仅为5.70%和17%。

表8-4　　　　　　　2015~2019年华为收入情况

年份	收入（亿元）	比上年增长（%）	净利润（亿元）	比上年增长（%）	手机发货量*（亿台）	比上年增长*（%）
2019	8588	19.1	627	5.70	2.4	17
2018	7212	19.5	593	24.84	2.06	35
2017	6036	15.7	475	28.03	1.53	10
2016	5216	32.0	371	0.54	1.39	29
2015	3950	37.1	369	33.26	1.08	25

注：*为近似数。
资料来源：根据华为2015~2019年年报整理。

企业文化作为一种具有行为导向作用的精神食粮，让员工按照企业文化的要求来调整和约束自身行为，影响他们的绩效进而影响企业的收益，一旦企业文化真正发挥作用,有助于增强企业的凝聚力和创造力,最终形成企业的竞争力。

(二) 树立企业形象,提升品牌价值,加大竞争优势

企业形象指的是社会公众对企业的印象和看法。只有靠着优良的产品和服务,让消费者感到满意,才能在市场中取得竞争优势,扩大市场占有率,建立自己的品牌,并不断给品牌增值,从中获得丰厚的利润。根据知名品牌咨询公司 Interbrand 发布的 2019 年全球最具价值品牌排行榜,部分榜单见表 8-5,苹果高居榜首,品牌价值达 2342.21 亿美元,与上年相比增长了 9%;中国品牌只有华为上榜,排名第 74 位,品牌价值为 68.87 亿美元,并且与上年相比下降了 9%。华为与苹果存在业务上的竞争关系,但是其品牌价值仅占苹果的 2.9%,华为是我国优秀企业的代表,与世界领先企业之间还存在不小的差距。

表 8-5　　　　　　　　2019 年全球品牌 100 强部分榜单

企业名称	排名	品牌价值（亿美元）	比上年增减（%）
苹果	1	2342.21	9
谷歌	2	1677.13	8
亚马逊	3	1252.63	24
微软	4	1088.47	17
可口可乐	5	633.65	-4
三星	6	610.98	2
丰田	7	562.46	5
奔驰	8	508.32	5
麦当劳	9	453.62	4
迪士尼	10	443.52	11
华为	74	68.87	-9

资料来源：https://www.interbrand.com/best-brands/.

(三) 提升创新能力,创造竞争优势

创新能使企业保持旺盛的生命力而不被市场所淘汰。企业要想开发出新产品,一味购买别人的技术方法不是长久之计,做他人的追随者只会导致命运掌握在别人手里。因此,企业要加强研发和创新,取得主动权,为自己创

造竞争优势。不难发现，当今全球知名的大企业，都有着自己的核心技术，也就带来了较高的进入门槛。表 8-6 列举了华为的发展历程。这期间，华为一直都致力于研究开发。华为从农村市场拓展到中国主要城市，先后在印度、瑞典、美国、中国、芬兰等地设立技术研发中心，在俄罗斯、英国、欧美、印度等国家开拓市场、开展业务，与全球知名公司合作。2004 年公司业务首次在欧洲取得重大突破；2005 年海外销售额超过国内销售额；2007 年与欧洲顶级运营商建立合作关系；2013 年实现历史性突破，成为智能手机业务领域全球 TOP3 之一；2015 年专利数排名全球第一；2018 年全球销售收入达千亿美元，在全球 9 个国家建立 5G 创新研究中心；2019 年 5G 技术领跑全球。从华为的发展史可以看出，该公司从来没有停下创新的步伐，在全球范围内影响力越来越大，是成功走出国门的优秀企业代表。

表 8-6　　　　　　　　　　华为发展历程

年份	主要成就	
1987	深圳起家，成为一家专门生产用户交换机（FBX）的香港公司的代理人	创业期
1990	自行研发 FBX 技术并推广至酒店及小企业进行商用	
1992	针对农村数字交换问题提出切实可行的方案	
1995	在北京成立主要负责数据通信业务的研究所	
1996	在上海成立专营移动通信业务的研究院，华为的 C&C08 成功打入香港市场	国内发展期
1997	推出无线 GSM 解决方案	
1998	开始自己尝试建立集成产品开发研究体系	
1999	在印度班加罗尔设立研发中心	全球布局期
2000	在瑞典斯德哥尔摩成功建立研发中心，业务范围进一步扩大	
2001	在美国设立四个研发中心	
2003	与 3Com 建立合作关系，专注研究企业数据网络解决方案	
2004	与西门子成为合作伙伴，共同钻研 TD-SCDMA 解决方案	
2006	联合摩托罗拉在上海开设研究所，研究 UNTS 技术	
2007	与赛门铁克共同开发存储与安全产品与解决方案；与 Global Marine 合作提供海缆端到端网络解决方案	
2008	2018 年 PCT 专利数达 1737 件，排名全球第一，LTE 专利数占全球 10% 以上	
2009	建立全球首个 LTE/EPC 网络，最先发布从路由器到传统系统的端到端 100G 大容量解决方案	
2011	发布 GigaSite 解决方案，建立了 20 个云计算数据中心	

续表

年份	主要成就	
2012	成功发布业界首个 400G DWDM 光传输系统，发布业界容量最大的线路板，达 480G	全球布局期
2013	积极构建 5G 生态圈，发布首个敏捷网络架构，该架构以业务和用户体验为核心，同时推出第一款敏捷交换机 S12700	
2014	在全球 9 个国家建立 5G 创新研究中心	
2015	与欧洲运营商合作，在光传输领域取得重大突破，成功建设全球首个 IT OTN 网络；与英国电信携手完成光传输现网测试，达到业界最高速率 3Tbps；推出首个以 SND 架构为基础的敏捷物联解决方案	
2016	部署了 200 多万台的虚拟机和 400 多个云计算中心，与 500 多家合作伙伴共同为服务于全球 130 多个国家和地区的客户，为客户提供云计算解决方案	5G 领先期
2017	在运营商业务、企业业务、消费者服务业务方面都做出了非常亮眼的成绩，构建了开放可信的云平台	
2018	5G 微波开启新征程，推出全球首个能覆盖全场景人工智能的芯片以及基于该芯片的相关产品和云服务；提出 AI 战略以及全场景 AI 解决方案，将全云化网络与全场景 AI 相结合，创设自动驾驶网络；发布端到端全系列 5G 产品解决方案，达到 3GPP 标准	
2019	努力攻克技术瓶颈，优先提出基于 ICT 基础设施的方案	

资料来源：根据华为官网相关资料整理。

表 8-7 反映出华为的研发费用呈现逐年上升的趋势，2018 年和 2019 年更是突破了千亿元，在华为的年报中，其董事长表示公司一直坚持将收入的 10%投入到研发中，2015～2019 年的研发费用率更是保持在 15%左右，远超公司规定的指标，每年研发费用增长率也都超过 10%，2019 年高涨至 29.7%；公司从事研究与开发的员工占企业总员工数一直保持在 45%以上。华为的企业文化中就包含着创新，华为也是一直不遗余力地践行。表 8-7 中的数据表明华为在研发方面的投入力度之大，最后带来的结果是技术越来越先进，产品市场遍布全球，销售额不断攀升。创新是企业不竭的活力源泉，保障企业的长久发展。因此企业应该重视研发，增加专利技术的研发量和使用性，让自己成为行业的主导者。企业的核心技术一旦形成，就能形成全新的并且强大的竞争力，竞争对手只能望其项背。[1]

---

[1] 杨荣. 企业竞争优势的构建与提升理论及案例研究[M]. 广州：暨南大学出版社，2016：50.

表 8-7　　　　　　　　华为 2015~2019 年研发情况

年份	研发费用（亿元）	比上年增长（%）	研发费用率（%）	研发人员*（万名）	研发人员占比*（%）
2019	1316.59	29.7	15.1	9.6	49
2018	1015.09	13.2	14.6	8.0	45
2017	896.90	17.4	14.9	8.0	45
2016	763.91	28.2	14.1	8.0	45
2015	596.07	45.9	15.3	7.9	45

注：表中 * 代表近似值。
资料来源：根据华为 2015~2019 年年报整理。

综上所述，企业可以从三方面来提升竞争力，前两层提升的是比较表层的竞争力，第三层是提升企业竞争力的关键。因为产品制度等都能够被其他企业所模仿，所取得的优势难以长久维持；企业核心竞争力的形成往往需要一段较长的时间，短期内难以被其他企业所模仿和复制，这样企业的竞争优势就具有长期性。不断地创新，形成以及巩固核心竞争力，是未来每一个企业的生存和发展之道。

第三节　企业核心竞争力与财务战略的关系

在企业管理当中，评价管理者能力标准之一就是各种战略制定的正确与否，好的战略能帮助企业展示自身的优势和发现不足，整合各种资源，确定目标市场等。企业战略与企业竞争力之间关系密切，后者的强弱会对战略制定产生直接的影响；同样，前者也会为企业竞争优势的建立和累积提供必要的支持，二者是相辅相成的关系。本书的研究内容是财务战略，并且核心竞争力是企业竞争力中最为关键的因素，因此本节就重点介绍企业的财务战略与其核心竞争力之间的关系。

一、核心竞争力与财务战略相辅相成、互相促进

核心竞争力是财务战略的影响因素。企业制定战略的目的是保证自身在

激烈的市场竞争中得以生存并实现可持续发展，而核心竞争力是保障企业发展的重要力量源泉。企业的财务战略在企业总体战略中扮演重要角色，其具体内容在前面各章已经介绍得比较详细，在此不再赘述。在财务战略和核心竞争力的关系中，核心竞争力处于主导地位，因为它是决定企业能否有长远发展的关键；财务战略处于从属地位，作为企业战略的组成部分，它的制定和实施都应该更好地服务于提升企业核心竞争力这一要求，企业在制定财务战略时要考虑企业核心竞争力的强弱，以企业的核心竞争力发展需求为依托。同样，企业有效的财务战略能够加速核心竞争力的形成和加强过程。企业的竞争力能为企业的良好发展带来有效增益，在其形成过程中需要企业各方面的协调和配合，财务战略是非常重要的一环。有效的财务战略能帮助企业获得需要的资源并实现合理配置，降低风险，稳定投资者，使得企业核心竞争力不断加强，成为激烈市场竞争中独树一帜的存在。

二、财务发展战略

财务发展战略，顾名思义是企业发展过程中所采用的战略，企业的发展离不开核心竞争力的优化和升级。在优化和升级的过程中，处于不同生命周期阶段的公司的规模以及收益都不同，相应地会对企业的核心竞争力产生影响。一般来说，核心竞争力和企业的发展阶段具有一致性。如图8-2所示，核心竞争力会随着企业的发展而发展，成熟期的企业一般拥有独特的竞争力。因此，与企业生命周期划分类似，核心竞争力的形成和发展也可以分为不同阶段，不同的阶段对应不同的战略选择，下面就从每个阶段来进行分析。

（一）核心竞争力孕育期，采用集中型财务战略，形成一般竞争力

开展核心竞争力的研究，企业首先要明确自身的发展方向，以及在对市场有足够了解的情况下确定其究竟要形成什么样的核心竞争力以及该如何形成。在企业章程中通常注明了企业的主营业务，而企业的核心竞争力与其主营业务是分不开的，因为主营业务一般是企业最主要的收益来源。处于初创期的企业刚开始运作，规模较小，资金积累量比较低，企业的自主创新能力弱，产品具有较大的同质性，因此产生的利润也较少。无论是市场开拓还是产品开发都需要大量的资金，同时消费者和投资者对企业的信任度也比较低，

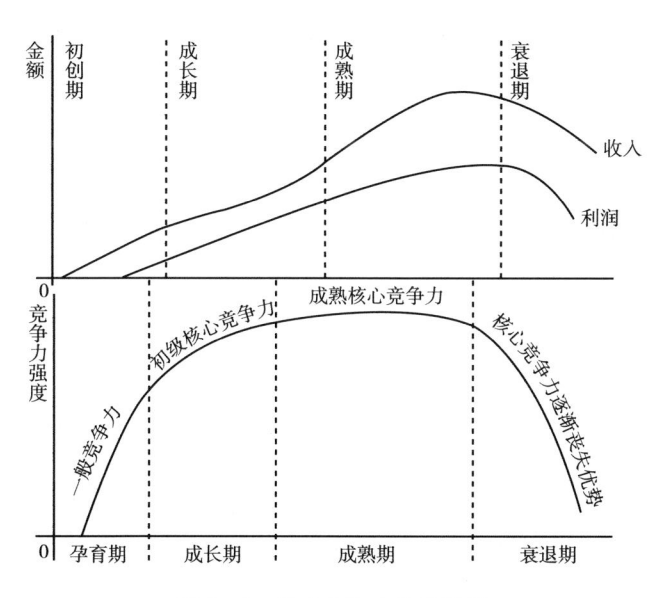

图 8-2 核心竞争力生命周期

这使得企业的外部筹资无论是金额还是时间等都受到限制，企业也就面临着比较高的经营风险，同时偿债能力也较弱。为了降低财务风险对企业造成的不利影响，企业应采用集中型财务战略。

尽可能将现有的资源归集到一起，在扩大市场占有率的同时形成一般竞争力，如图8-2所示。为核心竞争力的孕育和发展奠定基础，最好采用低负债筹资战略，多使用内部资金。在投资方面，以企业的内涵发展，比如资源开发、技术开发或者是销售开发为重点选择风险较低的项目，发掘企业内部潜力，提升资源利用率和员工工作效率，为企业增加收益。在这一阶段，企业可以不进行股利分配，增强企业的资金积累。初创期的企业通过集中型财务战略形成一般竞争力，为孕育核心竞争力做好充足的资金准备。

（二）核心竞争力成长期，采用扩张型财务战略，形成初级核心竞争力

当企业由初创期向成长期过渡，将形成初级核心竞争力，如图8-2所示，并且逐渐趋于稳定，具备了一定的持久性，能够在其品牌和产品中体现出来，企业的产品拥有了较多的受众，能为企业带来较多的利润，同时也能够吸引市场和投资者的注意。对企业来说，要采取各种手段来提升和强化其

核心竞争力，使价值增值活动得到最大限度优化，这时可以采用扩张型财务战略，帮助企业扩大规模，增加产出。

在筹资方面，采用内外筹资方式，以负债的形式筹集大量的外部资金。这时企业正处于飞速发展的时期，无论是企业日常生产经营，还是核心竞争力的发展，所需要的成本往往都不低，采用高负债筹资能帮助企业快速获得资金，即刻投入产品研发和生产中，并且企业的偿债能力增强，也能够及时将利润返还债权人，提高信任度，并且也不用担心控制权被稀释，企业还能够获得财务杠杆收益。

在投资方面，实行一体化投资，投资与自身在产、供、销方面有关联的企业，实现经营一体化，从而获得资源和成本等方面的优势。同时，企业要注意利润留存，以低股利支付率方式进行股利分配，既能让投资者获得收益，对企业保有信心；也能够为企业今后的发展留用充足的资金。成长期的企业实力得到极大增强，拥有初级核心竞争力，采用扩张型财务战略，有助于后续核心竞争力的形成和完善。

（三）核心竞争力成熟期，采用稳健型财务战略，形成成熟核心竞争力

由成长期进入成熟期，企业将会形成成熟核心竞争能力，如图8-2所示。这一能力在较长的一段时间内具有不可替代、不可模仿性，因此具有成熟核心竞争力的企业往往会成为行业中的领导者，这时候领导者的战略决策至关重要，如果企业满足于目前获得的核心竞争力，盲目扩张，反而会给企业带来沉重的压力，但也不能够将全部精力放在保护目前的核心竞争力上，而是要继续投入成本，不断学习和研究，因此企业可以采用稳健型财务战略。

在此期间，企业负债比例不宜过高，尽量降低财务风险，使财务风险降低，让企业进行平稳的扩张，并且实现多元化经营，使风险得以分散，根据自身的特点和需要，选定要进入的新行业，利用自身的优势，有目标、有计划、有战略地转移资源，使其达到最优配置。处于成熟期的企业都具有较丰富的资源储备和留存收益，企业可以利用拥有的货币资金、固定资产、无形资产等来进行对外投资以提高资产的利用效率。同时可以采用稳定的股利分配政策来增强投资者对企业的信心。成熟期的企业采用稳健型财务战略，通过成熟的核心竞争力不断强化自身优势，稳步发展。

（四）核心竞争力衰退阶段，采用防御型财务战略，原核心竞争力功能退化

根据图8-2所示，当企业进入衰退期，其核心竞争力也一定处于衰退期，因为其已经没有办法再支持起企业的发展。而一个企业要想实现可持续的发展，要尽可能使企业维持在成长期和成熟期。如图8-3所示，当企业发现其核心竞争力出现衰退的迹象时，应该及时调整组织结构和企业战略，使核心竞争力能够有机会跃升到新的台阶，可以是原核心竞争力的优化，使其竞争优势继续维持；也可以是利用已有的技术和经验而形成新的核心竞争力。同时，企业应该要尽力增加跃升的次数，维持自身的竞争优势，使企业保持活力。这时的核心竞争力最好是以低成本或者差异化为目标，这一延续的过程能够持续多久，取决于企业的战略决策。

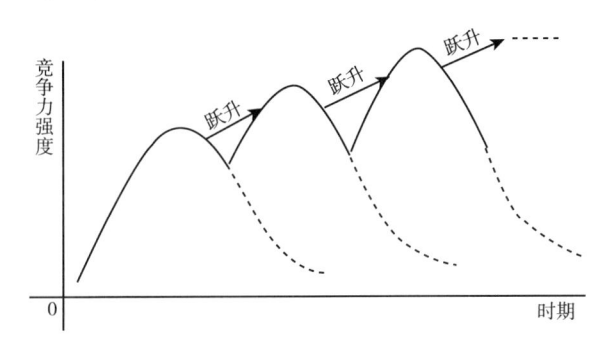

图8-3 企业核心竞争力的跃升

在这一阶段，基于原核心竞争力的产品市场份额萎缩，逐渐被替代品超过而被淘汰，要想平稳度过这一阶段，最好是采用防御型财务战略。要注重对企业内部人才的培养和任用，积累内部力量，寻找新的市场机会。在筹资方面，由于企业前期的经营积累了较多的信任，可以增加负债筹资比例，企业的财务风险由此增加。因此需要精简机构和人员，减少与现有核心竞争力相关的项目，以此来降低企业的经营风险，这也可以从一定程度上减少企业资金的流出，控制总风险。同时，企业要尽可能地少分配收益以支撑新核心竞争力的形成。

总之，核心竞争力是企业能否实现可持续发展的关键因素。财务战略能为核心竞争力的形成和发展提供重要辅助作用，二者之间具有非常密切的联

系。使核心竞争力满足市场的需要，然后再制定有效的财务战略，共同为企业的可持续发展添砖加瓦。

三、案例——三友化工的发展之路

从一间小小的生产化纤和纯碱的化工厂成长为如今拥有14家子公司的大型纯碱装置国产化样板企业，唐山三友化工有限公司（以下简称三友化工）的发展史值得学习。其中，最值得学习的核心点在于三友集团一直在尽全力发展自身的核心竞争力，并且采用了能良好服务核心竞争力的财务发展战略。

（一）公司简介

三友化工是一家拥有14家子公司的大型企业，主要产品为纯碱和化纤，子公司化工股份为上市公司。2019年资产总额超过240亿元，销售收入200亿元，员工多达两万名。公司产品种类丰富，包括纯碱、黏胶短纤维、烧碱、PVC、有机硅等，产量、质量、成本、市场占有率、出口创汇五项指标连续多年位居行业第一。多年来，三友集团一直以科学发展观为基本指引，坚持"讲原则、重责任、守诚信"的核心价值观，不断进步和发展。2003年在上海证券交易所挂牌上市，2010年当选最能代表河北的十大品牌，2013年入选河北百家优势企业，2016年荣获中国化工企业500强称号，2018年成为国家高技能人才培训基地。

（二）生命周期划分

根据图8-2中的收入和利润来划分三友化工的生命周期。从图8-4可以看出，2003年上市之后，三友化工的收入和利润增长速度都开始加快，到2012年，这期间收入和利润不断上下浮动，不够稳定，因此将这一阶段划分为企业的成长期；2012年之后，三友化工的收入和利润相较上一时期增长幅度较大，因此将2013~2019年划分为成熟期。

（三）核心竞争力孕育阶段采用集中型财务战略

20世纪90年代，我国的纯碱行业需求量大，尽管产量与增加到200万

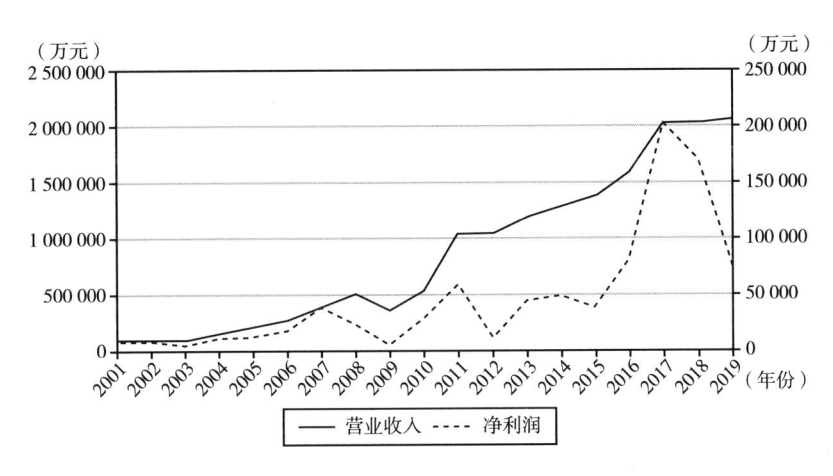

图8-4 2001~2019年三友化工收入和利润走势

资料来源：根据三友化工2001~2019年年报整理。

吨，但每年还是需要大量进口。彼时三友化工刚成立不久，还没有形成核心竞争力，但是企业良好的内外部条件是核心竞争力形成的重要保障。第一是地理优势。三友化工位于河北省唐山市，连接着华北与东北地区，拥有丰富的矿产和工业资源，与天津、秦皇岛等港口相连，交通便利，便于产品运输。第二是资源优势。渤海地带拥有大量原盐资源，唐山地区钢铁、煤炭、石灰石资源也极为丰富，使三友化工具有天然的资源优势，对纯碱行业的发展极为有利。第三就是政策优势。河北省1991年成立了南堡开发区，1995年成为省级开发区，三友化工正是位于此地，并且国家出台环渤海经济开发区战略导向政策，同时，第九个五年计划的实施，西部大开发战略以及加入WTO等都会给三友化工的发展带来有力促进。

1. 融资战略。河北省人民政府于1999年12月24日发文批准，以唐山三友碱业（集团）有限公司（以下简称三友碱业）为主发起人，与国投资产管理公司、唐山投资有限公司、河北省建设投资公司、国富投资公司共同发起设立三友化工。三友碱业以股权出资，其余四家发起人以现金出资，共计获得人民币3.26亿元。各股东持股情况如表8-8所示。除了股东投入资金以外，三友化工还存在一部分担保借款，但总的来说企业的资金来源还是以权益筹资为主，符合初创期的企业采用集中型筹资战略，即低负债筹资方式。

表 8-8　　　　　　　　　三友化工成立时股东持股情况

股东名称	投资额（万元）	持股数量（万股）	持股比例（%）
三友碱业	29029.63	22231	88.92
国投资产管理公司	1828.29	1400	5.60
唐山投资有限公司	805.25	617	2.47
河北省建设投资公司	731.01	560	2.24
国富投资公司	250.99	192	0.77
合计	32645.17	25000	100.00

资料来源：三友化工 2003 年招股说明书。

2. 投资战略。化工行业在进入 21 世纪后面临重整，这对还处于初创期的三友化工来说并不是一个有利消息。三友化工通过对外部环境的充分了解，努力找准自身定位，其第一要务就是发展核心业务，形成核心竞争力。三友化工耗资 2802 万元收购唐山三友志达钙业有限公司（以下简称志达钙业），志达钙业的主要产品包括工业二水氯化钙、氯化钠以及融雪剂等，与三友化工的业务存在密切联系，并且志达钙业攻破了技术难关，企业经验丰富，具备大规模生产氯化钙的能力，对企业未来发展大有裨益。同时三友化工不断购买先进机器，完善配套设施。如表 8-9 所示，除极个别以外，各种房屋、建筑物、机器、设备的金额都呈上升趋势，到 2002 年底，集团固定资产总额接近 10 亿元，企业规模不断增大，实力不断增强。

表 8-9　　　　　　　　2000~2002 年三友化工固定资产情况

固定资产	2002 年（万元）	比上年增长（%）	2001 年（万元）	比上年增长（%）	2000 年（万元）
房屋	15037	0.39	14978	15.87	12926
建筑物	13822	1.45	13624	18.70	11478
机器设备	52316	-0.73	52701	2.64	51343
仪器仪表	2715	6.18	2557	0.2	2552
运输设备	1544	105.87	750	-15.64	889
电气设备	2521	3.87	2427	50.19	1616
管道沟槽	7910	0.11	7901	12.39	7030
合计	95865	1.61	94345	7.40	87844

资料来源：三友集团招股说明书。

总体说来，三友化工在核心竞争力孕育阶段采用了集中型财务战略，即低负债筹资以及围绕企业核心业务进行低风险投资。

（四）核心竞争力成长阶段采用扩张型财务战略

1. 核心竞争力。前期的发展使得三友化工积攒了较硬的实力，上市又为其带来非常可观的资金支持，为核心竞争力的形成和发展奠定了良好的基础。公司核心竞争力如下：

（1）"两碱一化"循环经济。三友化工打造了"两碱一化"这样一个系统完整的经济循环体系来帮助自身实现资源整合。该体系的中心是氯碱，并将纯碱、有机硅以及黏胶短纤维等产品串联起来，整个循环系统以热力带动，并做到精细化的管理，企业资源有效地实现了循环利用，具有增产增效、降本降耗、节水节电节汽的良好效果，系国内首创。

（2）产品优势。三友化工成功推出"唐丝"系列技术含量和附加值双高的黏胶短纤产品，包括莫代尔纤维、高白纤维、无机阻燃纤维、莱赛尔纤维等多个品种，率先通过了欧洲一级生态纺织品质量认证，公司纤维产品已发展到第三代，发展速度居国内第一；纯碱产品做到低盐化、重质化、散装化，系业内第一；公司各主打产品质量一流，且能按照客户需求实现定制化生产，纯碱、黏胶短纤维、PVC、有机硅环体、高温硫化硅橡胶等产品深受全国客户青睐。

（3）技术研发。科技是第一生产力。三友化工一直践行这一宗旨，铆足了劲儿搞研发，并将其视为公司的核心战略。三友化工重视优秀研发人才的吸纳和培养，为其提供精良的研发基地，并且以市场为导向进行自主创新，使新技术、新产品在激烈竞争中脱颖而出迅速占领市场。据三友化工年报披露，在多年苦心钻研之下，公司已在纯碱、黏胶短纤维等多种产品中掌握了核心技术和自主知识产权。截至2019年底，累计获得专利授权高达383项，并且在行业中的话语权越来越重，纯碱、黏胶短纤维等产品的12项国家标准、10项行业标准制定过程，都能看到三友化工的身影。

2. 融资战略。根据公司未来发展战略，为了保障核心竞争力的发展，形成竞争优势，三友化工预计对资金的需求将有一定程度的增加。在2003年上市后，募集大量资金。由表8-10可见，三友化工选择了吸收项目合作方投资和战略投资者资金以及借款的方式筹资，其中最主要的方式是通过借款获得资金,每年都有发生,从2003年的21169万元增加到2012年的58.65亿元。然后就是吸收投资者的资金。除此之外,2009年,公司发行了债券来募集资金,以及其他通过筹资活动获得的资金。2003~2012年,三友化工筹资活动获取的资金量总体呈上升趋势,为企业核心业务开展和核心竞争力发展准备了充足的资金。

表8-10　　　　　　　2003~2012年三友化工筹资情况　　　　　　　单位:万元

年份	吸收投资收到的现金	取得借款收到的现金	发行债券收到的现金	收到的其他与筹资活动有关的现金	合计
2003	57686	21169	0	221	79076
2004	0	37489	0	0	37489
2005	7723	52089	0	0	59812
2006	500	78989	0	43362	122851
2007	0	76120	0	0	76120
2008	83354	100260	0	0	183614
2009	0	111460	96000	0	207460
2010	0	39527	0	0	39527
2011	0	417843	0	74	417917
2012	133983	586530	0	0	720513

资料来源:根据三友化工2003~2012年年报整理。

根据表8-11中的数据,2003年上市初期,三友化工的资产负债率只有33.19%,逐渐增加到2010年的56.65%,表明企业的负债不断增多,企业债务筹资的比例越来越重,这也比较符合处于成长期的企业需要通过高负债筹资来满足资金需求的特点。

表8-11　　　　　　　2003~2012年三友化工负债情况

项目	2003年	2004年	2005年	2006年	2007年	2008年	2009年	2010年	2011年	2012年
资产负债率(%)	33.19	37.23	50.37	61.67	57.54	53.50	60.81	56.65	65.94	67.70

资料来源:根据三友化工2003~2012年年报整理。

3. 投资战略。三友化工深刻分析了自身现状和未来发展,为使资源得到最有效的配置,选择采用一体化投资策略来进行企业扩张,2003年上市共募集资金57694.5万元，投资于1.5万吨/年聚偏氯乙烯项目，12万吨/年无水氯化钙技术改造项目，20万吨/年挤压法重质纯碱技术改造项目以及综合节能技术改造项目，在省内外建设了包括原盐、矿山、电石、硅块等原料基地。从表8-12可以看到，2003~2012年，三友化工投资设立了钙业、氯碱、盐化、硅业、化工等子公司，全都是制造业企业，产品包括氯化钙、烧碱以及有机硅等，同时投资设立了设计、物流、酒店、国际贸易等辅助性企业，总投资额超过43亿元。这一系列兼并重组帮助三友集团开拓业务，集团规模得以扩大，通过规模优势占据更多市场份额，在与供应商的讨价还价中占据主动权，并且由于采用的是一体化战略，所投资公司的产品都与公司的主要产品纯碱和化纤存在联系，能帮助企业降低材料成本，竞争优势进一步加强。此时处于成长期的三友化工采用扩张型财务战略，通过一体化投资方式拓宽企业经营范围，节约生产经营成本，有利于核心竞争力的进一步发展和完善。

表8-12　　　　　　　　2003~2012年三友化工新增子公司情况

公司简称	业务性质	经营范围	实际投资额（万元）	持股比例（%）
志达钙业	制造业	氯化钙	9540.14	84.43
兴达化纤	制造业	化纤等产品的生产和销售	169319.99	100.00
三友氯碱	制造业	烧碱、聚氯乙烯	90542.54	95.07
三友热电	制造业	火力发电、热力生产	31788.72	100.00
三友硅业	制造业	混合甲基环硅氧烷	48569.33	99.77
三友盐化	制造业	制盐	9500.00	95.00
三友设计	服务业	化工石化医药行业化工工程专业乙级设计	100.00	100.00
五彩碱业	制造业	纯碱的生产与销售	38000.00	51.00
三友矿山	制造业	碱石、水泥石、建材石	18737.94	100.00
三友物流	服务业	货物运输	1000.00	100.00
三友商务酒店	服务业	对酒店项目的非金融投资	12000.00	100.00
三友香港贸易公司	服务业	国际贸易	2472.00	100.00
合计	—	—	431570.66	—

资料来源：三友化工2003~2012年年报整理。

4. 股利分配战略。三友化工处于成长期，其股利分配政策必须要服务于企业核心竞争力的发展。这就对其提出了以下要求：既能为企业留足充足的资金，又能够稳定投资者的信心，满足他们的收益需求；也能够对员工起到一定的激励作用，推进研发进程，加快核心竞争力形成和发展的脚步。由表8-13可见，三友化工采用的是稳定的现金股利分配方式，2003~2006年公司正处于核心竞争力成长初期，能够理解其股利支付率下降，2007年较上年有所回升，而2008年以及2012年每股股利低于1元分别是由于金融危机以及供需下降导致的，但这是外界环境的不可抗力因素。总的来说，三友化工的股利分配政策比较符合企业的实际情况，有能力维持企业的可持续发展。

表8-13　　　　　　　2003~2012年三友化工分红情况

年份	每股收益（元）	股利	股利支付率（%）
2003	0.16	每10股派股利1元	71.56
2004	0.32	每10股转2股派股利1.5元	46.89
2005	0.30	每10股转3股派股利1.3元	43.11
2006	0.28	每10股派发股利1.1元	39.00
2007	0.55	每10股送3股转3股派股利2.4元	42.76
2008	0.22	每10股派股利0.25元	11.94
2009	0.04	没有进行利润分配	0
2010	0.31	每10股派股利1.2元	35.76
2011	0.56	每10股派股利1.2元	25.13
2012	0.06	每10股派股利0.2元	32.57

资料来源：根据三友化工2003~2012年年报整理。

在这一阶段，三友化工采用扩张型财务战略，即大量通过负债筹资，进行一体化投资，扩大企业规模，并且股利支付率在降低，为企业发展提供更多的留存收益。

（五）核心竞争力成熟阶段采用稳健型财务战略

上市之后经过十几年的发展，三友化工的规模、研发水平等发展到一定程度，企业的核心竞争力也进入了成熟期，企业的财务战略也随之做出调整，由扩张型向稳健型过渡。

1. 融资战略。根据表8-14中的数据，从2013~2019年，三友化工的资产负债率依然保持在超过50%的高负债率，但是负债率比率有所下降，虽然仍旧以负债筹资为主，但在降低负债的比重。这样能为公司降低财务风险，减小财务压力，使企业能够平稳发展。

表8-14　　　　　　　　2013~2019年三友化工负债情况

项目	2013年	2014年	2015年	2016年	2017年	2018年	2019年
资产负债率（%）	67.21	67.13	66.52	64.50	55.86	53.51	51.45

资料来源：根据三友化工2013~2019年年报整理。

2. 投资战略。三友集团的战略规划为"突出主业、多元协调"，以纯碱为核心推动多元化发展，积极拓展配套业务。由表8-15可见，三友化工在2013~2019年通过增资、设立的方式将4家间接持股的子公司纳入合并范围，总投资额超过2亿元，除了与自身核心业务相适配的纤维、食盐等公司，能为核心业务提供原材料，同时还新增加了水务公司，扩大公司经营范围，而新设立的港裕（上海）国际贸易有限公司（以下简称港裕公司）有助于实现内外贸易一体化发展，借助"一带一路"倡议的东风，三友化工进军海外市场，甚至在印度尼西亚也开设了出口办事处，国际份额不断扩大，各子公司也积极开拓业务，帮助企业打开多元化发展的新格局。

表8-15　　　　　　2013~2019年三友化工新纳入合并范围子公司情况

公司简称	业务性质	经营范围	实际投资额（万元）	间接持股比例（%）
远达纤维	制造业	黏胶产品及其相关产品，低聚糖浆、半纤维素及其制品生产销售	11000.00	100.00
五彩水务	制造业	工业及生活供水、供水管道维修安装	7000.00	31.32
永大食盐	制造业	食盐加工销售；工业盐、融雪剂、饲料盐等费食用盐加工销售	2511.57	49.53
港裕公司	服务业	化工产品及原料、机械设备及配件、矿产品等	617.23*	100.00
合计	—	—	21128.80	—

注：*指美元换算为人民币。
资料来源：根据三友化工2013~2019年年报整理。

除了实行多元化战略外，三友化工还抓住了国家政策机遇和重大战略机遇，积极推行。曹妃甸废浓海水的淡化和综合利用工程项目建设，为公司带来了环保和经济双重效益；潜心研究，2015年投入超过3亿元攻克行业技术难题，为行业带来了福音①；按照国家绿色环保政策的要求，兴建生产基地用以开展变废为产品、材料等项目，积极研发"三废"治理技术，打造资源循环利用的绿色生态格局，成功当选中国化工行业效能标杆企业。目前三友化工已处于成熟期，采用稳健型财务战略进行多元化经营，帮助自身降低风险，平稳发展。

3. 股利分配战略。2012年后，公司进入成熟期，股利政策也有了变动。由表8-16可见，三友化工还是采取的现金股利方式，并且从2013年开始，股利支付率都保持在30%~40%，较为稳定，通过连续稳定的高比例现金分红向投资者传递利好信息，既满足他们合理的资金需求，又使其对企业保持信心。2019年股利支付率超过了50%，这是由于整个行业产品价格下降导致公司利润减少，而在每股股利略微下降的情况下股利支付率自然就偏高。总体来看三友化工的股利支付情况处于稳定状态。

表8-16　　　　　　2013~2019年三友化工分红情况

年份	每股收益（元）	股利	股利支付率（%）
2013	0.24	每10股派股利0.8元	33.25
2014	0.26	每10股派股利0.8元	31.02
2015	0.22	每10股派股利0.8元	35.88
2016	0.41	每10股派股利1.25元	30.32
2017	0.97	每10股派股利2.75元	30.05
2018	0.77	每10股派股利2.31元	30.07
2019	0.33	每10股派股利1.66元	50.18

资料来源：根据三友化工2013~2019年年报整理。

在核心竞争力成熟阶段，三友化工采用稳健型财务战略，降低负债筹资比例，并且进行多元化，保持股利支付率稳定，使企业稳健发展。

回顾三友化工多年发展历程，形成核心竞争力一直是其追求所在，最后也成为公司的动力源泉。从20世纪90年代初明确发展方向后，不断兼并壮大，如今慢慢趋于稳定，业务越来越广泛，三友化工将核心竞争力运用到氯

---

① 三友化工2015年年报。

碱、有机硅等新领域，形成了完善的产业链条。在这过程中，企业的财务战略一直致力于服务核心竞争力的发展。目前三友集团已经是纯碱行业的龙头企业，未来也将继续不断前进。

第四节 企业制定财务发展战略的建议

企业的财务战略不是一成不变的，不要妄想靠着一套战略一劳永逸。国内外的政治、经济、文化以及消费者的需求和喜好都会发生变化，在这些因素影响之下，企业的生产经营也必定要有所改进，如果企业安于现状，不知变通，妄想用相同的战略来应付变化的环境，很有可能会被市场淘汰。因此，企业财务战略必须建立在充分考虑内外部的各种因素的基础上，以此来制定符合实际状况，具有可实现性的战略目标。当企业的财务战略能够更好地服务企业，满足企业发展需求，也就能够带来更多竞争优势。

一、密切关注市场动态，及时调整战略

人类生活在一个生态系统中，这个系统中存在着物质、信息以及能量的交换。同样，企业的组织活动也是在特定的环境中进行的，企业可以从环境中获取各种资源来保障自身发展，并对环境进行反馈。尤其是企业以可持续发展为目标，由于环境存在天然的运动性，就可能会出现一些企业不可控的因素，这些不可控因素很有可能在某一刻给企业带来致命一击。因此，企业必须对赖以生存的环境有足够了解，应对环境变化才能够驾轻就熟。

我国房地产业已经发展为一个独立而成熟的产业，并成为国民经济新的增长点。但是不可忽视的是，市场经济体制以及国家住房政策的不完善，加上房地产市场投机热度不减，我国房地产企业在发展过程中也出现诸多问题，类似于土地成本持续走高、负债程度高、存货规模大，使得房地产企业背负严重的资金压力，战略转型刻不容缓。

通过万科历年年报以及相关公告显示，2013年开始，万科的财务战略发生了较大调整，主要集中在以下四个方面：融资战略方面转换B股为H股以降低融资成本，采用众筹与地产基金以拓展融资方式；投资战略方面通过整合产业链扩大投资区域，利用小股操盘提升项目盈利能力；营运战略方面严

格控制期间费用，降低费用率，强化现金流管理，提升企业价值，优化库存管理，提高资产管理效率；股利分配战略方面每年发放现金股利传递良好信号，并且根据企业盈利状况灵活调整股利。

根据表8-17的数据，每一组指标走势趋同，净资产收益率和销售净利率先降后升，但前者保持在17%以上，后者稳定在13%左右。2011年以来，国家对房地产市场宏观调控力度加大，因此销售净利率有所降低，但是就万科而言，变化幅度较小。同时，也通过稳健有效的投资使净资产收益率维持在比较稳定的状态。总体来看，万科的盈利能力稳中有升，2018年净资产收益率上升至21.68%，销售净利率达16.55%；2014~2015年收入增长率和净利润增长率上升势头较猛，说明战略转型为企业带来了销售额和利润的增长；而2015~2017年则大幅下降，主要是由于万科陷入"万宝之争"的危机，对企业造成了一定影响。危机解除之后，企业业绩又开始攀升，发展势头良好；现金比率上下波动，但是总体来说高于转型之前，表明企业可支配的现金在增加，转型前期资产负债率下降，表明企业的财务战略转型还是给偿债能力带来了正向促进，后期资产负债率又上升，这与企业的资本结构存在很大关联。万科短期偿债能力较为有利，但长期偿债能力方面存在一定的风险，需要特别关注。总的来说，在房地产行业整体面临较大压力的情况下，万科的财务战略转向稳健型，还是给企业的发展带来了积极的影响。

表8-17　　　　　2012~2018年万科相关财务指标　　　　　单位:%

项目	指标	2012年	2013年	2014年	2015年	2016年	2017年	2018年
盈利能力	净资产收益率	19.66	19.66	17.86	18.09	18.53	21.14	21.68
	销售净利率	15.19	13.51	13.18	13.27	11.79	15.32	16.55
拓展能力	收入增长率	43.65	31.33	8.10	33.58	22.98	1.01	22.55
	净利润增长率	35.03	16.82	5.41	34.54	9.25	31.25	32.42
偿债能力	资产负债率	78.32	78.00	77.20	77.70	80.54	83.98	84.59
	现金比率	20.13	13.49	18.14	12.66	15.01	20.55	16.79

资料来源：根据万科2012~2018年年报整理。

企业要对外部环境的变化有一定的敏感度，在环境不断发展的过程中调整和优化自身，其他条件都相同的情况下，企业对环境的适应能力与企业的生存性和竞争力是正比的，前者对后者具有极强的促进作用。在转型过程中，对资金的需求和使用要求公司要对财务战略进行调整，使财务战略和企业的发展战略相适应。更能适应市场变化的企业，往往具有更强的竞争力，能够在激烈的市场竞争中找准自身定位并稳定发展。

二、利用大数据分析提升财务战略可行性

数据无处不在，美国著名的咨询公司麦肯锡最早提出了"大数据"时代的到来。其称数据已然成为一个重要的生产要素参与到现如今每一个行业和业务职能领域。工信部负责人闻库在2020中国信通院ICT深度观察报告会上发言道："数字经济带动作用持续增强，我国数字经济总量超过31万亿元，占GDP比重达34.8%"[①]，我国数字经济规模愈发壮大，成为带动经济高质量发展的重要引擎，在全球数据经济发展热火朝天的当下，企业管理也应该依附于数据，加上竞争的加剧，企业战略的导向作用日益增强，财务战略作为战略管理的重要内容，必须要依靠大数据来提升其可行性。

现如今市场环境越来越复杂，早已不是传统的靠管理者的能力和经验就可以做出决策的时候了，在大数据时代，信息技术的突飞猛进能为企业提供做决策所需要的丰富数据源，对数据进行专业化处理和挖掘，能很快得出企业历史数据的增减变动并分析其原因，找出自身的不足，以此来对成本、预算、存货以及客户等进行优化管理，并且可以和同行或者是行业平均数据进行比较，明确企业的优劣势；在制定投融资战略时，可以对合作对象的实力、信誉度以及项目本身进行深入分析，以判断该项目是否可行；还可以通过对市场综合数据的分析来预测市场的走向。如果企业在制定财务战略时能够将各项指标数据化，进行纵横向对比分析，再结合企业所处的实际环境，将定性分析与定量分析结合起来，数据往往能够反映客观的事实，财务战略的质量和可行性将更上一层楼，对企业的可持续发展也有极大促进作用。2020年1月29日，京东大数据研究院公布了春节销售数据，从图8-5可以看出，

---

① 中国青年报，https://s.cyol.com/articles/2021-01/02/content_k3xZ8YF0.html。

2019年与2020年春节销售增长排名前六的商品大类并没有发生变化。但是与2019年相比，2020年各种商品的销售增长率有所上升，但是增长幅度有较大差别，其中医药保健类产品同比销售增长幅度最大，超过了80%，2019年排名第6，2020年直接跃升至第一，很大一部分原因是新冠肺炎疫情的暴发，人们的健康意识得到进一步加强。所以对医药企业来说，企业的筹资、投资等战略的制定都应该要以加大研发新型有效的保健药品的投入为目的。

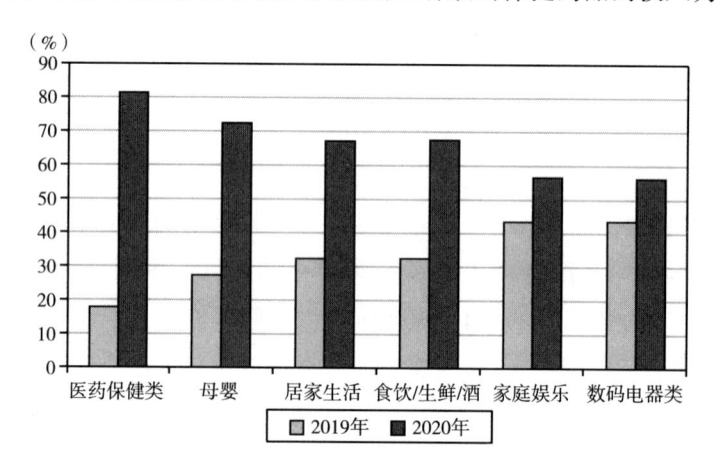

图8-5　京东大数据：2020年春节消费变化

资料来源：国家统计局，http://www.chinatax.gov.cn/chinatax/n810341/n2340339/c5161624/content.html。

在大数据背景下，企业能够获得的数据不计其数，这就对企业在数据收集、筛选、加工、转换、维护、升级以及存储方面的能力提出了更高的要求。因此企业要构建流畅的信息化数据管理系统，通过更加科学的方法来处理数据，这也能够帮助企业提高其财务信息的质量。通过大数据强大的分析和预测能力，帮助企业选择最合适的筹资方式和渠道、投资领域和对象、资金使用和分配方案，合理确定股利等，使财务战略更具有可行性。在企业发展过程中，合理的、切实可行的财务战略必不可少，与其他战略一同保障企业的成长。

三、加大对风险的管控

根据国家统计局2019年12月18日发布的第四次全国经济普查系列报告之十二，目前我国中小企业占据企业总数的99.8%，总计超过1807万家，为我国就业率的提高贡献了巨大作用，成为推动经济发展的重要力量。在庞大的总数面前，我国中小微企业的平均寿命就略显年轻，仅3年左右。与之相比，美国是8年，日本是12年，更有甚者，世界500强企业的平均寿命在40年左右，基于企业生命周期理论，难道这么多的中小企业能在3年左右的时间就走完从初创期到衰退期吗？显然不是，有相当多的企业可能其生命就终结在初创期，也就无从谈起可持续发展。因此不能忽略企业成长过程中的风险问题，当风险点不断积累膨胀，将会带来严重的后果。

经济全球化的深入和高新技术的变革，对企业来说，是机遇，同时也暗含着各种危机。竞争的加剧、经营环境的急速变化，使企业处于风险的包围之中，如果企业懂得采取合理的战略来进行控制和规避，不仅能够保障企业持续的运营，还能够获得风险收益。但如果不能够有效地降低风险，企业将会陷入困境，盈利能力下降，经营业绩滑坡，直到最后出现亏损且无力回天。资金短缺，偿债能力持续下降，不仅融不到资金，可能连已有债务都无法偿还，最终只有宣告破产。由此可见，风险管控的重要性。但是风险也不是越低越好，因为风险和收益成正比，有风险才会有收益。所以，企业要建立和完善风险控制体系，在制定财务战略的过程中，注重对风险的把控，以企业的风险偏好或者生命周期所处阶段来制定最优的风险导向型战略。风险还处于不断的变动之中，企业内外环境的改变都有可能增大或降低企业的风险。所以，企业一定要注重对风险的实时监控，把握风险变动的方向和速度，及时调整战略，保障企业可持续经营。企业制定财务发展战略，必须要配备适合的风险管控策略，让企业这艘"大船"能够不惧风浪，昂首向前。同时，在降低风险时确保资源使用的最优化，精简成本，这对于提升企业的竞争力同样具有积极意义。

参考文献

[1] 白钦先,张志文. 金融发展与经济增长:中国的经验研究 [J]. 南方经济,2008 (9):17-32.

[2] 曹媛媛. 股利政策的稳定性与信息内涵 [J]. 北京理工大学学报 (社会科学版),2003:51-53.

[3] 陈佳贵. 关于企业生命周期与企业蜕变的探讨 [J]. 中国工业经济,1995 (11):5-13.

[4] 陈强. 企业债务融资风险的衡量与防范 [J]. 企业家天地下半月刊 (理论版),2007 (8):66-67.

[5] 陈艳芳. 上市公司营运资金持有的资本成本效应研究 [J]. 财会通讯,2018 (29):31-35.

[6] 陈艳娜. 集团公司营运资金管理问题研究 [J]. 经贸实践,2018 (9):343,345.

[7] 陈艳霞,何枫. 创业板公司融资能力影响因素分析 [J]. 现代经济探讨,2019 (12):49-53.

[8] 方晓龙. 企业构建业财融合的流程再造与精细化管理策略 [J]. 中国市场,2020 (23):78-79.

[9] 冯飞鹏,韦琼华. 研发投资动机、影响因素及其经济后果研究述评 [J]. 河南科技大学学报 (社会科学版),2020 (2):43-50.

[10] 高小丹. 基于两化融合的制造业企业融资时机选择 [J]. 财会通讯,2019 (14):16-19.

[11] 耿嘉隆. 万华化学财务战略管理案例研究 [D]. 北京:中国财政科学研究院,2019.

[12] 耿毅. 浅谈不同生命周期下的企业财务战略选择 [J]. 会计之友

(中旬刊),2008(8):109-110.

[13] 宫汝凯. 转型背景下的政策不确定性与中国对外直接投资[J]. 财经研究,2019(8):98-111.

[14] 郭周明. 中国 OFDI 投资风险与对策——以欧美为例[J]. 国际经贸探索,2019(3):4-17.

[15] 韩志霞,赵辉. 契约执行率、管理层灵性资本与企业融资成本[J]. 财会通讯,2019(30):34-38.

[16] 侯玉滨. 基于 COSO 风险管理框架下的 TSL 医药有限公司债务风险控制研究[D]. 西安:西北大学,2019.

[17] 胡庆平. 股利政策之影响因素分析[J]. 中原工学院学报,2002.

[18] 胡逸冰. "互联网+"背景下企业 O2O 转型的财务战略研究——以苏宁云商为例[J]. 财会通讯,2017(26):62-65.

[19] 霍星原. TCL 集团财务战略及实施效果评价[D]. 北京:北京交通大学,2019.

[20] 瞿丽娟. 零库存管理在企业的应用研究[J]. 纳税,2019,13(22):218-219.

[21] 匡忠华. 我国上市公司股利分配的现状及对策[J]. 金融经济,2020:33-34.

[22] 黎精明,兰飞,石友荣. 财务战略管理[M]. 北京:经济管理出版社,2017.

[23] 李琳. 企业股利战略研究[D]. 西安:西安建筑科技大学,2003.

[24] 李露. 上市公司股利分配影响因素及对策[J]. 合作经济与科技,2014(9):121-122.

[25] 李琦. 股权结构与创业板上市公司现金股利政策稳定性[J]. 商业研究,2016(474):117-121.

[26] 李文茜,刘益. 技术创新、企业社会责任与企业竞争力——基于上市公司数据的实证分析[J]. 科学学与科学技术管理,2017,38(1):154-165.

[27] 李玉萍. 公司债务管理研究[D]. 天津:天津财经大学,2008.

[28] 李振球. 技术创新:提升企业核心竞争力的重要途径[J]. 经济管理,2001(20):32-34.

[29] 梁杏非. 我国上市公司现金股利政策存在问题及对策研究 [J]. 财税金融, 2019: 94-95.

[30] 林杰辉. 企业资本结构与融资路径研究 [J]. 云南社会科学, 2019 (6): 71-78.

[31] 蔺娜娜, 胡燕. 基于衰退期的企业财务战略分析——以"康师傅"为例 [J]. 商业会计, 2017 (24): 27-29.

[32] 刘虹. 基于核心竞争力的企业财务战略管理研究 [J]. 企业改革与管理, 2017 (19): 120, 127.

[33] 刘鹏星. 财务战略管理在企业战略管理应用中的分析 [J]. 科技经济导刊, 2019 (24): 195, 200.

[34] 刘平. 企业竞争力的影响因素与决定因素 [J]. 科学学与科学技术管理, 2007 (5): 134-139.

[35] 刘珊珊. 我国上市公司股利分配影响因素分析 [J]. 财政论坛, 2019: 36-37.

[36] 刘未来. 现代企业财务精细化管理模式的应用研究 [J]. 时代金融, 2017 (2): 228-229.

[37] 刘笑霞, 李明辉. 企业研发投入的影响因素——基于我国制造企业调查数据的研究 [J]. 科学学与科学技术管理, 2009 (3): 17-23.

[38] 刘英奎. 中国企业实施走出去战略研究 [M]. 北京: 中国社会科学院, 2003.

[39] 刘玉平. 财务管理学 [M]. 第四版. 北京: 中国人民大学出版社, 2015.

[40] 刘泽宇. 上市公司偿债能力优化浅析——以科大讯飞公司为例 [J]. 中国商论, 2020 (1): 28-29.

[41] 鲁强, 陈坤, 曹蓉. 盈利补偿机制是否可以有效保护中小股东利益——基于坚瑞消防收购沃特玛的案例研究 [J]. 财会月刊, 2019 (15): 14-21.

[42] 马蓉. Y公司营运资金风险的识别评价与控制研究 [D]. 天津: 天津农学院, 2019.

[43] 孟寒, 严兵. 产业集聚对中国企业对外直接投资的影响 [J]. 世界经济研究, 2020 (4): 95-106, 137.

[44] 聂金玲, 雷玲, 朱玉春. 上市公司股票股利政策的影响因素分析 [J]. 会计之友, 2014 (18): 21-25.

[45] 潘慧娟. 浅谈商贸企业的应收账款管理 [J]. 中国商论, 2020 (3): 206-207.

[46] 盛中华. 全球化公司战略的营运资金研究 [D]. 青岛: 中国海洋大学, 2010.

[47] 石文艳. 上市公司股利政策相关研究及其发展 [J]. 管理纵横, 2019: 6-7.

[48] 宋新. 定制规模化原理及实现方法研究 [J]. 现代商贸工业, 2017 (19): 56-57.

[49] 孙兰兰, 翟士运. 客户关系影响企业营运资金融资决策吗?——基于资金周转中介效应的实证分析 [J]. 财经论丛, 2019 (8): 63-72.

[50] 孙秀峰, 于子竣. 我国服务业企业融资约束与融资模式研究——基于服务业上市企业面板数据的实证分析 [J]. 大连理工大学学报 (社会科学版), 2020 (2): 24-33.

[51] 孙芝慧. 我国上市公司股利分配政策的影响因素研究 [J]. 会计师, 2015: 4-5.

[52] 汤谷良, 赵玉涛. 反周期投资: 危机当下的理性财务战略 [J]. 财务与会计, 2009 (18): 58-59, 63.

[53] 汤谷良. 战略财务的逻辑 [M]. 北京: 北京大学出版社, 2011.

[54] 唐颖. 上市公司股利政策影响因素研究 [J]. 营销界, 2019: 57-58.

[55] 汪冬顼、张芳芳. 中国上市公司在股利分配中存在的问题和相应措施 [J]. 时代金融, 2017 (11): 179.

[56] 王国栋. 论企业营运资金管理的战略与原则 [J]. 现代经济信息, 2019 (8): 211, 213.

[57] 王灏, 孙谦. 海外政治不确定性如何影响我国对外直接投资? [J]. 上海经济研究, 2018 (6): 68-78.

[58] 王化成, 张修平, 侯粲然, 李昕宇. 企业战略差异与权益资本成本——基于经营风险和信息不对称的中介效应研究 [J]. 中国软科学, 2017 (9): 99-113.

[59] 王蕾. 大数据背景下的企业财务管理应对策略研究［J］. 黑龙江社会科学, 2016（6）: 75-77.

[60] 王鲁玉. 青岛啤酒企业资源分配与核心能力研究［J］. 中国管理信息化, 2017（11）: 71-73.

[61] 王明虎, 朱佩佩. 经营风险、货币政策与营运资金融资策略［J］. 南京审计大学学报, 2019, 16（3）: 55-63.

[62] 王雪红. 基于核心竞争力的企业财务战略管理实施路径［J］. 企业改革与管理, 2019（20）: 195-196.

[63] 王雅. 存货管理模式研究［J］. 纳税, 2019, 13（25）: 241-242.

[64] 王钰. 我国上市公司股利分配政策研究［J］. 热点透视, 2019: 208.

[65] 王竹泉, 王贞洁, 李静. 经营风险与营运资金融资决策［J］. 会计研究, 2017（5）: 62-69, 99.

[66] 谢获宝, 石佳, 惠丽丽. 战略差异、信息透明度与财务分析师盈余预测质量［J］. 南京审计大学学报, 2018（4）: 28-35.

[67] 邢新, 王化成, 刘俊彦. 财务管理学（第八版）［M］. 北京: 中国人民大学出版社, 2018.

[68] 邢振东. 精细化管理理念在企业管理中的应用［J］. 河北企业, 2020（8）: 19-20.

[69] 徐凌峰. 浅谈商品流通企业加强存货管理的对策［J］. 纳税, 2019, 13（28）: 269, 272.

[70] 闫付美, 温雅然. 新常态下中国对外直接投资区位选择研究［J］. 商场现代化, 2019（21）: 59-61.

[71] 闫红悦. 企业战略定位影响资本成本吗［J］. 中国注册会计师, 2019（9）: 66-72.

[72] 闫一石. 管理层能力、内部控制缺陷与融资约束关系的实证研究——基于产权性质和股权激励的调节［J］. 预测, 2020, 39（4）: 24-30.

[73] 杨汉明. 股利政策与企业价值［M］. 北京: 经济科学出版社, 2008.

[74] 杨柳. 应收账款的风险与控制［J］. 财会学习, 2020（10）: 110-111.

[75] 杨向歌. 企业集团的财务战略研究 [J]. 中国商论, 2019 (6): 172-173.

[76] 杨向群. 民营企业债务风险控制研究 [D]. 昆明: 云南财经大学, 2020.

[77] 尹志欣, 袁立科, 李振兴. 高科技企业全球创新布局及模式选择——以华为公司为例 [J]. 中国科技论坛, 2017 (10): 72-79.

[78] 余纯琦, 吴雨桐. 不同生命周期阶段企业融资战略分析 [J]. 财会通讯, 2019 (14): 20-24.

[79] 喻登科, 严红玲. 技术创新与商业模式创新二元耦合组织成长路径: 华为30年发展历程研究 [J]. 科技进步与对策, 2019, 36 (23): 85-94.

[80] 翟淑萍、孙雪娇、闫红悦. 企业战略激进程度与债务期限结构 [J]. 金融论坛, 2019 (24): 38-49, 59.

[81] 翟雪改. 浅论企业核心竞争能力进化的财务战略选择 [J]. 财政监督, 2009 (24): 32-33.

[82] 张继袖. 股利政策信息结构与股价行为研究 [J]. 商业研究, 2011 (8): 131-136.

[83] 张晋宁. 基于上市公司股权结构与股利政策关系的实证研究 [J]. 金融经济, 2019: 108-109.

[84] 张琦. 企业投资战略管理与决策 [M]. 北京: 企业管理出版社, 2019.

[85] 张朔, 臧建玲. 企业营运资金管理问题研究 [J]. 山西农经, 2017 (21): 98-99, 102.

[86] 张先治. 高级财务管理 [M]. 大连: 东北财经大学出版社, 2011.

[87] 张肖飞, 翁世静. 基于核心竞争力的企业财务战略转型研究——以华谊兄弟为例 [J]. 财务研究, 2018 (2): 94-103.

[88] 张羽. 顶级财务总监 [M]. 北京: 中国经济出版社, 2014.

[89] 张悦雯. 青岛金王全产业链战略的实现路径及协同效应研究 [D]. 杭州: 浙江工商大学, 2019.

[90] 章卫东, 黄一松, 李斯蕾, 鄢翔. 信息不对称、研发支出与关联

股东认购定向增发股份——来自中国证券市场的经验数据[J]. 中国注册会计师, 2017 (1): 68-74, 96.

[91] 赵春妮, 寇小萱. 企业文化对企业竞争力影响的实证分析[J]. 统计与决策, 2018, 34 (6): 181-184.

[92] 赵建辉. 大数据时代我国企业财务理论的研究[J]. 中国注册会计师, 2019 (7): 93-98.

[93] 郑军, 林钟高, 彭琳. 高质量的内部控制能增加商业信用融资吗? ——基于货币政策变更视角的检验[J]. 会计研究, 2013 (6): 62-68, 96.

[94] 郑松辉. LB集团融资战略研究[D]. 厦门: 厦门大学, 2017.

[95] 周文秀. 我国上市公司现金股利政策的研究[J]. 热点透视, 2019: 198-199.

[96] 朱佩佩. 经营风险、货币政策与营运资金融资策略[D]. 安徽工业大学, 2019.

[97] 朱荣. 企业财务风险的评价与控制研究[D]. 大连: 东北财经大学, 2007.

[98] Lenz R T. Strategic Capability [J]. Academy of Management Review, 1980 (2): 225-234.

[99] T. L. Saaty. The Analytic Hierarchy Process [M]. Mc. Graw: Hill International Book Company, 1980.